同济大学学术专著（自然科学类）出版基金 1907

Effects, Mechanism and Aerodynamic Mitigation of Vortex-induced Vibration of Long-span Bridges

赵 林 葛耀君 著

大跨度桥梁
涡致振动效应、原理及气动控制措施

同济大学出版社 · 上海

内 容 提 要

本书从详细回顾桥梁结构涡致振动的风效应及其风灾危害入手，阐述涡致振动现象与理论模型，探讨了流线型闭口箱梁涡振气动力的雷诺数效应研究发展，基于风洞试验和数值仿真技术实施了气动力和流场特征的流线型闭口箱梁涡振抑振机理研究，论述了流线型闭口箱梁涡振过程多尺度气动力时频特性演变规律，对比了中央开槽箱梁断面涡振过程气动力演变特性。除既有缆索承重桥梁外，亦分析了桥塔自立状态涡振理论与气动力致振机理。结合西堠门大桥健康监测数据，实施了桥梁涡振现场实测及与风洞试验比较，初步验证了本书研究工作理论和机理分析的正确性。而后，亦开展了非线性涡激力分析与涡激力模型参数识别，增强了既有理论体系的适用性。最后，在上述研究工作的基础之上，提出了适用于多种桥梁主梁的涡振气动控制对策。

本书可供从事桥梁结构风工程特性的设计人员和科研人员参考，也可作为建筑结构工程和风工程等领域的高年级本科生、研究生，以及从事防灾减灾工程的科研工作者的参考书籍。

图书在版编目(CIP)数据

大跨度桥梁涡致振动效应、原理及气动控制措施 / 赵林，葛耀君著. -- 上海：同济大学出版社，2022.8
ISBN 978-7-5765-0305-0

Ⅰ.①大… Ⅱ.①赵… ②葛… Ⅲ.①长跨桥—桥梁结构—涡—结构振动控制 Ⅳ.①U448.43

中国版本图书馆 CIP 数据核字(2022)第 133396 号

本书入选 2022 年上海市重点图书

大跨度桥梁涡致振动效应、原理及气动控制措施

赵林　葛耀君　**著**

责任编辑 胡晗欣　**责任校对** 徐春莲　**封面设计** 陈益平

出版发行 同济大学出版社　www.tongjipress.com.cn
（地址：上海市四平路 1239 号　邮编：200092　电话：021-65985622）
经　　销 全国各地新华书店
制　　作 南京月叶图文制作有限公司
印　　刷 常熟市华顺印刷有限公司
开　　本 787 mm×1092 mm　1/16
印　　张 13.5
字　　数 337 000
版　　次 2022 年 8 月第 1 版
印　　次 2022 年 8 月第 1 次印刷
书　　号 ISBN 978-7-5765-0305-0

定　　价 80.00元

前　言

本书的内容来源于系列重大桥梁工程，研究内容属土木工程结构风工程及防灾减灾研究领域，主要针对大跨度桥梁结构涡致振动现象、效应、机理和控制等基础以及工程技术应用研究。

现代大跨度桥梁因其结构轻柔而对风的作用特别敏感。虽然在已有的抗风研究成果基础上，经过合理的抗风设计，毁坏桥梁结构的颤振和驰振已经能够成功避免，对抖振引起的风荷载也能给出偏安全的估计，但是较低风速下出现的涡致振动却难以在实际工程中完全消除。日本东京湾通道钢箱梁连续梁桥、巴西 Rio-Niteroi 钢箱梁连续梁桥、丹麦大海带钢箱梁悬索桥等著名桥梁都曾出现过明显或强烈的竖向涡致振动。有关缆索承重桥梁的拉索或吊杆风致振动的报道更多，这类振动也与旋涡脱落引起的涡激力密切相关。较大振幅的涡致振动可能导致桥梁结构局部疲劳，对行车舒适性和行车安全性产生较大的影响，甚至影响桥梁的正常使用。

已有桥梁涡振研究一般通过弹性悬挂的刚体节段模型风洞试验进行，通常只研究桥梁在风作用下的运动响应，只有少数的工作涉及涡激力。本书通过引入同济大学抗风教研室自行研制的高精度动态天平，运用了同步测力测振测压试验方法，研究作用在桥梁上的涡激力特征，同时通过测压试验分析涡振发生发展过程中结构表面压力场特征，探讨涡振产生的机理以及气动控制措施抑制涡振的机理，不但能够完善桥梁涡振的理论，对桥梁抗风设计也有重要的应用价值。各章节的具体安排如下：

第 1 章介绍了涡振基本特性、影响因素，以及各章节的内容安排。

第 2 章回顾了大跨度桥梁主梁涡振国内外最新研究进展及研究发展趋势。

第 3 章以典型流线型闭口箱梁断面为研究对象，设计了大比尺和小比尺主梁刚体节段模型，实现了同步测振测力风洞试验方法，并从涡振响应和气动力时频特性方面研究了典型流线型闭口箱梁断面涡振雷诺数效应。

第 4 章基于 1∶20 大比尺主梁刚性节段模型风洞试验，并结合数值模拟方法，深入研究流线型闭口箱梁断面涡振抑制措施及抑制机理。

第 5 章研究了流线型闭口箱梁断面涡振全过程表面多尺度气动力演变特性。

第 6 章以典型大跨度桥梁中央开槽箱梁断面为对象，研究了扭转涡振过程箱梁表面气动力演变特性，并与第 5 章流线型闭口箱梁断面进行了对比。

第 7 章针对缆索承重桥梁桥塔自立状态下涡致振动问题，通过典型桥塔涡振风洞试验，对桥塔外形、塔柱截面、结构阻尼等涡振影响因素进行了系统的研究。

第 8 章基于西堠门大桥健康监测系统采集获得的现场实测数据，研究了该桥的涡振响应与现场风特性之间的关系，并将桥梁现场实测涡振与风洞试验比较，分析涡振响应产生差异的原因。

第 9 章针对传统主梁涡激力模型只关注结构自限幅振动这一单一非线性动力行为，提出了气动非线性模型表达式及其参数识别方法，并利用实际风洞试验数据对该模型的实用性进行验证。在此基础上，还提出考虑振型及展向相干性影响的二维节段至实桥涡振振幅转换方法。

第 10 章立足规范，对当前颤振、涡振的常见气动控制措施进行了调研和归纳。

本书所涉及的研究内容获得科技部重大科技专项、国家自然科学基金等多项科研经费资助。相关研究成果被评价为“达到国际领先水平”“体现了当代桥梁工程研究的最前沿进展”“对于现代大型桥梁工程发展具有重要的推动作用”。已开展的系列工作面对国家发展需求，为国内建设的世界级规模大跨度桥梁工程提供了直接技术支撑，锻炼并培养了具有国际学术视野的科研队伍，努力实现了桥梁结构风工程科研、设计、建造多个环节的跨越式和可持续发展。现将相关研究成果编撰成书，希望能对读者有所裨益。疏漏和不当之处还望各位同仁批评指正。

于同济大学

二〇二一年九月

目 录

第 1 章

绪　论

涡致振动是一种具有强迫和自激双重特性的自限幅风致振动现象，由气流绕经结构表面时所产生的、以某一固定时间间隔有规律地脱落的旋涡引起。

1.1　涡致振动特性

1.1.1　边界层与分离

沿静止光滑的结构物表面存在空气流动现象时，与结构物表面接触的空气存在贴附效应，它将减慢靠近表面的空气运动，这一层空气称为边界层。在边界层内，由于空气黏性效应作用，靠近物面的薄空气层因受黏性剪应力而导致速度减小；紧贴物面的流体黏附在物面上，与物面的相对速度等于零；由物面向上，各层的速度逐渐增加，直到与外层气流速度相等。图 1-1 描述了边界层速度廓线形状。

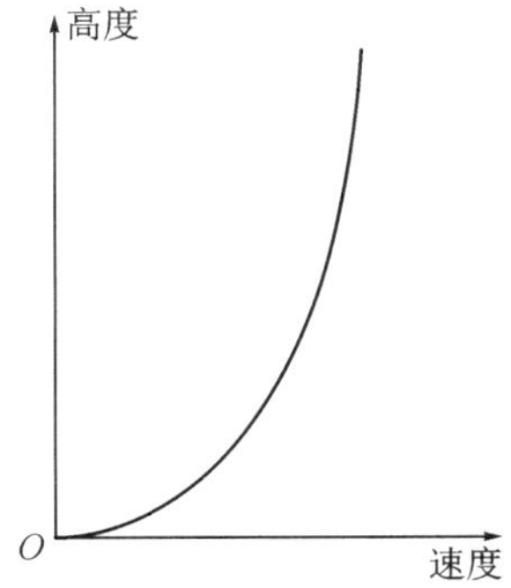

图 1-1　典型的边界层风速廓线

如果边界层内的气流质点速度因惯性力减小到使靠近物理表面的气流倒流，便出现了边界层分离。这种减速效果是由于气流中存在逆压梯度，当运动中的气流质点动量不足以克服上述逆压梯度和空气黏性作用时，一般会产生流动分离。例如钝体拐角的绕流就能产生这样大的逆压梯度。经过一些尚未被完全认识的过程，分离层形成了离散的旋涡，并脱落到钝体后方的尾流中，这些旋涡使得分离点附近出现非常大的吸力。对于流线型断面，由于逆压梯度不大，基本上能避免边界层的分离。

1.1.2　旋涡脱落及尾流特性

对于不可压缩流体，惯性力和黏性力是影响其流动形态的两个最主要参数。二者之间的相互关系成为确定可能出现哪种类型流动特性或现象的指标，这称为雷诺数(Reynolds number)。它反映了流体惯性力和黏性力之间的比例关系，其定义如下：

$$Re=\frac{\rho U^2 L^2}{\mu UL}=\frac{\rho UL}{\mu}=\frac{UL}{\nu} \tag{1-1}$$

式中，μUL 为作用在表面特征尺寸为 L 的某一体积气流微团上的黏性力的数量级；$\rho U^2 L^2$ 为作用在上述气流微团上的惯性力的数量级；ρ 为空气密度；U 为来流风速；L 为结构特征长度；μ 为黏度系数；$\nu=\mu/\rho$ 为运动黏度系数。

到目前为止，通过现场足尺试验、风洞模型试验以及计算机数值模拟等方法研究雷诺数对钝体绕流分离流动的影响已经取得了一定的成果，但由于钝体绕流的特殊性，关于这方面的内容还有待更进一步深入研究。通过对不同湍流度来流中圆柱体的二维绕流以及均匀流和剪切流中圆锥体的近尾流的试验研究发现，随着雷诺数的变化，钝体绕流的分离流动会有所变化，发生分离流动的位置会因钝体几何外形的不同而有所区别。此外，圆柱体的二维绕流与雷诺数有着密切的关系，如图 1-2 所示。在层流流场中，随着雷诺数从低逐渐变高，圆柱体的二维绕流会依次出现许多不同的流动形态。

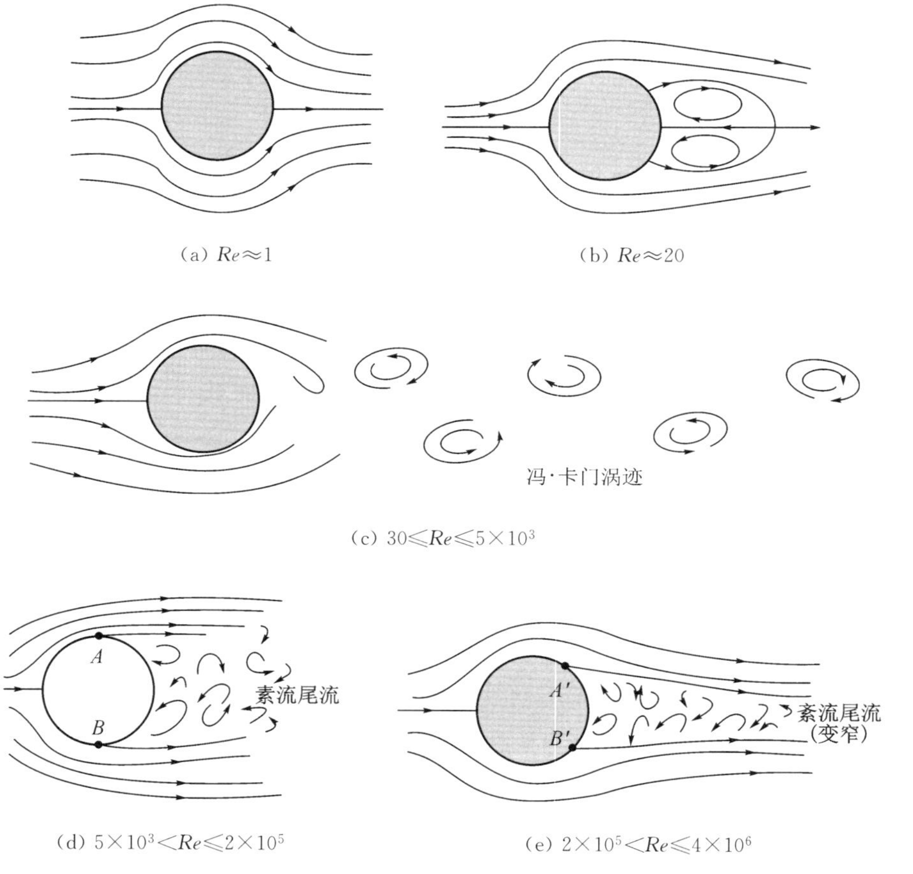

图 1-2　不同雷诺数下圆柱体的二维绕流

研究表明，在平行主流方向延长后的物体，一般所引起的尾流非常窄，不会产生显著的旋涡，可通过对比正方形和矩形棱柱的二维绕流特性得到证明。在很高的雷诺数作用下，方柱将产生流动分离，形成宽阔的湍流尾流；但扁的矩形棱体却可能在前缘拐角处发生流动分离，而在下游发生流动后再附着，最后在物体的后缘再一次发生流动分离，使得尾流变窄。由此可见，不仅物体朝向流体的钝形断面会影响物体背后的尾流，而且物体的流向长度和总体形状对尾流的形式也有着重要的影响。不同的几何外形以及物体在流场中所处的不同位置，都将影响尾流的流动特性。

发生在圆柱体上的有规律的旋涡脱落现象在其他的钝体，如断面为三角形、方形、矩形和其他不规则形状的棱柱体上也会发生。斯特劳哈尔（Strouhal）最先指出这种尾流效应的显著规律可以用下述无量纲数来描述：

$$Sr=\frac{f_s D}{U} \tag{1-2}$$

式中，U 为来流层流的平均速度；D 为物体特征尺寸，一般取物体在垂直于平均流速的平面上的投影特征尺寸，也有取物体顺流向的特征尺寸；f_s 为旋涡脱落完整周期的频率，所谓的完整周期是指物体周围某一瞬时流动结构和下一次出现相同流动结构之间的时间；Sr 被称为斯特劳哈尔数（Strouhal number），它的数值大小取决于被流体所包围的柱体形状，不同的钝体断面可具有不同的斯特劳哈尔数值，可通过风洞试验获得。如前所述，由于物体的绕流性质、流动分离、旋涡脱落等与雷诺数有关，因此斯特劳哈尔数除了与物体的形状有关外，还与雷诺数有关。也有学者将斯特劳哈尔数定义拓展至较大宽高比断面特有的分离流效应，并赋予能量效应[1,2]。

1.1.3　锁定现象

对于给定的钝体断面，其斯特劳哈尔数通常是一定的，意味着涡脱频率随风速线性增加。当旋涡脱落频率 f_s 接近桥梁的某阶自振频率 f_n 时，旋涡脱落就不再按斯特劳哈尔关系的规律变化，旋涡脱落频率 f_s 与桥梁的某阶自振频率 f_n 相等，会引起结构发生大幅振动，并形成风速锁定区间。由于涡致振动不是只在一个风速点上发生，而是持续发生在一定的锁定风速范围内，因此，在风速增加过程中发生的涡致振动锁定现象[图 1-3(a)]与风速降低过程中的涡致振动锁定现象[图 1-3(b)]也可能有所不同。涡致振动的锁定风速范围一般可由风洞试验确定。

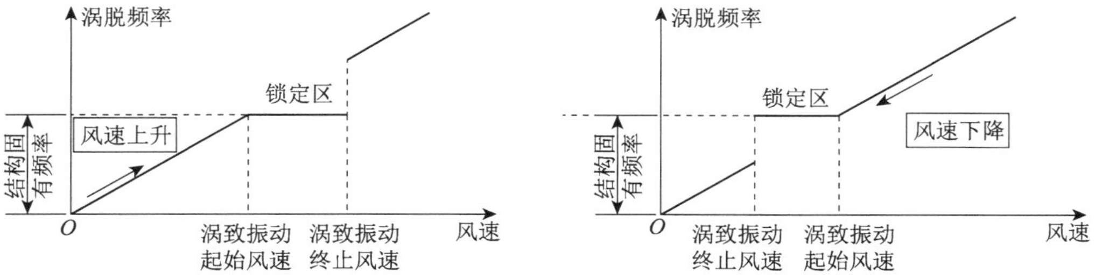

(a) 风速上升　　(b) 风速下降

图 1-3　涡脱频率随风速变化示意

1.1.4　自激自限幅特性

自激现象是指涡致振动由流-固耦合系统自身产生。涡振初期，在初始的周期性强迫涡激力上附加了较强的与结构运动有关的自激力，并使作用在细长结构上的涡激力的相关性增强。涡激力这种自激特性的机理相当复杂，并且一般被认为是结构运动的非线性函数。在共振的初始阶段，自激力促使振动幅度随风速增大而增加，而当振动幅度增加到一定值时，自激力又会抑止振动的进一步增大，振动幅度随风速增大而减小，表现出自限幅的特性。涡致振动稳定状态的振幅可达结构横风向尺寸的几分之一，但一般不超过一半。当风速继续增加而超过涡致振动锁定风速范围时，涡致振动消失，旋涡脱落的频率又回归到斯特劳哈尔频率。

1.2 涡致振动影响因素

1.2.1 雷诺数效应

桥梁雷诺数效应，一般是指桥梁主梁断面或其他构件风致振动响应，以及静力三分力系数、表面压力系数及其分布、斯特劳哈尔数等参数随着雷诺数变化而变化。雷诺数效应有两个层面含义：其一，某些参数是雷诺数的函数，雷诺数是这些参数变化的内因；其二与模型试验相关，当模型的缩尺比很小时，模型与原型的雷诺数相差很大，试验数据向原型复原时，无法得到参数的实际变化规律，这是由于试验设计时没有满足雷诺数相似准则。对于后者，参数对雷诺数是敏感的，模型试验应尽可能满足雷诺数准则。

本书第 1.1.2 节中已经介绍了雷诺数对圆柱体绕流特性的影响。雷诺数决定了边界层的成长和流动的分离，是衡量边界层和层流向湍流转变的尺寸，对旋涡的形成产生重要的影响。由于常规桥梁风洞试验无法做到雷诺数与实际结构一致，桥梁结构的风洞试验往往忽略了风洞试验的雷诺数与实际结构的差异所带来的影响。桥梁断面带有固定分离点，传统观点认为雷诺数效应对桥梁断面气动特性影响相较圆柱断面而言可以忽略。然而，Larsen 等[3,4]研究发现，雷诺数效应会导致节段模型表面边界层厚度远大于实际雷诺数下的边界层厚度。李海飞等[5]对流线型桥梁断面表面气动力特性进行研究发现，表面脉动风荷载的作用形式会随雷诺数的改变而改变，在特定位置流动分离和再附等现象会随雷诺数发生变化，从而影响整体的气动力和旋涡脱落规律。故雷诺数效应对桥梁断面气动特性影响不容忽视。

1998 年开始通车运营的丹麦大海带东桥引桥施工时，在主梁架设过程中发生涡振，实测涡振频率、涡振振幅与低速风洞试验结果不一致，由此引起各国学者对桥梁涡致振动性能受雷诺数影响问题的关注。Schewe 和 Larsen[6]在压力风洞中证实斯特劳哈尔数的雷诺数效应是导致风洞试验与现场实测的涡致振动起振风速不一致的原因，Schewe[7]认为该桥梁模型的雷诺数效应是由其尾流的拓扑结构的改变而导致的。桥梁断面雷诺数效应的本质是不同雷诺数条件下，气流分离、再附以及尾流的拓扑结构不同。鉴于他们的研究都是针对该特定的工程实例，研究成果具有一定的局限性，不具有普遍性，很多学者又针对具体桥梁断面的涡振雷诺数效应进行了广泛研究。Larose 等[8]对香港昂船洲大桥分离箱梁主梁断面分别进行了 1∶80 和 1∶20 高低雷诺数的试验对比研究，结果表明，0°攻角时，导流板在低雷诺数试验中会扩大涡振振幅，而在高雷诺数试验中却能大幅度减小涡振振幅。张伟等[9]也针对西堠门大桥进行了高低雷诺数下分离箱梁主梁断面的涡振性能研究，发现在 0°攻角下，高低雷诺数时导流板都能够大幅度减小涡振振幅；攻角存在时，导流板会在低雷诺数时增加涡振振幅，在高雷诺数时减小涡振振幅，但不同的攻角振幅减小的幅度不同。Li 等[10]也针对西堠门大桥分离箱梁主梁断面进行了涡振雷诺数效应研究，发现雷诺数越大，涡振起振风速越低，涡振最大振幅越小，涡振锁定区间越大。李加武等[11]针对流线型主梁断面进行了高低雷诺数涡振研究，发现高低雷诺数涡振锁定区间有所不同，且高雷诺数时的涡振振幅大于低雷诺数时。崔欣等[12]针对某流线型闭口箱梁主梁断面进行了 1∶25 和 1∶50 高低雷诺数的试验对比研究，发现高雷诺数时的涡振锁定区间及涡振振幅均远小于低雷诺数时。熊龙等[13]和杨咏漪等[14]还分别研究了挑臂式箱梁和钢桁梁主梁断面涡振响应的雷诺数效应。还有学者研究了雷诺数效应对桥梁断面三分力系数、表面压力系数和斯特劳哈尔数等气动参数的影响[15-18]。

综上所述，桥梁断面雷诺数效应非常复杂，不同桥梁断面对雷诺数效应的敏感程度不同。对于分离箱梁断面，低雷诺数时的涡振振幅比高雷诺数时大，更为不利。而对于流线型箱梁断面，各学者得出的结论不尽一致，甚至截然相反。因而，对于包括流线型箱梁断面在内的典型桥梁断面涡振雷诺数效应需要进行更广泛而深入的研究。

1.2.2 紊流特性

风洞作为研究细长柔性结构气动特性的方便途径，长期应用于大跨度桥梁设计的气动稳定性评估。桥梁气动响应在均匀流和自然紊流中有所不同。很多在风洞试验中观察到的现象在实桥中并未出现，这是因为实桥环境来流风中存在紊流的影响。相对于均匀来流，湍流场下结构涡振性能研究开展较少。传统观念认为，湍流对结构涡振有抑制作用，可以偏安全地忽略其影响。湍流对结构涡振的抑制机制，一般有两种解释，一种认为湍流可以提高旋涡涡量耗散继而使旋涡强度变小，另一种认为湍流可以减小涡激力展向相干性，从而降低结构涡振响应。

Matsumoto 等[19]对 4∶1 矩形断面和闭口箱型断面研究发现，湍流能够有效抑制 4∶1 矩形断面涡振响应。而对于闭口箱形断面，在 Scruton 数（即质量-阻尼参数）较低的情况下，湍流能够抑制结构涡振，而在较高 Scruton 数条件下，湍流反而使结构涡振响应增加。Wu 和 Kareem[20]进一步推断认为，湍流对结构涡振的影响与前缘分离涡和尾部旋涡的相对强弱有关。如果断面涡振是前缘分离涡主导，那么湍流会抑制结构涡振响应，反之则会导致结构涡振响应的加强。Daniels 等[21]采用计算流体动力学（Computational Fluid Dynamics，CFD）方法研究了湍流对 4∶1 矩形断面涡振的影响机制。结果表明，湍流能够降低前缘分离涡展向相干性，从而抑制结构涡振响应。其中，湍流强度越高，结构涡振响应越小，而湍流积分尺度越大，结构涡振响应也越大。Macdonald 等[22]对塞汶二桥现场实测与风洞试验风谱进行对比研究发现，风洞试验仅能模拟高频湍流成分，导致风洞模拟湍流度为实桥湍流度的 2 倍，从而过高地估计了实桥湍流水平，造成实桥涡振响应预测结果偏小这一现象。

Kawatani 等[23]详细研究了不同宽高比的矩形断面和六边形断面在紊流风中的涡致振动响应。研究结果显示，涡致振动受到来流紊流度的影响显著，当来流紊流度增大时，所有断面形式的涡振振幅均减小，甚至有些断面不再出现涡振现象；而对于紊流积分尺度，不同断面形式受来流紊流积分尺度的影响不同，矩形断面更容易受到积分尺度的影响。随着竖向紊流积分尺度的增大，矩形断面的最大涡振振幅将增大，而对于六边形的断面，来流紊流积分尺度对涡致振动振幅的影响不是很显著。Utsunomiya 等[24]认为风洞中的紊流积分尺度太小，无法用来估计实桥中的紊流效应。他们在主动控制风洞中，用缓慢变化的风速产生较大紊流积分尺度的紊流，研究桥梁的涡致振动现象。

由于钝体断面扰流的复杂性，目前湍流对桥梁断面涡振的影响机制尚未明确，需借助 CFD 模拟或基于主动风洞等先进测试手段进一步开展相关研究。

1.2.3 桥面附属设施

为保证行人、行车安全及日常维护，需在桥梁表面安装防撞护栏、风障、检修轨道等附属设施。附属设施会引起桥梁断面绕流特性的改变，特别是旋涡沿主梁断面的漂移与非定常演化特性。主梁断面形状的细微变化，如栏杆形式、检修轨道位置改变等，都会对涡振振幅、锁定区间产生重要影响。

Bruno 和 Mancini[25]对诺曼底桥和大海带桥断面研究表明，防撞护栏等断面附属设施会导致断面更钝，从而增加断面阻力系数，同时降低断面升力系数。Nagao 等[26]对箱梁断面研究发现，扶手栏杆的尺寸和位置对断面涡振性能影响明显。管青海等[27]对带挑臂倒梯形箱梁断面研究发现，防撞护栏对结构涡振性能影响显著，裸桥断面没有出现涡振现象，而增加防撞护栏后，出现了涡振现象。Yang 等[28]对分离式双箱研究发现，风障能够抑制竖向涡振的发生，但是会增加断面扭转涡振的响应。Laima 等[29]对分离式双箱涡振性能进一步研究发现，附属设施抑制了断面竖向涡振的发生，但是风障和检修轨道的存在会加剧断面扭转涡振。流场测试结果表明，栏杆和扶手由于透风率高，对断面流动特性基本没有影响。而上游风障和检修轨道的存在会加剧迎风侧旋涡的尾流宽度，抑制了中央开槽处旋涡强度（从而抑制了竖向涡振），但是导致了断面扭转涡振的发生。

由于桥梁断面和附属设施的多样性，附属设施对桥梁断面涡振性能的影响并未形成统一认识。目前附属设施的选择和设计往往与断面气动外形优化结合在一起，即通过试验方式选择最合适的附属设施，从而改善整个断面气动外形，降低结构涡振风险。

1.2.4 质量-阻尼系数

结构涡振性能受结构质量-阻尼系数影响显著。所谓质量-阻尼系数，即量纲化的结构质量比 m^*（$m^*=\rho_s/\rho_f$，ρ_s 为结构密度，ρ_f 为流体密度）和结构机械阻尼比 ξ_n。文献[6]研究表明，结构质量-阻尼系数越大，结构涡振振幅越小，锁定区间也越窄。同一质量-阻尼系数下，结构质量比 m^* 决定了涡振锁定区的大小，而结构机械阻尼比 ξ_n 决定了结构涡振响应的大小。

质量-阻尼系数对结构涡振性能影响研究早期多针对圆柱断面。Scruton[30]最早研究了圆柱断面最不利涡振振幅随无量纲参数 $Sc=\pi m^* \xi_n/2$ 的变化规律[其中 $m^*=4M/(\pi\rho D^2)$，ρ 为空气密度，D 为圆柱断面直径，M 为结构单位长度质量]，即 Scruton 数。Vickery 和 Watkins[31]采用了类似的无量纲质量-阻尼系数定义，即 Ks 数（$Ks=\pi^2 m^* \xi_n$）。后续 Griffin 等[32]在研究尾流振子模型时，也提出了相应无量纲质量-阻尼系数，即 SG 数[$SG=2\pi^3(Sr)^2 m^* \xi_n$，$Sr$ 为断面斯特劳哈尔数]。

Hansen[33]针对不同高宽比矩形断面研究表明，如果采用传统 Scruton 定义方式，结构最不利涡振响应随 Scruton 数的变化规律较离散，导致不同 Scruton 数下预测的结构涡振响应存在较大误差。Hansen 提出，类矩形断面 Scruton 数可以采用如下定义方式：$Sc=4\pi M\xi_n/(\rho DB)$（B 为断面宽度，D 为断面高度）。采用新的 Scruton 数定义方式后，类矩形断面最不利涡振响应随 Scruton 数的变化趋势更明显。Marra 等[34]在高宽比 1∶4 的矩形断面涡振研究中采用了类似的 Scruton 数定义方式，结果表明，最不利涡振振幅随 Scruton 数呈平滑的 e 指数衰减趋势，可以通过离散 Scruton 数下的试验结果对其他 Scruton 数下结构涡振响应进行较好的预测。

1.2.5　气动干扰效应

当流体绕经相互靠近的柱群结构时，由于流动分离、再附以及旋涡的相互作用会出现复杂的流动，这就是结构物群体间的气动干扰效应。结构物间的气动干扰效应最初受到人们重视是由于 1965 年英国渡桥电厂的冷却塔风毁事件。此后有大量文献研究了圆柱、方柱绕流的气动干扰效应。随着交通运输事业的日益发展，越来越多相互平行的双幅大跨度桥梁在国内外出现。一方面，由于桥梁规划设计时车道数的要求与双幅桥面宽度限制之间的矛盾，设计时就要建造一座具有平行分离双桥面的桥梁；另一方面，原已建成的桥梁无法满足现在交通量的需求，因此需要在邻近既有桥梁桥位处建造一座新桥。然而由于双幅桥面间距太小，桥面间不可避免地存在着气动干扰问题。

Kim 等[35-38]观测到跨越鸣梁海峡的新旧珍岛大桥（Jindo Bridge）在风速 9.0～11.5 m/s 时发生了涡振，这是第一次关于双幅桥涡振的实测记录。随后通过弹簧悬挂节段模型风洞试验重现了珍岛大桥的涡振现象，并进一步分析了间距比以及上下游桥面频率比等参数对双幅桥涡振性能的影响。日本学者[39, 40]针对鹤见航道桥进行了双幅桥面桥梁的气动干扰效应风洞试验研究。研究表明，单幅桥面桥梁抗风性能优良，在 0°，±3°攻角时均未发现明显的竖弯、扭转振动，在紊流中仅发生抖振，没有出现有害的限幅振动和自激振动；在+3°攻角，风速为 5～7 m/s 时，上、下游均出现了竖向涡振现象，研究认为双幅桥面之间的气动干扰现象是并列双幅桥面出现竖向涡振的主要原因。Honda 等[41, 42]对日本的关西国际机场机场栈桥（Access Bridge）进行了节段模型风洞试验，研究了公路梁桥和铁路梁桥在不同位置和不同间距下桥梁的气动稳定性，结果表明桥面之间的气动干扰对桥梁的静动力特性都有明显影响。林志兴等[43]针对日本名古屋矢田川三跨连续钢箱梁桥，采用风洞试验与计算流体动力学相结合的方法研究了主梁宽高比小于 2 的大跨度梁式桥的抗风问题。研究发现，采用中央开槽（即两幅桥面之间完全断开）时，不论是均匀流场还是紊流场，当风速大于 35 m/s 时，均会出现高风速区的涡振现象。朱乐东等[44]以天津塘沽海河既有独塔斜拉桥拓宽工程的初步设计方案为背景，研究了箱形分离平行双幅桥之间的气动干扰效应对涡振特性的影响。试验发现，气动干扰效应使得箱形分离平行双幅桥与既有单幅桥相比，竖弯和扭转涡致振动最大幅值和风速锁定区间都有显著增大，涡振起振风速降低，斯特劳哈尔数有所提高。且气动干扰效应对箱形分离平行双幅桥下风侧桥涡振性能的影响要比对上风侧桥的影响更大。陈政清等[45]以佛山平胜大桥和青岛海湾桥红岛航道桥等为背景研究了双幅桥面之间的气动干扰效应对桥梁涡致振动特性影响并取得了大量成果。研究表明，气动干扰效应对双桥面桥梁的涡致振动会产生不利影响，并列双桥面之间的气动干扰效应随着桥面间距的增加而减弱，从而使主梁的涡致振动特性随两桥面之间的距离而变化，而增加阻尼是抑制双桥面涡致振动的有效手段。栗小枯[46]以工程结构中常用 1∶5 矩形断面、流线型断面和双桥面为研究对象，进行了大量的试验。通过观察这些试验发现，三种截面形式下的气动干扰规律是不相同的，说明截面形式是影响双桥面桥梁气动干扰的因素之一。研究还发现，不同阻尼比下，风速锁定区的范围不发生变化，但风速锁定区涡致振动的最大振幅却随阻尼比的变化而变化，这对双幅桥是同样适用的；不管是对单幅桥面还是双幅桥面，紊流对涡致振动都有抑制作用。

目前对于多幅桥面的气动干扰研究的主要手段是风洞试验，试验方法主要有：弹性悬挂主梁节段模型测振试验，改变试验参数，通过颤振临界风速、气动导数和斯特劳哈尔数等实测参数评价气动干扰效应对桥颤振稳定性的影响，通过涡致振动风速锁定区间和涡振最大振幅等实测参数来评价气动干扰效应对涡致振动特性的影响；主梁刚体模型测振试验，改变试验参数，通过静力三分力系数的变化来评价气动干扰效应对静气动力特性的影响；弹性悬挂主梁节段模型表面测压试验，改变试验参数，通过主梁表面压力分布变化来解释气动干扰原理。

综合各国学者对多幅桥的气动干扰效应及其对桥梁涡振特性的影响研究，可以得出以下结论：多幅主梁之间的气动干扰效应对桥梁的涡振特性确实有影响，不同截面形式下多幅桥的气动干扰规律不同，且对 D/B（间距比）敏感；与单幅桥相似，多幅桥涡振特性仍然随阻尼比和紊流度变化而变化。针对多幅桥面气动干扰效应的研究，尽管已经取得了一些进展，但仍存在诸多问题有待进一步研究和细化：

（1）现有的多幅桥面气动干扰效应研究大多数是针对实际具体的工程项目的，由于断面形式的差异，以及阻尼比和 D/B 值的差异，研究所得出的结论不太一致，有时候甚至是相互矛盾的。

（2）尽管有学者试图用各种方法对气动干扰效应进行合理解释，但多幅桥面气动干扰效应的内在机理尚不明确。

1.2.6 地面效应

桥面接近地面时，地面使断面的绕流与远离地面时的情况不同，我们可以引用空气动力学中的概念，称这种现象为“地面效应”。而现有的或在建的桥梁中，却存在不少离地高度较低的桥梁，例如深港通道桥等。位于水库上方的桥梁，随着水位的上涨，其桥面高度也会相对降低，更加贴近水面。关于“地面效应”的研究主要集中在航空航天领域，其中大部分研究是针对机翼进行的。周志勇等[47,48]基于风洞试验和CFD相结合的方法，对存在地面效应的近流线型断面的涡致振动性能进行研究。研究发现，均匀流场情况下，地面效应对竖弯涡振锁定区间的大小基本没有影响，但能使竖弯涡振提前发生。这表明地面效应会使得远场来流风速相同时断面的旋涡脱落频率增大，从而使涡致振动提前发生；紊流场情况下，离地高度较小时，由于涡振现象对湍流度较为敏感，湍流度增加能使涡振振幅减小，间接导致涡振区间缩小。断面距地面一定高度以上，地面粗糙度对涡振区间基本没有影响；地面效应对竖弯涡振振幅的影响在不同风攻角下有不同的表现，总体上表现为随离地距离的减小，最大涡振振幅随之减小，但影响均不明显；来流在迎风侧栏杆流动分离形成了强烈的周期性旋涡脱落与漂移现象，旋涡漂移对应升力面的漂移。这种周期性旋涡脱落与漂移将对结构产生周期性的作用力，从而导致涡致振动的发生。地面效应的存在使旋涡脱落与漂移速度加快，斯特劳哈尔数增大（分离涡漂移速度与斯特劳哈尔数之间关系详见文献[2]），但旋涡对断面气动力作用减弱。

参考文献

[1] MATSUMOTO M. Vortex shedding of bluff bodies: A review[J]. Journal of Fluids and Structures, 1999, 13(7-8):791-811.

[2] HU C X, ZHAO L, GE Y J. A simplified vortex model for the mechanism of vortex-induced vibrations in a streamlined closed-box girder[J]. Wind Struct, 2021, 32 (4): 309-319.

[3] LARSEN A, LAROSE G L. Dynamic wind effects on suspension and cable-stayed bridges[J]. Journal of Sound and Vibration, 2015, 334: 2-28.

[4] LARSEN A, SAVAGE M, LAFRENIÈRE A, et al. Investigation of vortex response of a twin box bridge section at high and low Reynolds numbers[J]. Journal of Wind Engineering and Industrial Aerodynamics, 2008, 96(6-7): 934-944.

[5] 李海飞，梁新华，孙一飞，等.流线型桥梁断面表面脉动风荷载特性研究[J].工程力学，2020(Z1):242-248,260.

[6] SCHEWE G, LARSEN A. Reynolds number effects in the flow around a bluff bridge cross section[J]. Journal of Wind Engineering and Industrial Aerodynamic,1998,74-76:829-838.

[7] SCHEWE G. Reynolds-number effects in flow around more-or-less bluff bodies[J]. Journal of Wind Engineering and Industrial Aerodynamics, 2001, 89(14-15):1267-1289.

[8] LAROSE G L, LARSEN S V, LARSEN A, et al. Sectional model experiments at high Reynolds number for the deck of a 1018 m span cable-stayed bridge[C]//Proceedings of 11th International Conference on Wind Engineering. Lubbock: TTU Press, 2003: 373-380.

[9] 张伟，魏志刚，杨詠昕，等.基于高低雷诺数试验的分离双箱涡振性能对比[J].同济大学学报，2008,36(1):6-11.

[10] LI H, LAIMA S, JING H. Reynolds number effects on aerodynamic characteristics and vortex-induced vibration of a twin-box girder[J]. Journal of Fluids and Structures, 2014, 50:358-375.

[11] 李加武,林志兴,金挺,等.压力积分法在桥梁断面雷诺数效应研究中的应用[J].振动工程学报,2006,19(4):505-508.

[12] 崔欣,李加武,陈飞,等.准流线型桥梁断面涡激共振的雷诺数效应[J].长安大学学报(自然科学版),2011,31(2):47-51.

[13] 熊龙,孙延国,廖海黎.钢箱梁在高低雷诺数下的涡振特性研究[J].桥梁建设,2016,46(5):65-70.

[14] 杨咏漪,陈克坚,李明水,等.韩家沱长江大桥高低雷诺数涡激振动试验研究[J].桥梁建设,2015(3):76-81.

[15] 李加武.桥梁断面雷诺数效应及其控制研究[D].上海:同济大学,2004.

[16] 金挺,林志兴.扁平箱形桥梁断面斯特罗哈数的雷诺数效应研究[J].工程力学,2006,23(10):174-179.

[17] 刘健新,崔欣,李加武.桥梁断面表面压力分布及 Strouhal 数的雷诺数效应[J].振动与冲击,2010,29(4):146.

[18] LEE S, KWON S D, YOON J. Reynolds number sensitivity to aerodynamic forces of twin box bridge girder[J]. Journal of Wind Engineering and Industrial Aerodynamics, 2014, 127: 59-68.

[19] MATSUMOTO M, SHIRAISHI N, SHIRATO H, et al. Mechanism of, and turbulence effect on vortex-induced oscillations for bridge box girders[J]. Journal of Wind Engineering and Industrial Aerodynamics, 1993, 49 (1/2/3): 467-476.

[20] WU T, KAREEM A. An overview of vortex-induced vibration (VIV) of bridge decks[J]. Frontiers of Structural and Civil Engineering, 2012, 6 (4): 335-347.

[21] DANIELS S J, CASTRO I P, XIE Z T. Numerical analysis of freestream turbulence effects on the vortex-induced vibrations of a rectangular cylinder[J]. Journal of Wind Engineering and Industrial Aerodynamics, 2016, 153: 13-25.

[22] MACDONALD J H G, IRWIN P A, FLETCHER M S. Vortex-induced vibrations of the Second Severn Crossing cable-stayed bridge — Full-scale and wind tunnel measurements[J]. Proceedings of the Institution of Civil Engineers Structures and Buildings, 2002, 152 (2): 123-134.

[23] KAWATANI M, TODA N, SATO M, et al. Vortex-induced torsional oscillations of bridge girders with basic sections in turbulent flows[J]. Journal of Wind Engineering and Industrial Aerodynamics, 1999(83): 327-336.

[24] UTSUNOMIYA H, NAGAO F, NODA M , et al. Vortex-induced oscillation of a bridge in slowly fluctuating wind[J]. Journal of Wind Engineering and Industrial Aerodynamics, 2001, 89(14): 1689-1699.

[25] BRUNO L, MANCINI G. Importance of deck details in bridge aerodynamics [J]. Structural Engineering International, 2002, 12 (4): 289-294.

[26] NAGAO F, UTSUNOMIYA H, YOSHIOKA E, et al. Effects of handrails on separated shear flow and vortex-induced oscillation[J]. Journal of wind Engineering and Industrial Aerodynamics, 1997, 69: 819-827.

[27] 管青海,李加武,胡兆同,等.栏杆对典型桥梁断面涡激振动的影响研究[J].振动与冲击,2014,33(3):150-156.

[28] YANG Y, ZHOU R, GE Y, et al. Experimental studies on VIV performance and countermeasures for twin-box girder bridges with various slot width ratios[J]. Journal of Fluids and Structures, 2016, 66: 476-489.

[29] LAIMA S, LI H, CHEN W, et al. Effects of attachments on aerodynamic characteristics and vortex-induced vibration of twin-box girder[J]. Journal of Fluids and Structures, 2018, 77: 115-133.

[30] SCRUTON C. On the wind excited oscillations of stacks, towers and masts[C]//HMSO. Proceedings of the Symposium Wind Effects on Buildings and Structures. London: HMSO,1963:798-836.

[31] VICKERY B J, WATKINS R D. Flow-induced vibrations of cylindrical structures[M]. Hydraulics and Fluid Mechanics, Elsevier, 1964: 213-241.

[32] GRIFFIN O M, SKOP R A, KOOPMANN G H. The vortex-excited resonant vibrations of circular cylinders[J]. Journal of Sound and Vibration, 1973, 31 (2): 235-249.

[33] HANSEN S O. Vortex-induced vibrations-the Scruton number revisited[J]. Proceedings of the Institution of Civil Engineers-Structures and Buildings, 2013, 166 (10): 560-571.

[34] MARRA A M, MANNINI C, BARTOLI G. Van der Pol-type equation for modeling vortex-induced oscillations of bridge decks[J]. Journal of Wind Engineering and Industrial Aerodynamics, 2011, 99 (6/7): 776-785.

[35] SEO J W, KIM H K, PARK J, et al. Interference effect on vortex-induced vibration in a parallel twin cable-stayed bridge[J]. Journal of Wind Engineering and Industrial Aerodynamics, 2013, 116: 7-20.

[36] KIM S J, KIM H K, CALMER R, et al. Operational field monitoring of interactive vortex-induced vibrations between two parallel cable-stayed bridges[J]. Journal of Wind Engineering and Industrial Aerodynamics, 2013, 123: 143-154.

[37] PARK J, KIM S, KIM H K. Effect of gap distance on vortex-induced vibration in two parallel cable-stayed bridges[J]. Journal of Wind Engineering and Industrial Aerodynamics, 2017, 162: 35-44.

[38] PARK J, KIM H K. Effect of the relative differences in the natural frequencies of parallel cable-stayed bridges during interactive vortex-induced vibration[J]. Journal of Wind Engineering and Industrial Aerodynamics, 2017, 171: 330-341.

[39] 小田桐道,幸林宽之,井垣裕司,等.鹤晃航路橘・主析の耐风检讨[C]//第 18 回日本道路会议论文集,2000:940-941.

[40] 森河久,永田佳文,南条正洋,等.鹤晃航路橘・主桁の耐风性风洞实验[C]//土木学会第 46 回年次学术讲演会议论文集.1991,536-537.

[41] HONDA A,SHIRAISHI N,MOTOYAMA S.Aerodynamic stability of Kansai International Airport access bridge[J].Journal of Wind Engineering and Industrial Aerodynamics,1990,33:369.

[42] HONDA A,SHIRAISHI N,MATSUMOM M,et al.Aerodynamic stability of Kansai International Airport access bridge[J]. Journal of Wind Engineering and Industrial Aerodynamics,1993,49:533.

[43] 林志兴,葛耀君,曹丰产,等.钢箱梁桥的抗风问题及其对策研究[J].同济大学学报,2002(5):614-617.

[44] 朱乐东,周奇,郭震山,等.箱形双幅桥气动干扰效应对颤振和涡振的影响[J].同济大学学报(自然科学版),2010,38(5):632-638.

[45] 陈政清,牛华伟,李春光.并列双箱梁桥面风致涡激振动试验研究[J].湖南大学学报(自然科学版),2007,34(9):16-20.

[46] 栗小枯.大跨度双幅桥面桥梁涡激振动响应气动干扰效应研究[D].长沙:湖南大学,2009.

[47] MAO W H,ZHOU Z Y,AI H L. Ground effects on the vortex-induced vibration of bridge decks[J]. Ksce Journal of Civil Engineering, 2019, 23(3): 1248-1258.

[48] 周志勇,毛文浩.地面效应对近流线型断面涡激共振性能的影响[J].振动与冲击,2017,36(6):168-174.

第2章 大跨度桥梁主梁涡致振动研究进展与思考

大跨度桥梁主梁涡致振动与控制属桥梁工程核心技术难题，亦为桥梁抗风设计理论有待深入解决的关键科学问题。为推动大跨度桥梁主梁涡振理论与应用研究的进一步发展，本章系统梳理了国内外针对该问题的最新进展与前沿热点。首先总结现场实测、风洞试验、计算流体力学及理论分析4种常用研究手段及其适用条件，然后从主梁断面涡振驱动机理、三维全桥涡振计算方法及主梁涡振控制3个方面回顾国内外最新研究进展，最后从试验与测试技术、理论分析、主梁涡振控制3个角度探讨大跨度桥梁主梁涡振研究的发展趋势。

2.1 概述

桥梁跨径的增长导致结构刚度不断下降，各类构件对风环境的敏感性急剧增加。风对桥梁结构的作用尤其是风致动力问题已成为大跨度桥梁设计和建造的关键控制因素之一[1]。涡致振动是一种由绕经结构表面周期性脱落旋涡引起的大幅振动现象。尽管涡致振动的自限幅特性不会直接导致结构动力失稳破坏，但大振幅振动会对行人舒适度、行车安全和构件疲劳寿命等产生危害，影响结构的适用性和耐久性[2-6]，极端情况下有可能导致结构主要受力构件损伤乃至断裂，诱发结构局部或整体垮塌。考虑到涡振发生风速一般较低，且自然界中这种风速出现的概率极高，大跨度桥梁涡致振动问题必须引起工程设计与科研人员的足够重视。

随着经济发展及“一带一路”“亚投行”相关合作的持续推进，在可预见的数年内，世界各地还将不断涌现更多超大跨度的桥梁，如主跨1 500～3 500 m级的缆索承重桥梁。这些超大跨度桥梁模态更为密集，常遇风速下涡振潜在发生模态更多，其涡振风险也更高。大跨度桥梁抗风问题尤其是涡致振动问题仍是桥梁工程界迫切需要解决的技术难题与关键科学问题。

有鉴于此，本章系统梳理了国内外关于大跨度桥梁主梁涡振研究的最新进展，指出目前尚未完全解决的问题，明确未来大跨度桥梁主梁涡振研究的重点和方向。值得注意的是，大跨度桥梁涡致振动不仅发生在主梁，自立桥塔、拱桥吊杆、斜拉桥长拉索等构件也会出现涡致振动现象。本章大跨度桥梁涡振研究回顾仅涉及主梁断面，吊杆、拉索等圆形截面涡振问题可参阅Sarpkaya[7]、Williamson和Govardhan[8]、Gabbai和Benaroya[9]等的综述性文章。

2.2 涡振研究手段

2.2.1 现场实测

现场实测是桥梁风工程发展的原始驱动力。它通过现场布设的风速仪、加速度仪等传感器，可获取桥梁结构在实际来流条件下的振动现象。现场实测也被看作一种最理想的试验方法。然而现场布设传感器投资较大，后期维护费用高，桥梁风振现场实测一般借助桥梁健康监测系统（SHMS）开展。由于测试手段有限，早期桥梁涡振现场实测仅涉及来流特性（风速、风向角等）、结构振动等信息。表 2-1 总结了众多桥梁涡振发生情况，可知不同跨径、不同结构体系的主梁及某些构件均存在涡致振动的可能。

Frandsen[10]最早在丹麦大海带东桥开展了主梁表面压力实测，得到了涡振发生时的表面压力特性。Li 等[4]对西堠门大桥涡振开展了现场测压研究，后续 Li 等[5]还采用绿色激光片、烟雾发生器及 CCD 摄像机对西堠门桥实桥绕流特性进行了测试，上述研究在一定程度上揭示了西堠门桥断面涡振驱动机理。随着测试手段的发展，脉冲激光雷达、连续波激光雷达等先进测试设备也被应用到大跨度桥梁现场实测。Zhao 等[11]采用多普勒雷达对 Lysefjord 桥主梁尾流场进行了测试，观测到了显著的尾流区域，并计算得到了断面斯特劳哈尔数。尽管该研究并没有针对涡振现象，但是采用的测试手段和数据分析技术为实桥涡振测试提供了新的思路。

表 2-1　实桥涡振发生情况统计

桥型	国家	桥名	主跨/m	风速/(m·s^{-1})	最大振幅/cm
斜拉桥	英国	Kessock 大桥[10]	240	23～25	11
	英国	塞汶二桥[11]	456	15～20	19.2(RMS)
	日本	Ishikari Kako 大桥[12]	160	10	10
	韩国	Jindo 大桥[13]	340	9.8～11.5	10
	加拿大	Wye 大桥[14]	235	7～8	3.6
	美国	Fred Hartman 大桥[15]	380	8～12	—
悬索桥	中国	西堠门大桥[4,5]	1 650	5～12	24
	丹麦	大海带东桥[2]	1 624	5～12	32
	美国	旧塔科马桥[16]	853	<18.4	—
	美国	Deer Isle 大桥[17]	329	9.11	5.5
	中国	武汉鹦鹉洲长江大桥[18]	850	—	—
	中国	虎门大桥[18]	888	—	—
梁式桥	巴西	Rio-Niteroi 大桥[19]	300	15～17	25
	日本	东京湾大桥[20]	240	16～17	54
	俄罗斯	Wolga 大桥[21]	155	11.6～15.6	65～70
	丹麦	大海带东桥引桥[22]	193	16～20	10
拱桥吊杆	中国	九江长江大桥[23]	216	6.5～13.2	10
	加拿大	Bras d'Or 大桥[23]	152.4	8.9	12.7

2.2.2　物理风洞试验

风洞试验通过模拟大气边界层风特性和结构动力行为来模拟涡振过程流-固耦合现象，是一种最为普遍的研究手段。风洞试验可采用节段模型或全桥气弹模型开展，全桥气弹模型能够模拟整个结构外形，是一种最直观的试验手段。然而由于雷诺数效应、尺寸效应、高阶振型及阻尼比模拟误差等影响，全桥气弹模型涡振测试结果与现场实测或节段模型结果间存在较大差别。Frandsen[24] 以丹麦大海带东桥为对象，比较了节段模型、全桥气弹模型、现场实测及英国规范(BDR)的计算结果(图 2-1，其中 δ 为计算时采用的对数阻尼比)，可知全桥气弹模型涡振模拟结果无论在响应幅值还是锁定风速范围方面均明显小于现场实测及节段模型结果。鉴于上述原因，桥梁断面涡振研究往往采用缩尺比较大的节段模型甚至大比例节段模型开展。

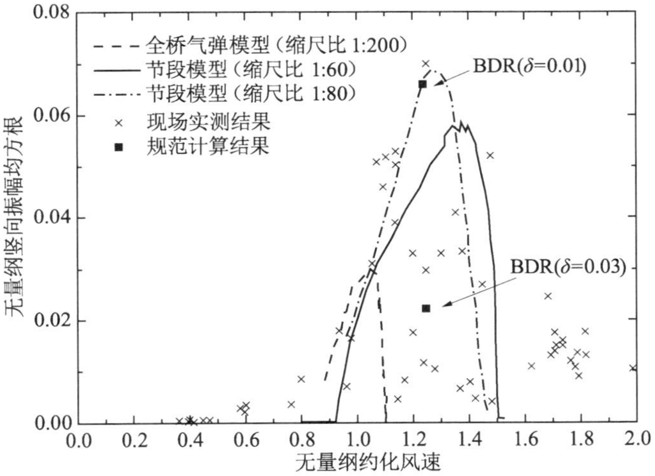

图 2-1　大海带东桥断面现场实测、节段模型、全桥气弹模型涡振结果对比[24]

2.2.3　计算流体力学

涡激力是尾流动力学性能的某种特殊体现[25, 26]，因此不论是获取尾流样本还是其计算可视化(Visualization in Scientific Computing, VISC)，结合 D'Alembert 运动学方程的计算流体动力学(CFD)无须引入导致不确定性的额外假定，即可完整反映流-固耦合的全部特征，是研究大跨度桥梁涡致振动现象与机理的理想工具。

然而，由于湍流理论发展缓慢以及计算资源的短缺，目前 CFD 还无法脱离风洞试验独立开展大跨度桥梁涡致振动方面的研究。一方面，由于 Kelvin-Helmholtz 不稳定性使气流从桥梁表面分离并发生卷曲而生成旋涡，与此形成的与桥梁涡致振动现象对应的尾流场十分复杂，其流动现象涉及桥梁上表面与下表面涡层的相互作用、涡量的传递与耗散、涡脱模式的分岔等，其本质是一种三维各向异性但具有某种拟序结构的湍流，现有理论还不足以支持从流动现象与桥梁结构动力响应两方面同时着手分析涡致振动的机理。另一方面，利用

CFD获得桥梁发生涡致振动的尾流演化样本时,其计算量与雷诺数成指数关系。虽然目前已经涌现出成百上千种以牺牲计算精度为代价的流场简化处理方法,但对于雷诺数为10^7量级的大跨度桥梁,其所需要的计算资源依然难以满足。因此,从湍流理论着手建立以桥梁工程为特定对象的、高精度低计算量的简化流动模型是当前运用CFD研究大跨度桥梁涡致振动的迫切任务。

2.2.4 理论分析

由于钝体断面绕流复杂性,难以从流体力学理论出发推导涡致振动解析表达式。实际做法是通过物理风洞试验与理论相结合的方式建立描述主梁涡振行为乃至主梁所受涡激力的半理论半经验数学模型,然后和结构有限元结合并考虑涡激力沿桥梁展向不完全相关特性影响,对三维全桥涡振响应乃至结构疲劳寿命等进行分析计算。该方法是目前大跨度桥梁涡振计算常用研究方法。考虑到利用CFD对三维全桥流-固耦合直接模拟,无论在精度还是计算效率方面都存在一定不足,在可预见的一段时间内,该方法仍具有很好的应用前景。

2.3 主梁涡振研究

近几十年来,国内外学者针对桥梁断面涡致振动开展了大量研究,取得了许多卓有成效的研究进展,这些研究覆盖面大、涉及范围广。本节主要围绕桥梁断面涡振发生机理、涡振影响因素、三维全桥涡振分析方法和主梁涡振控制技术等方面对既有研究进行梳理和归纳。

2.3.1 涡振发生机理

桥梁断面涡振与圆柱断面涡振存在显著不同,表现为:①桥梁断面分离点固定,而圆柱断面分离点不固定,其位置与雷诺数和结构运动状态有关;②桥梁断面一般不考虑顺风向振动但需考虑扭转振动,圆柱断面不考虑扭转振动但需考虑顺风向振动;③由于桥梁断面不对称,风攻角对结构涡振特性有显著影响,而圆柱断面一般不考虑风攻角影响。[27]此外,圆柱断面旋涡脱落位置位于断面后部,即分离点下游,而桥梁断面由于存在构造折点,在结构顶端(leading edge)、尾端(trailing edge)及中央开槽处都存在流动分离,即绕整个结构表面都存在脱落旋涡。

Paidoussis等[28]总结了不同断面涡振发生机制,认为类矩形断面或桥梁断面涡振主要与4种典型涡脱有关:顶端涡脱(Leading-edge Vortex Shedding, LEVS)、尾端涡脱(Trailing-edge Vortex Shedding, TEVS)、交错边缘涡脱(Alternate-edge Vortex Shedding, AEVS)以及顶端撞击涡脱(Impinging Leading-edge Vortices, ILEV)。上述4种涡脱现象对应了两种涡振驱动机制:单剪切层涡振驱动机制(one-shear layer instability)和双剪切层涡振驱动机制(two-shear layer instability)。上述两类涡振驱动机制与断面宽高比有关,对于类矩形断面,当断面宽高比小于3∶1时,涡脱主要为LEVS和AEVS,当断面宽高比大于

10：1 时，涡脱主要为 TEVS。

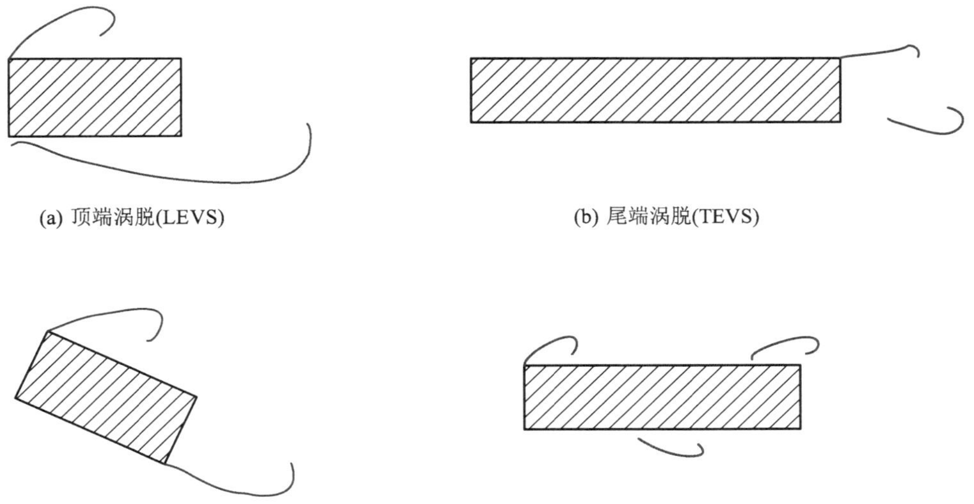

(a) 顶端涡脱(LEVS)　　(b) 尾端涡脱(TEVS)

(c) 交错边缘涡脱(AEVS)　　(d) 顶端撞击涡脱(ILEV)

图 2-2　类矩形断面涡振发生机制[28]

针对小宽高比断面，Nakamura[29]研究发现，当宽高比为 1：1 和 2：1 时流体在顶端分离后不会在结构尾端再附，而当宽高比达到 4：1 后，顶端分离旋涡会在结构尾端再附。由于尾流附近的速度场发生了相位变化，引起的涡激力也发生了相位变化，这使得系统总体阻尼变负，导致了涡振的发生。而 Fail 等[30]和 Wooton[31]研究发现，相同试验条件下模型展向长度与断面宽度的比值越小，结构受到的涡激力也越小。Komatsu 和 Kobayashi[32]对不同钝体断面（L 形、H 形、T 形和矩形等）研究表明，结构尾端形成的 Karman 涡街和由于结构运动在顶端产生的脱落旋涡是导致结构出现涡振的主要原因。Shiraishi 和 Matsumoto[33]在系统总结钝体断面斯特劳哈尔数、涡振起振风速与断面宽高比之间关系的基础上，总结了涡振发生对应的 3 种不同旋涡产生机制：第一种涡振是由断面运动导致在前缘产生并在尾部交替脱落的旋涡引起的，其涡振响应峰值对应折减风速为斯特劳哈尔数倒数（$1/Sr$）。第二种涡振是由断面运动导致前缘产生的分离涡和断面尾端产生的二次涡共同引起的，Shimada 和 Ishihara[34]、Hu 等[35, 36]采用风洞试验和数值模拟相结合的方法分别在宽高比为 4：1的矩形断面和宽高比约为 7.5：1 的流线型闭口箱梁断面印证了该涡振产生机制，并归纳为“双旋涡模式”。Hu 等[35, 36]还认为流线型闭口箱梁断面由于附属设施的存在，其本质上仍为钝体断面，其涡振机理仍由“双旋涡模式”驱动，涡振发生发展过程中涡振响应特性的变化与“双旋涡模式”在锁定区间内相位关系演变密切相关。在此基础上，他们采用增设检修轨道导流板的方法，改善了分离涡与二次涡之间的相位关系，从而减小了涡振响应。采用增设栏杆扶手抑流板的方法，完全破坏了“双旋涡模式”，涡振消失。第三种涡振由断面尾涡（一般称为 Karman 涡）诱导产生，Shiraishi 和 Matsumoto 暗示运动断面尾涡与静止断面尾涡可能存在差异，其涡振响应起振折减风速为斯特劳哈尔数倒数（$1/Sr$）。

对于宽高比更大的流线型箱梁断面，Larsen 和 Larose[37] 研究发现，来流在迎风侧断面不连续处发生分离，分离产生的旋涡沿上顶板和下底板往下游移动并形成两个边界层[图 2-3(a)]，并在背风侧断面不连续处再次发生流动分离[图 2-3(b)]，形成交替脱落的 Karman 涡街[图 2-3(c)，(d)，(e)]。由于闭口箱梁断面下底板较短，下底板处产生的分离旋涡强度更高，这是流线型闭口箱梁断面涡振发生的主要驱动因素。为抑制流线型闭口箱梁断面涡振，Larsen 等提出可在下游底板和斜腹板交接处安装导流板，抑制该位置旋涡的产生。此外，Larsen 和 Larose[37] 还发现，通过改变斜腹板倾斜角度使其小于 15°，可有效抑制断面涡振(图 2-4)。上述箱梁断面优化结果后续被应用到挪威 Hålogaland 桥和土耳其 Izmit 海湾桥的断面抗风设计中。

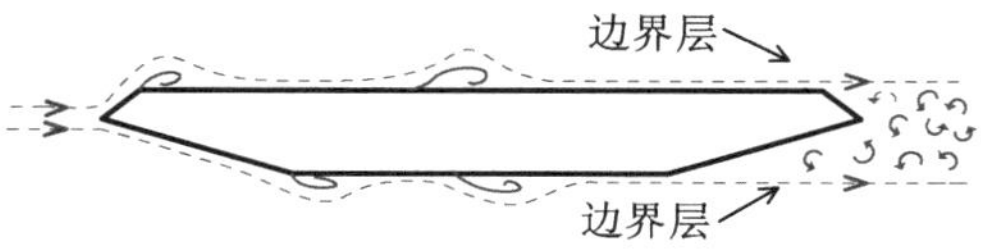

(a) 边界层形成

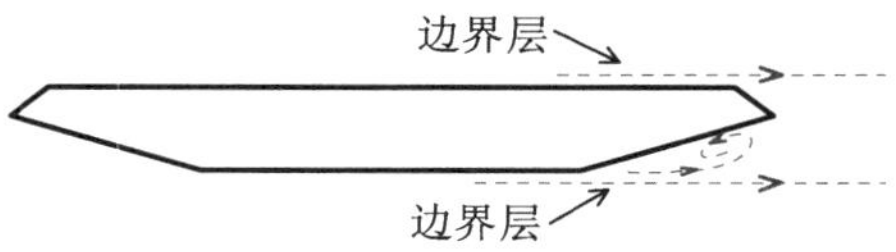

(b) 尾端下缘旋涡形成

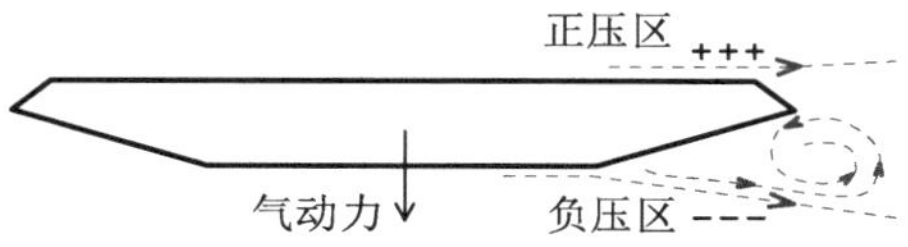

(c) 尾端下缘旋涡脱落

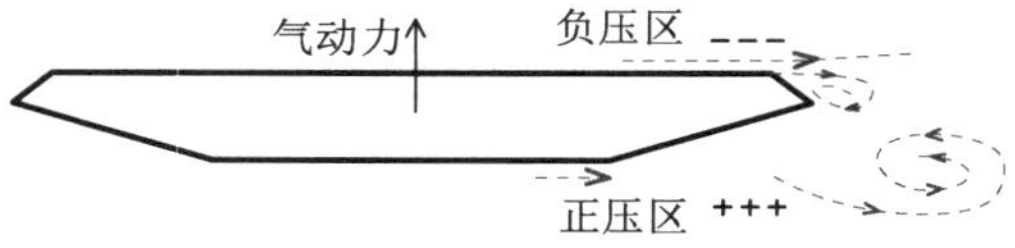

(d) 尾端上缘旋涡形成

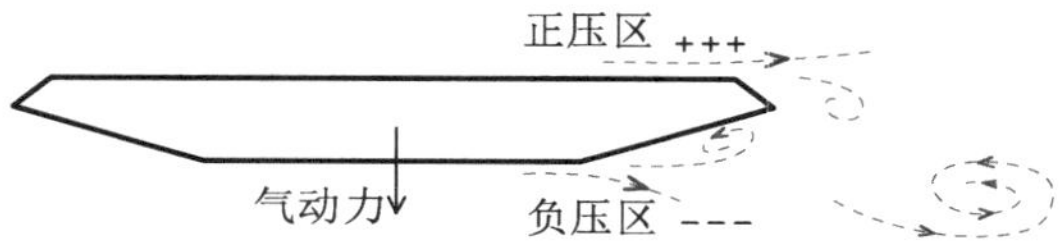

(e) Karman 涡街形成

图 2-3 流线型箱梁断面涡振发生机制[37]

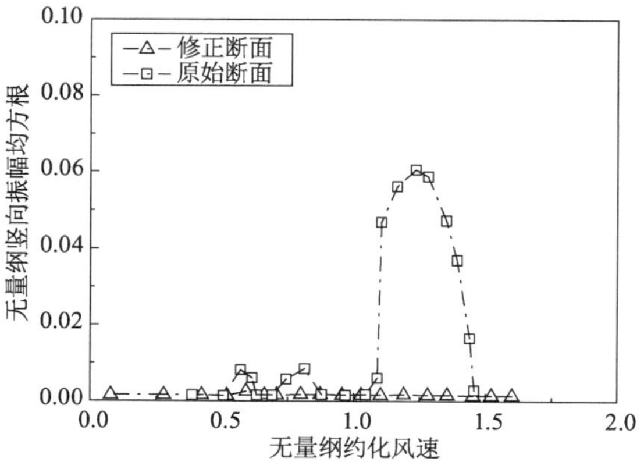

(a) 竖向涡振响应

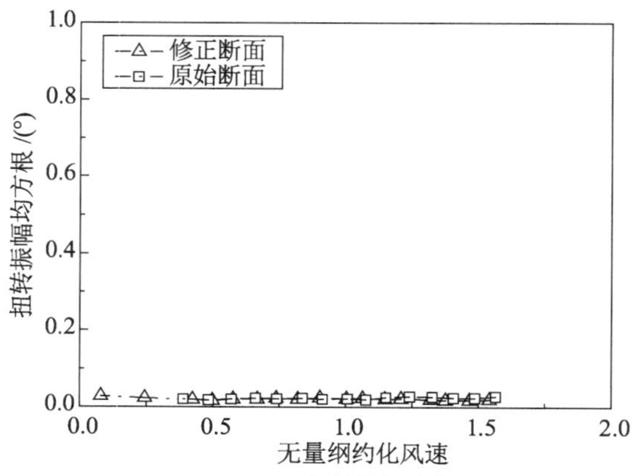

(b) 扭转涡振响应

图 2-4 腹板倾斜角度对流线型闭口箱梁断面涡振性能的影响[37]

随着桥梁跨径的发展，分离式箱梁断面被应用到大跨度桥梁领域。该断面能够大幅度提高结构颤振临界风速，然而由于中央开槽的存在，断面涡振性能存在一定程度的恶化。

Larsen 等[38]对昂船洲桥断面(槽宽/梁高＝3.64)的研究表明，上游箱体尾部 Karman 涡街对下游箱体产生了交替撞击作用，导致断面竖向涡振的发生，为抑制断面涡振，可在上游箱体下底板背风侧和下游箱体下底板迎风侧设置两个导流板。

Li 等[4, 5, 39]对西堠门桥断面(槽宽/梁高＝1.7)开展了风洞试验和现场实测研究，结果表明，涡振未发生时中央开槽处没有明显涡脱存在，上游箱体脱落旋涡沿下游箱体顶底板往下游移动并最终在下游箱体尾端脱落形成 Karman 涡街。涡振发生时，上游箱体脱落旋涡在中央开槽处发生了相互作用，形成了较强的涡旋，对下游箱体产生了交替冲击作用。此外，Li 等[4]还分析了涡振发生时断面脉动风压沿桥梁展向的相关性，涡振发生时脉动风压展向相关性并没有随距离的增加而变小。

Kwok 等[40]对不同槽宽分体箱梁的研究表明，槽宽较小时上游箱体脱落旋涡会绕过中央开槽往下游箱体尾部移动，此时断面涡振风险较小。随着槽宽增加，上游箱体脱落旋涡在开槽处充分发展，断面存在较大涡振风险。断面涡振驱动机制可归结为上游箱体尾部 Karman 涡街的交替作用和上游箱体脱落旋涡对下游箱体的撞击作用。其中，上游箱体脱落旋涡对下游箱体的撞击作用类似于某一特征频率湍流下的抖振效应。

对于结构同时存在多个涡振锁定区间的情况，Shiraishi 和 Matsumoto 指出，该现象是由顶端脱落旋涡在经过 n 个周期后到达了尾端而形成交替作用的涡激力所致，其中，n 取正整数。当结构发生扭转运动时，旋涡从顶端运动到尾端的时间为 $(2n-1)/2$ 个周期。对于竖向振动结构，小振幅锁定区间对应的约化风速为大振幅锁定区间约化风速的 $1/n$ 倍，对扭转运动结构，该值为 $2/(2n-1)$。胡传新等[41, 42]以气动力做功能量视角，将旋涡规律性漂移与断面运动特征紧密关联，构建简化涡模型，揭示涡振发生机理、锁定机理、多阶涡振机理。张伟等[43]针对分体箱梁断面的风洞试验研究表明，大、小两个扭转涡振锁定区最大振幅对应的约化风速约为 2 倍关系，与 Shiraishi 和 Matsumoto 的研究结果存在明显差异。因而，由于中央开槽的存在，当开槽率达到一定值时，旋涡在断面上下表面的规律性漂移会被阻断，同时在槽间形成新的旋涡及槽间旋涡漂移[37]，故分离双箱梁断面涡振机制与单箱断面并不相同[41, 42]。

2.3.2 涡振分析方法

1. 涡激气动力模型

由于钝体断面绕流的复杂性，难以从流体力学理论出发推导涡激力解析表达式。实际做法是通过试验与理论结合方式建立描述结构涡振行为乃至主梁所受涡激力的半理论半经验数学模型。现有模型按建模目的可大致分为基于振动行为模拟的涡振经验模型和基于涡激力模拟的实测涡激力模型。涡振经验模型又可根据其形式分为两自由度模型和单自由度模型。

两自由度模型早期提倡者包括 Bishop 和 Hassan[44]以及 Birkhoff[45]。该模型在结构运动方程上附加与其耦合的非线性振子方程(如 Van der Pol 振子),以近似模拟涡振过程流体-结构耦合作用。后续学者针对这类模型开展了大量研究,主要进展体现在非线性方程选取[9]、流体-结构耦合形式[46]、模型参数改进[47,48]以及二维模型向三维拓展[49,50]等。这类模型可用一组参数描述整个锁定区结构振幅分支、频率锁定、相位突变等特性,然而模型参数识别需借助复杂强迫振动试验工况确定,较少用于圆柱断面外的其他钝体断面。

针对桥梁断面涡振模拟,Scanlan[51]提出可将涡振过程流体-结构耦合关系近似为作用于主梁的附加气弹效应,并沿用 Bishop 和 Hassan 概念提出了单自由度形式的"负阻尼"模型。Vickery 和 Basu[52,53]则基于随机振动理论建立了考虑非线性气动阻尼影响的涡致振动谱分析方法。现有桥梁涡振分析多基于上述两种思路展开,主要进展体现在模型形式的改进和参数识别精度的提高。

参数识别方面,Scanlan[51]从稳定状态系统能量耗散为零角度,提出利用两组相近质量-阻尼工况稳定涡振振幅识别模型参数。Ehsan 和 Scanlan[54]基于位移近似解析表达式,提出拟合瞬变段振幅包络识别模型参数。李明水和贺德馨[55]利用摄动法推导了包含强迫项的经验非线性模型位移近似解析表达式,用于不同钝体断面模型参数识别。Marra 等[56]系统比较了瞬变段长度及稳定振幅选取对模型参数的影响,提出可基于数值优化的识别模型参数。后续 Marra 等[57]又提出可基于有限质量-阻尼工况识别模型参数,并建立矩形断面模型参数随结构质量-阻尼系数的变化规律。

模型形式方面,Goswami 等[58]在 Scanlan 经验非线性模型基础上考虑了强迫效应,将其改进为包含非线性阻尼的参数振动方程。Larsen[59]将非线性振子最高次项改为可调参数,以更准确模拟振幅随 Scruton 数的变化趋势。Mashnad 和 Jones[60]将模型气动阻尼及气动刚度项拓展为结构振幅的非线性函数。Hansen[61]则在 Vickery-Basu 谱方法基础上引入了湍流强度修正并将其应用到桥梁断面涡振模拟。

无论"负阻尼"模型还是谱分析模型,描述流体-结构相互作用的气弹效应表达式均由经验确定,其参数通过拟合结构振动行为获得。导致模拟的气弹效应特性与实际气弹效应特性间存在较大差别。Xu 等[62]提出利用系统瞬时特性识别方法获取涡振过程中气动阻尼和气动刚度随结构振幅的变化规律,并通过直接拟合气动阻尼和气动刚度随结构振幅的非线性关系建立涡振经验模型。相较传统基于 Van der Pol 或 Rayleigh 振子假设的气动阻尼形式,该方法可在一定程度上提高结构涡振响应的预测精度。

近年来,有学者尝试直接测量主梁涡激力并建立涡激力模型。Diana 等[63]利用强迫振动方式识别了涡激力与结构运动间的传递函数(气动导数),指出其在锁定区随折减风速和振幅变化。他提出利用等效非线性振子模拟非线性气弹效应,并在结构有限元模型上叠加了该振子模型计算结构涡振响应。然而传递函数为线性形式,仅能考虑涡激力主频项影响,无法考虑涡激力中的倍频项。此外,等效振子模型仍然为假设的 Rayleigh 振子形式,没有从涡激力非线性特性本身给出表达式。

孟晓亮[64]通过改进风洞试验技术量测了涡振过程的涡激力时程,并根据量测结果提出了单自由度形式涡激力表达式。与 Scanlan 模型不同,孟晓亮提出的模型中三次非线性项为速度的三次方，且模型中增加了考虑二次非线性效应的交叉项和考虑非线性气动刚度效应的二次项。该模型对不同质量-阻尼系数下结构涡振响应的预测结果与试验结果较为吻合，验证了模型的准确性。

上述涡激力模型均为时频混合形式，仅能针对固定风速进行分析，无法考虑实际来流沿桥梁展向非均匀分布、随时间缓慢变化等特性对结构涡振性能的影响。

Wu 和 Kareem[65] 提出可采用多维卷积积分格式的 Volterra 级数对桥梁非线性气动力进行时域模拟。Xu[66] 基于稀疏格式 Volterra 级数对桥梁断面涡激力进行了模拟，提出了 Volterra 级数和结构有限元耦合求解方法，能够实现考虑来流随时间缓慢变换情况下的三维全桥涡振时域模拟。刘十一[67] 基于非线性微分方程提出了桥梁断面非线性气动力降阶模拟方法。后续，该模型被应用到大跨度桥梁涡振性能模拟[68]。

随着计算理论的发展，机器学习方法被应用到桥梁断面气动行为模拟[69]。在可预见的几年内，基于高精度降阶模拟技术和基于深度学习人工智能的涡激气动力模拟方法将取得更大的突破。

2. 全桥涡振性能分析

二维节段模型与三维全桥存在较大差别，如何由节段模型试验结果得到三维全桥涡振性能是涡振研究的重点。早期 Irwin[70] 及 Larsen[71] 提出可在主梁等效模态质量基础上进一步修正模型质量，使节段模型无量纲振幅直接等效于实桥涡振振幅。然而其忽略了气弹效应模拟，理论上不够严密。涡振试验过程中，必须准确模拟主梁所受附加气弹效应（即 Scruton 数），不能通过质量修正由节段模型振幅等效实桥振幅。现有做法是通过试验建立涡振过程流体-结构耦合关系模型，然后与结构有限元结合对三维全桥涡振性能进行分析。根据其实现手段，该过程可分为有限元法与振型分解法。

有限元法基于“片条假设”，将作用于主梁单元的涡激力转换成作用于单元两端的节点力，然后基于 Hamilton 原理推导单元气动阻尼及刚度矩阵，组装成涡振系统总体阻尼及刚度矩阵并通过时域求解计算结构响应。有限元方法的优势是能够考虑结构本身非线性特性影响，并能够考虑主梁沿展向不均匀变化等复杂结构形式。

Barhoush[72] 采用 Scanlan 经验非线性模型，结合 Hamilton 原理推导了二维梁单元气动阻尼矩阵，并通过令其他自由度矩阵元素为零来拓展至三维梁单元。他们以简支梁为例，利用 Newmark 时域积分法计算了结构涡振响应，研究了模态阻尼比对计算结果的影响。Barhoush 等人忽略了涡激力强迫项影响，采用 Newmark 时域积分法计算结构涡振响应时需给定初始条件，其初始条件为符合某一模态振型函数分布规律的单元节点位移。

Lewandowski[73] 采用包含强迫项的 Scanlan 经验非线性模型建立了结构涡振有限元分析方法。其利用谐波合成法生成了涡脱强迫力时程，以圆柱断面简支梁为例验证了该方法的准确性。

由于 Newmark 时域积分法计算效率低，国内学者李立[74, 75] 提出可采用时频率混合变化的 AFT 方法计算涡振响应，该方法能较简单地计算作为时间和频率混合函数的涡激力，从而提高有限元计算效率。

晏致涛等[76,77]基于 Scanlan 经验非线性模型考虑了风速沿梁单元高度方向的变化，推导了空间三维梁单元气动阻尼矩阵，将原本只能考虑水平结构的有限元方法拓展至空间三维结构。晏致涛等采用 Wilson-θ 法和 Newton-Raphson 法对有限元方程进行求解，以简支梁和拱桥为例验证了其准确性。

除了 Scanlan 模型外，还有学者采用其他涡激力模型开展涡振有限元计算。Dul 和 Pietrucha[78]采用 Iwan 和 Blevins 尾流振子模型开展了高耸烟囱涡振有限元分析。他们基于“片条假设”，将涡激力施加到结构单元节点处，通过时间推进法循环求解结构有限元方程和涡激力方程，从而计算结构涡振位移时程。Lewandowski[79]采用 Hartlen 和 Currie 模型推导了结构单元矩阵和“流场变量”单元矩阵，将两类单元组合求解，并提出了基于谐波平衡法的结构涡振振幅近似解析解。通过与时域积分结果比较，验证了近似解析方法的准确性。

大跨度桥梁现场监测资料表明，结构涡振往往发生在单一模态，因此现有三维全桥涡振分析更多基于振型分解的模态坐标系展开，通过逐模态方法获得各阶模态涡振性能。振型分解法的优点是计算效率高，缺点是无法考虑结构本身非线性影响。

朱乐东[80]基于 Scanlan 经验线性模型，推导了节段模型与三维全桥的振幅换算关系。其节段模型与实桥振幅换算关系为 $4/\pi$，与日本抗风规范中的修正系数相同[81]。张志田和陈政清[82]将振幅修正法拓展到了 Scanlan 经验非线性模型及 Larsen 广义非线性模型，得到了从非线性涡激力出发的节段至全桥涡振振幅转换关系。上述节段-全桥涡振振幅转换只考虑了主梁振型影响，没有考虑涡激力沿桥梁展向不完全相关特性的影响。

Ehsan[83]采用 Scanlan 经验非线性模型提出了考虑振型及涡激力展向相干性影响的全桥涡振计算方法。他们通过振型分解法得到结构振型向量及广义运动方程，然后在广义力计算过程中提出可通过两种方法考虑涡激力展向不完全相关性影响：①在广义力求解过程中乘以“形状函数”，以近似模拟涡激力展向不完全相关特性的影响；②通过刚体模型试验获得断面涡激力展向相干函数，然后通过迭代计算得到全桥最不利涡振振幅。“形状函数”很难通过试验获得，Ehsan 等并未给出具体算例，而是采用 Wilkinson[84,85]方柱试验拟合了涡激力展向相干函数，通过第二种方法考虑了涡激力展向不完全相关影响。Ehsan 等在计算过程中假设非线性气动阻尼项展向全相关，该假设的适用性需进一步验证。

鲜荣等[86,87]尝试采用 Scanlan 经验线性模型和 Scanlan 经验非线性模型推导考虑结构振型及涡激力展向相干性影响的全桥最不利涡振振幅表达式。然而其在全相关条件下的广义力基础上直接乘以了展向相干函数，理论上不够严密。孙延国[88]在上述基础上进一步完善了全桥涡振振幅计算方法，通过引入振型自卷积积分得到二维广义力折减系数，该系数与断面间距和结构振幅有关，可通过迭代得到考虑振型及涡激力展向相干性影响的全桥涡振振幅。

孟晓亮[64]基于测压研究认为，涡激力中非风致自激效应和风致自激力可看作展向全相关，而涡脱强迫力展向不完全相关，涡激力沿展向相关性的缺失主要由涡脱强迫力引起。为此，他在全桥涡振振幅计算过程中只考虑了涡脱强迫力展向相干特性影响。结果表明，是否考虑涡脱强迫力展向相干特性乃至是否考虑涡脱强迫力，对计算结果影响不大。

根据前述研究，三维全桥涡振计算结果的可靠性取决于所用的涡激力模型。一方面，由于风洞模拟的结构 Scruton 数与实桥 Scruton 数间可能存在一定偏差（如实桥阻尼比预测误差），涡激气动力模型需在一定程度上突破现有涡振经验模型计算结果受结构 Scruton 数影响这一局限，以提高三维全桥预测精度。另一方面，即使风洞完全模拟实桥 Scruton 数，采用不同涡振经验模型计算得到的三维全桥与节段模型间的“振幅修正系数”也并不相等[82]。因此，准确预测三维全桥涡振性能的前提是建立能够准确模拟涡振过程流体-结构耦合关系的涡激力模型。

2.3.3　主梁涡振控制技术

风洞试验和理论分析是预测结构涡振性能的手段，在准确预测结构涡振性能的基础上，需考虑结构服役与耐久性要求，对其涡振性能进行判定。目前各国桥梁抗风设计规范均对大跨度桥梁涡振响应给出了相关限值。如果桥梁涡振性能不满足规范要求，需采取某些措施进行控制。

桥梁涡振控制一般有 3 种思路[89]：①断面气动外形优化，即改变断面原始气动外形，使其满足规范要求。断面气动外形优化一般有两种手段。一种是针对原始断面外形（如闭口箱梁斜腹板角度）或其附属设施（如护栏、检修轨道、风障等）的位置、样式等进行调整，以找到合适的组合形式，提高断面涡振性能；另一种是通过附加某些气动措施，如导流板、抑流板等，提高断面气动性能。②机械控制手段，在气动外形修正效果受限情况下，辅助机械控制手段可进一步对结构涡振进行抑制。辅助机械控制手段主要包括被动式调谐质量阻尼器（Tuned Mass Damper，TMD）、主动调频式质量阻尼器（Active Tuned Mass Damper，ATMD）、主动质量阻尼器（Active Mass Damper，AMD）等。③结构措施，某些情况下可通过改变结构动力特性对涡振进行控制，如增设斜拉桥附属墩和设置抗风支座等。

上述控制手段中，结构措施受制于整体结构力学性能，一般不作为大跨度桥梁振动控制的方式。原始断面气动外形修正（如调整闭口钢箱梁斜腹板角度等）往往受制于主梁断面静力性能要求，仅从气动外形优化角度有时难以对主梁断面形式起决定作用。而附属设施位置、样式等调整一般针对具体问题具体分析。因此，本节主梁涡振控制技术综述主要针对适用范围更广的附加气动控制措施和机械控制措施。

1. 附加气动控制措施

上文提到主梁断面涡振与 3 种驱动机制有关：①单剪切层驱动机制，即结构迎风端脱落旋涡主导涡振；②双剪切层驱动机制，即结构尾端 Karman 涡街主导涡振；③尾流激励导致的涡振，如中央开槽断面、双幅桥等。根据不同涡振驱动机制，可有针对性地开展断面气动外形优化。对于单剪切层涡振，可修正迎风侧气动外形，如迎风侧栏杆、扶手等附属设施，或增设风嘴、水平抑流板、扰流板等附加气动控制措施。对于双剪切层涡振，可通过在尾端设置导流板形成流动加速，以吹散或打乱尾端 Karman 涡街的形成。对于中央开槽断面，可通过在上游箱体尾端设置导流板或采用格栅等方式遮盖中央开槽，降低中央开槽处旋涡强度，抑制涡振的发生。

针对桥梁断面涡振气动控制，Fujino 等[89, 90]系统总结了现有附加气动措施及其布置形式(图 2-5)，并对其抑振机理进行了论述。李珂[91]总结了各类气动措施(包括被动气动措施、可动气动措施及主动气动措施)用于桥梁断面颤振及涡振控制的适用性和局限性，并对各类气动措施用于涡振控制给出了相关建议。

由于桥梁断面绕流复杂性，各类气动控制措施均不具备涡振控制的普适性效果。实际主梁断面气动外形优化仍采用经验加试验方式，对各类潜在控制措施不断尝试。理论上说，结构断面气动外形的任何微小改变，都有可能成为涡振控制的有效措施，同时也有可能产生放大涡致振动的不利效果。此外，风洞试验过程中有时也难以找到合适的气动控制措施，须借助机械控制手段进行辅助控制[20, 92, 93]。

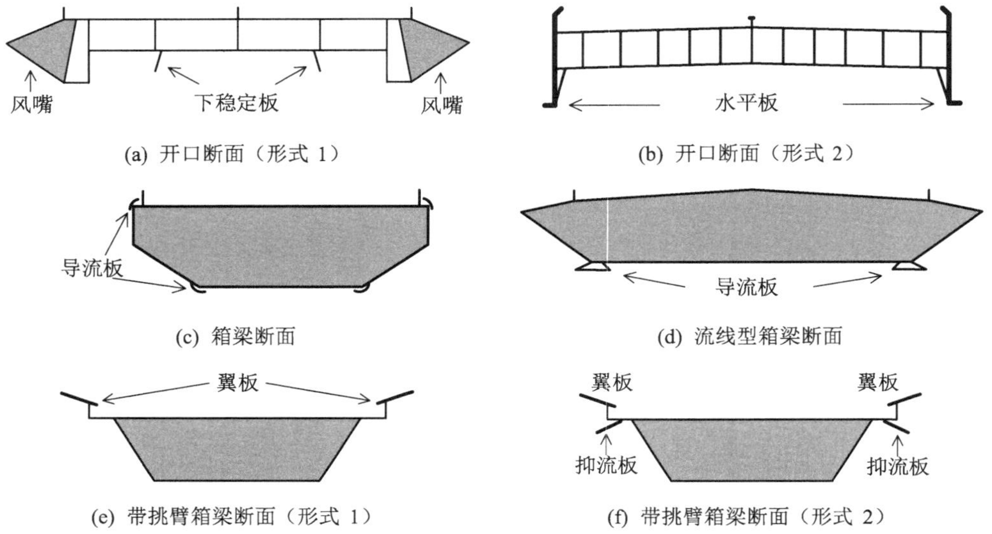

图 2-5 涡振气动控制措施汇总[89]

2. 机械控制措施

现有桥梁涡振机械控制措施多采用 TMD。TMD 由质量块、弹簧、阻尼器和支撑系统组成，通过将质量块振动频率调整至主结构频率附近，改变结构共振特性，达到吸能减振目的。TMD 的优势是参数设计简单、不需外部能量输入及系统相对可靠。目前实际观测到涡振现象的桥梁大部分采用了 TMD 来抑制涡振，部分实桥案例如表 2-2 所示。

TMD 一般安装在主梁内部，在实际应用过程中受到主梁梁高和内部安装空间的制约。其制约因素主要源于以下方面[94]：①大跨度桥梁本身特征频率较低，对于低模态涡振情况，调频后的 TMD 弹簧在重力作用下会发生较大的变形；②TMD 质量块尺寸较大，其本身对空间也有一定要求；③TMD 质量块行程一般远大于主梁涡振振幅，为了避免质量块与主梁发生碰撞，需预留足够空间供其自由振动。图 2-6 展示了巴西 Rio-Niteroi 大桥 TMD 装置，可以看到弹簧在重力作用下有较大的静变形，整个 TMD 支撑系统高度较大，对主梁内部安装空间提出了较高要求。

表 2-2　采用 TMD 涡振控制方案的桥梁

桥名	结构形式	国家	主跨/m
东京湾大桥[20]	连续钢箱梁	日本	240
Rio-Niteroi 大桥[19]	连续钢箱梁	巴西	300
Kessock 大桥[95]	斜拉桥	英国	240
Volvograd 大桥[96]	连续钢箱梁	俄罗斯	115
Jindo 大桥[13]	双幅斜拉桥	韩国	340
港珠澳大桥深水区非通航孔桥[97]	连续钢箱梁	中国	110
崇启大桥[98]	连续钢箱梁	中国	185

基于上述原因，目前 TMD 较少应用到流线型扁平箱梁涡振控制，而流线型扁平箱梁又是大跨径桥梁常用的主梁形式，如何提高传统 TMD 方案的适用性或研发适用于扁平型主梁涡振控制的机械措施是未来的研究重点。

图 2-6　巴西 Rio-Niteroi 大桥 TMD 装置[99]

2.4　主梁涡振研究发展趋势

近年来，围绕大跨度桥梁主梁涡振的研究出现了一些新的突破和发展趋势，这些趋势可大致分为 3 个方面：试验或测试技术方面的突破、理论分析方面的突破以及控制技术方面的突破。本节从上述 3 个角度对主梁涡振研究的发展趋势进行论述，以明确未来大跨度桥梁涡振研究的重点和方向。

2.4.1　试验和测试技术方面

早期涡振风洞试验较多基于测振和测压方式，较少开展测力试验。一方面受制于测力天平的精度，另一方面由于测量结果中涡激力相较模型惯性力比重较小，难以获得理想涡激力数据。同济大学朱乐东教授等[100]通过改进节段模型试验技术，提出将模型承重和外衣分离的新型节段模型设计方法，显著提高了测量结果中涡激力所占比重，得到了较为理想的涡激力时程。

自由振动测压试验过程中由于测压管道影响，模型质量-阻尼系数较大，难以较好地模拟主梁振动行为。同济大学赵林教授等[101, 102]研发了新型三维强迫振动装置(图 2-7)，能够再现任意输入时程序列的结构运动状态。通过测量不同质量-阻尼工况弹性悬挂模型涡振位移时程，然后利用强迫振动装置驱使测压/测力模型再现这一过程，有助于进一步了解主梁断面涡振驱动机理和气动力特性。

前述章节提到全桥气弹模型缩尺比小，其涡振模拟结果与现场实测或节段模型结果存在较大差别。湖南大学陈政清教授等[103]研发了多点弹性支撑主梁气弹模型，能够模拟悬索桥多阶主梁振型。相较传统气弹模型，其缩尺比较大，可与节段模型开展对比研究，进一步明确结构振型与涡激力展向相干特性对三维全桥与节段模型间“振幅修正关系”的影响规律。

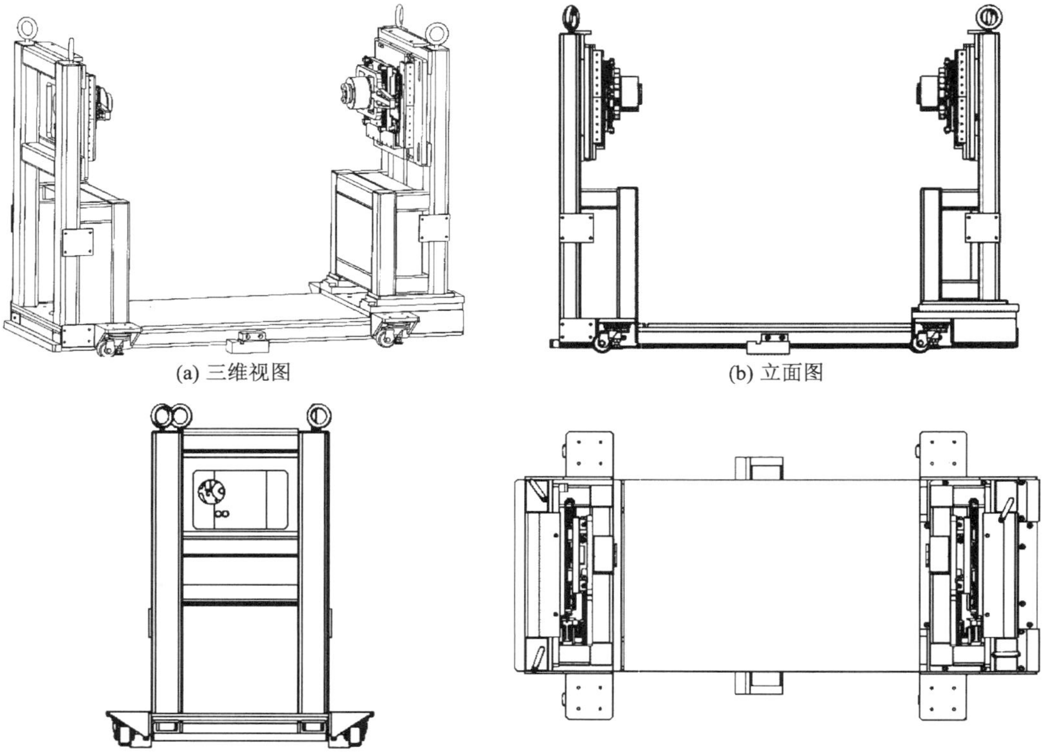

(a) 三维视图　(b) 立面图　(c) 侧面图　(d) 平面图

图 2-7　同济大学新型三维强迫振动装置[101]

2.4.2　理论分析方面

前文提到由于钝体断面扰流复杂性，难以推导涡激力解析表达式。三维全桥涡振分析需借助试验建立描述涡振过程流体-结构耦合作用的数理模型，然后和结构有限元结合开展计算。如何准确建立描述涡振过程流体-结构耦合作用的数理模型成为制约因素。基于涡激力拟合的经验模型和基于 Volterra 级数的涡激力降阶模拟技术受制于试验量测涡激力精度，需借助新型节段模型测试技术和高精度测力天平开展相关工作。

近年来，基于数据驱动和机器学习的人工智能技术被应用于风工程领域。Li 等[69]基于西堠门桥现场监测资料提出基于决策树学习和支持向量回归的数据驱动模型，绕过了涡激力模拟过程，直接建立了风场特性和结构响应关系。Raissi[104]基于深度学习算法尝试了在有限流场数据和结构振动信息基础上准确预测结构涡激力。Wei 等[105]则进一步尝试利用深度强化学习求解 N-S 方程以提高其计算效率。尽管上述研究仍处在初级阶段，但为桥梁涡振研究提供了一种新思路，即在不依赖涡激力量测的基础上准确建立涡振过程流体-结构耦合关系。

2.4.3　主梁涡振控制方面

被动气动控制依赖经验加试验方式，对各类潜在控制措施进行不断尝试，以期找到合适的控制方案。近年来提出的主动气动翼板，能够避免被动气动措施不断试错这一过程。主动气动翼板根据其布置形式可分为两类[106-108]：一类是主动改变加劲梁断面边缘以改善加劲梁周围流场的主动风嘴系统，另一类是在加劲梁断面上部（或下部）安装流线型控制面的主动控制面系统。主动气动翼板在主梁两侧对称布置，较容易产生扭转平衡力偶或流场干扰，较适用于扭转形态主梁振动控制。主梁涡振多发生在竖向自由度，为控制主梁竖向振动，主动翼板需提供竖向力或产生竖向流场干扰，其实施效果值得进一步研究。

吸/吹气控制是主梁涡振控制的另一种方案，它在主梁断面布设吸气或吹气孔道，扰乱涡振发生时的流场机制，实现主梁涡振抑制[109-111]。试验表明，吸/吹气控制方案具有较好的控制效果。目前吸/吹气控制多为被动型，尚无法根据主梁运动姿态实时判定和调整吸/吹气流大小和孔道吸/吹气次序。此外，方案实施时还需进一步考虑主梁断面开孔对结构外观、耐久性及主梁力学性能的影响等。

针对传统 TMD 受主梁梁高限制这一局限，近几年出现的惯容装置提供了潜在解决方案[94]。惯容器概念由 Smith[112]提出，其借助某些机械手段，将平动转换为转动。由于物体转动惯量（转动质量）远大于其物理质量，该装置可实现运动物体的“质量放大”效果。惯容器目前有 3 种实现途径：齿轮形式惯容器[113]、滚珠丝杆式惯容器[114]以及基于水动力的惯容器[115]（图 2-8）。Xu 等[94]对惯性质量阻尼器（Tuned Mass Damper Inerter，TMDI）用于大跨度桥梁涡振控制进行了研究。结果表明，惯容器的引入使 TMD 最优频率远高于结构特征频率，从而显著降低了 TMD 弹簧静变形，使其能够安装到流线型扁平箱梁内部，实现大跨度桥梁涡振的有效控制。

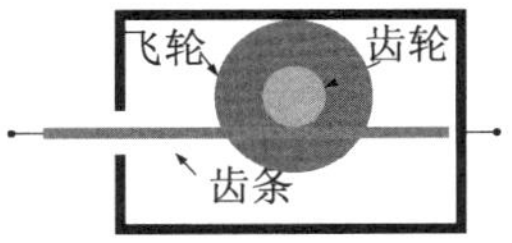

(a) 齿轮形式惯容器

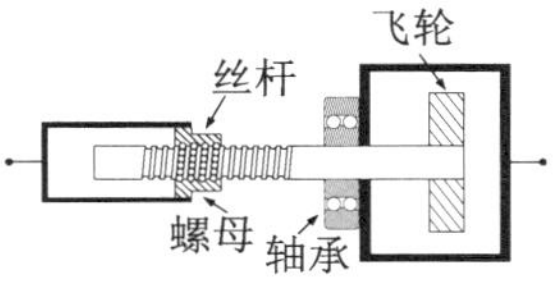

(b) 滚珠丝杆式惯容器

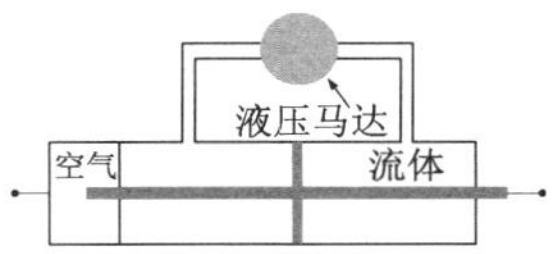

(c) 水动力惯容器

图 2-8　三类惯容器原理[94]

2.5　本章小结

大跨度桥梁涡致振动及控制是现有桥梁抗风设计理论尚未很好解决的关键科学问题。

近年来，针对大跨度桥梁涡致振动研究虽取得了极大进展，但仍有许多亟待完善的工作，具体表现在：

（1）现场实测方面，传统桥梁涡振实测多基于健康监测系统，得到的现场资料有限且多为宏观现象。随着先进测试设备的引入，如激光探空雷达、移动式现场观测车等，未来现场实测有望获得更细观的观测资料，为大跨度桥梁抗风理论发展提供更为详细的一手数据支撑。

（2）风洞试验方面，传统涡振试验多关注结构响应、表面压力分布等特性，对流场形态、涡激力非线性特性等研究较少。随着风洞试验技术的提升，如流迹显示、高精度涡激力测量方法、主动控制风洞等，未来桥梁断面涡振性能研究将向精细化方向进一步发展，为断面涡振驱动机理研究和流体-结构耦合关系模拟提供强有力的保障。

（3）理论分析方面，传统三维全桥涡振性能分析基于涡振经验模型开展，由于其无法准确模拟涡振过程流体-结构耦合关系，难以保证三维分析结果的可靠性。随着高精度涡激力测量技术、高精度降阶模拟技术及深度学习人工智能技术的引入，未来有望建立涡振过程流体-结构耦合关系的精细化模拟方法，实现三维全桥涡振性能的准确预测。

（4）涡振控制方面，传统被动气动措施和机械控制手段面临适用性和普适性困扰，随着先进控制理念（如惯容阻尼器、主动气动控制措施等）的引入，未来桥梁涡振控制将向着“小型化”“精细化”“普适性”方向发展，确保大跨度桥梁的服役安全。

参考文献

[1] 项海帆，葛耀君.大跨度桥梁抗风技术挑战与基础研究[J].中国工程科学，2011，13(9)：8-21.

[2] LARSEN A，ESDAHL S，ANDERSEN J E，et al. Storebælt suspension bridge-vortex shedding excitation and mitigation by guide vanes [J]. Journal of Wind Engineering and Industrial Aerodynamics，2000，88 (2)：283-296.

[3] LARSEN A. Aerodynamic aspects of the final design of the 1624m suspension bridge across the great belt[J]. Journal of Wind Engineering and Industrial Aerodynamics，1993，48 (2)：261-85.

[4] LI H，LAIMA S，OU J P，et al. Investigation of vortex-induced vibration of a suspension bridge with two separated steel box girders based on field measurements[J]. Engineering Structures，2011，33 (6)：1894-1907.

[5] LI H，LAIMA S，ZHANG Q，et al. Field monitoring and validation of vortex-induced vibrations of a long-span suspension bridge[J]. Journal of Wind Engineering and Industrial Aerodynamics，2014，124 (7)：54-67.

[6] 华旭刚，黄智文，陈政清.大跨度悬索桥的多阶模态竖向涡振与控制[J].中国公路学报，2019，32(10)：115-124.

[7] SARPKAYA T. A critical review of the intrinsic nature of vortex-induced vibrations[J]. Journal of Fluids and Structures，2004，19 (4)：389-447.

[8] WILLIAMSON C H K，GOVARDHAN R. Vortex-induced vibrations[J]. Annual Review of Fluid Mechanics，2004，36 (1)：413-455.

[9] GABBAI R D, BENAROYA H. An overview of modeling and experiments of vortex-induced vibration of circular cylinders[J]. Journal of Sound and Vibration, 2005, 282 (3-5): 575-616.

[10] FRANDSEN J B. Computational fluid-structure interaction applied to long-span bridge design[D]. England: Cambridge University, Department of Engineering, 1999.

[11] ZHAO L, CUI W, SHEN X M, et al. A fast on-site measure-analyze-suppress response to control vortex-induced-vibration of a long-span bridge[J]. Structures, 2022,35:192-201.

[12] BURDEN A R. Japanese Cable-Stayed Bridge design[J]. Proceedings of the Institution of Civil Engineers Part I, 1991, 90 (5): 1021-1051.

[13] SEO J W, KIM H K, JIN P, et al. Interference effect on vortex-induced vibration in a parallel twin cable-stayed bridge[J]. Journal of Wind Engineering and Industrial Aerodynamics, 2013, 116: 7-20.

[14] SMITH I J. Wind induced dynamic response of the wye bridge[J]. Engineering Structures, 1980, 2 (4): 202-208.

[15] OZKAN E, MAIN J, JONES N P. Full scale measurements of the fred hartman bridge[J]. Journal of Wind Engineering, 2001, 89: 553-556.

[16] MATSUMOTO M, SHIRATO H, YAGI T, et al. Effects of aerodynamic interferences between heaving and torsional vibration of bridge decks: the case of tacoma narrows bridge[J]. Journal of Wind Engineering and Industrial Aerodynamics, 2003, 91 (12-15): 1547-1557.

[17] KUMARASENA T, SCANLAN R H, EHSAN F. Wind induced motions of deer isle bridge[J]. Journal of Structural Engineering, 1991, 117 (11): 3356-3374.

[18] ZHAO L, CUI W, SHEN X M, et al. A fast on-site measure-analyze-suppress response to control vortex-induced-vibration of a long-span bridge[J]. Structures, 2022, 35: 192-201.

[19] BATTISTA R C, PFEIL M S. Reduction of vortex-induced oscillations of rio-niteroi bridge by dynamic control devices[J]. Journal of Wind Engineering and Industrial Aerodynamics, 2000, 84 (3): 273-288.

[20] FUJINO Y, YOSHIDA Y. Wind-induced vibration and control of trans-Tokyo bay crossing bridge[J]. Journal of Structural Engineering, 2002, 128 (8): 1012-1025.

[21] CORRIOLS A S, MORGENTHAL G. Computational analysis of viv observed on existing bridges [C]// XIANG Haifan, GE Yaojun, CAO Shuyang. Proceedings of the Seventh International Colloquium on Bluff Body Aerodynamics and Applications (BBAA7), Shanghai: IAWE, 2012: 1538-1551.

[22] SCHEWE G, LARSEN A. Reynolds number effects in the flow around a bluff bridge deck cross section[J]. Journal of Wind Engineering and Industrial Aerodynamics, 1998, 74-76: 829-838.

[23] 顾金钧,赵煜澄,邵克华.九江长江大桥应用新型 TMD 抑制吊杆涡振[J].土木工程学报,1994,27(3): 3-13.

[24] FRANDSEN J. Simultaneous pressures and accelerations measured full-scale on the great belt east suspension bridge[J]. Journal of Wind Engineering and Industrial Aerodynamics, 2001, 89 (1): 95-129.

[25] CHOMAZ J M. Global instabilities in spatially developing flows: Non-normality and nonlinearity[J]. Annual Review of Fluid Mechanics, 2005, 37: 357-392.

[26] MATHELIN L, LANGRE E. Vortex-induced vibrations and waves under shear flow with a

wake oscillator model[J]. European Journal of Mechanics-B/Fluids, 2005, 24(4): 478-490.

[27] WU T, KAREEM A. An overview of vortex-induced vibration (VIV) of bridge decks[J]. Frontiers of Structural and Civil Engineering, 2012, 6 (4): 335-347.

[28] PAIDOUSSIS M P, PRICE S J, LANGRE E D. Fluid-structure interactions: cross-flow-induced instabilities[M]. Cambridge: Cambridge University Press, 2010.

[29] NAKAMURA Y. Unsteady lifts and wakes of oscillating rectangular prisms[J]. Journal of the Engineering Mechanics Division, 1975, 101 (6): 855-871.

[30] FAIL R, LAWFORD J A, EYRE R C W. Low speed experiments on the wake characteristics of flat plates normal to an air stream[R]. British, ARC RandM 3120, 1959.

[31] WOOTON L R. The oscillations of large circular stacks in wind[J]. Ice Proceedings, 1969, 43 (4): 573-598.

[32] KOMATSU S, KOBAYASHI H. Vortex-induced oscillation of bluff cylinders[J]. Journal of Wind Engineering and Industrial Aerodynamics, 1980, 6 (3-4): 335-362.

[33] SHIRAISHI N, MATSUMOTO M. On classification of vortex-induced oscillation and its application for bridge structures[J]. Journal of Wind Engineering and Industrial Aerodynamics, 1983, 14 (1): 419-430.

[34] SHIMADA K, ISHIHARA T. Predictability of unsteady two-dimensional k-epsilon model on the aerodynamic instabilities of some rectangular prisms[J]. Journal of Fluids and Structures, 2012, 28: 20-39.

[35] HU C X, ZHAO L, GE Y J. Mechanism of suppression of vortex-induced vibrations of a streamlined closed-box girder using additional small-scale components[J]. Journal of Wind Engineering and Industrial Aerodynamics, 2019, 189: 314-331.

[36] HU C X, ZHAO L, GE Y J. Time-frequency evolutionary characteristics of aerodynamic forces around a streamlined closed-box girder during vortex-induced vibration[J]. Journal of Wind Engineering and Industrial Aerodynamics, 2018, 182: 330-343.

[37] LARSEN A, LAROSE G L. Dynamic wind effects on suspension and cable-stayed bridges[J]. Journal of Sound and Vibration, 2015, 334: 2-28.

[38] LARSEN A, SAVAGE M, LAFRENIERE A, et al. Investigation of vortex response of a twin box bridge section at high and low reynolds numbers[J]. Journal of Wind Engineering and Industrial Aerodynamics, 2008, 96 (6): 934-944.

[39] LAIMA S, LI H, CHEN W L, et al. Investigation and control of vortex-induced vibration of twin box girders[J]. Journal of Fluids and Structures, 2013, 39 (5): 205-221.

[40] KWOK K C, QIN X R, FOK C, et al. Wind-induced pressures around a sectional twin-deck bridge model: effects of gap-width on the aerodynamic forces and vortex shedding mechanisms[J]. Journal of Wind Engineering and Industrial Aerodynamics, 2012, 110: 50-61.

[41] 胡传新.典型桥梁断面颤振迟滞效应和气动力演变机理[D].上海:同济大学,2020.

[42] HU C X, ZHAO L, GE Y J. Multiple-order vertical vortex-induced vibration mechanism of a typical streamlined closed-box girder[J]. Journal of Wind Engineering and Industrial Aerodynamics, 2022, 227:105066.

[43] 张伟，葛耀君，魏志刚，等.分离双箱高低雷诺数涡振的试验研究[J].空气动力学学报，2008(3)：356-359.

[44] BISHOP R E D，HASSAN A Y. The lift and drag forces on a circular cylinder in a flowing fluid[J]. Royal Society of London Proceedings，1964，277 (1368)：32-50.

[45] BIRKHOFF G. Formation of vortex streets[J]. Journal of Applied Physics，1953，24 (1)：98-103.

[46] FACCHINETTI M L，LANGRE E D，BIOLLEY F. Coupling of structure and wake oscillators in vortex-induced vibrations[J]. Journal of Fluids and Structures，2004，19 (2)：123-140.

[47] OGINK R H M，METRIKINE A V. A wake oscillator with frequency dependent coupling for the modeling of vortex-induced vibration[J]. Journal of Sound and Vibration，2010，329 (26)：5452-5473.

[48] XU K，GE Y J，ZHANG D C. Wake oscillator model for assessment of vortex-induced vibration of flexible structures under wind action[J]. Journal of Wind Engineering and Industrial Aerodynamics，2015，136：192-200.

[49] SRINIL N，WIERCIGROCH M，O'BRIEN P. Reduced-order modelling of vortex-induced vibration of catenary riser[J]. Ocean Engineering，2009，36(17)：1404-1414.

[50] 许坤，葛耀君.基于尾流振子模型的桥梁节段至实桥涡激共振振幅转换关系[J].工程力学，2017，34(2)：137-144.

[51] SCANLAN R H. FHWA-RD-80-50 Final Report[R].1981.

[52] VICKERY B J，BASU R I. Across-wind vibrations of structures of circular cross-section. Part Ⅰ. Development of a mathematical model for two-dimensional conditions[J]. Journal of Wind Engineering and Industrial Aerodynamics，1983，12 (1)：49-73.

[53] BASU R I，VICKERY B J. Across-wind vibrations of structure of circular cross-section. Part Ⅱ. Development of a mathematical model for full-scale application[J]. Journal of Wind Engineering and Industrial Aerodynamics，1983，12 (1)：75-97.

[54] EHSAN F，SCANLAN R H. Vortex-induced vibrations of flexible bridges[J]. Journal of Engineering Mechanics，1990，116 (6)：1392-1411.

[55] 李明水，贺德馨.钝体涡激力参数的识别[J].空气动力学学报，1995(4)：396-404.

[56] MARRA A M，MANNINI C，BARTOLI G. Van der pol-type equation for modeling vortex-induced oscillations of bridge decks[J]. Journal of Wind Engineering and Industrial Aerodynamics，2011，99 (6-7)：776-785.

[57] MARRA A M，MANNINI C，BARTOLI G. Measurements and improved model of vortex-induced vibration for an elongated rectangular cylinder[J]. Journal of Wind Engineering and Industrial Aerodynamics，2015，147：358-367.

[58] GOSWAMI I，SCANLAN R H，JONES N P. Vortex-induced vibration of circular cylinders. Ⅱ：new model[J]. Journal of Engineering Mechanics，1993，119：2288-2302.

[59] LARSEN A. A generalized model for assessment of vortex-induced vibrations of flexible structures[J]. Journal of Wind Engineering and Industrial Aerodynamics，1995，57 (2)：281-294.

[60] MASHNAD M，JONES N P. A model for vortex-induced vibration analysis of long-span bridges[J]. Journal of Wind Engineering and Industrial Aerodynamics，2014，134：96-108.

[61] HANSEN S O. Vortex-induced vibrations—the scruton number revisited[J]. Proceedings of the

Institution of Civil Engineers-Structures and Buildings, 2013, 166(10): 560-571.
[62] XU K, GE Y J, ZHAO L, et al. Calculating vortex-induced vibration of bridge decks at different mass-damping conditions[J]. Journal of Bridge Engineering, 2018, 23 (3): 04017149.
[63] DIANA G, RESTA F, BELLOLI M, et al. On the vortex shedding forcing on suspension bridge deck [J]. Journal of Wind Engineering and Industrial Aerodynamics, 2006, 94 (5): 341-363.
[64] 孟晓亮.大跨度钢箱梁桥竖向涡激共振非线性特性和机理研究[D].上海,同济大学,2013.
[65] WU T, KAREEM A. A nonlinear convolution scheme to simulate bridge aerodynamics[J]. Computers and Structures, 2013, 128: 259-271.
[66] XU K, ZHAO L, GE Y J. Reduced-order modeling and calculation of vortex-induced vibration for large-span bridges [J]. Journal of Wind Engineering and Industrial Aerodynamics, 2017, 167: 228-241.
[67] 刘十一.大跨度桥梁非线性气动力模型和非平稳全过程风致响应[D].上海:同济大学,2014.
[68] ZHOU R, GE Y J, YANG Y X, et al. A nonlinear numerical scheme to simulate multiple wind effects on twin-box girder suspension bridges[J]. Engineering Structures, 2019, 183: 1072-1090.
[69] LI S, LAIMA S, LI H. Data-driven modeling of vortex-induced vibration of a long-span suspension bridge using decision tree learning and support vector regression[J]. Journal of Wind Engineering and Industrial Aerodynamics, 2018, 172: 196-211.
[70] IRWIN P A. The role of wind tunnel modeling in the prediction of wind effects on bridges[M]. Bridge aerodynamics, Balkema, Rotterdam, the Netherlands, 1998: 59-85.
[71] LARSEN G L. Construction commanding department[R]. P.R. China, 2003.
[72] BARHOUSH H, NAMINI A H, SKOP R A. Vortex shedding analysis by finite elements[J]. Journal of Sound and Vibration, 1995, 184 (1): 111-127.
[73] LEWANDOWSKI R. Application of semi-empirical model to analysis of vortex-excited vibrations of beams near synchronisation region[M]. United Kingdom: Civil-Comp Press, 2000.
[74] 李立,廖锦翔,郑忠双.有限元方法计算桥梁涡激振动响应[J].公路交通科技,2003,20(3):69-72.
[75] 李立,廖锦翔.涡激振动问题的有限元计算研究[J].工程力学,2003,20(5):200-203.
[76] 晏致涛.大跨度中承式拱桥风致振动研究[D].重庆:重庆大学,2006.
[77] 晏致涛,李正良,黄汉杰.空间结构涡激振动分析[J].空气动力学学报,2008,26(1):26-31.
[78] DUL F A, PIETRUCHA J A. Numerical analysis of continuous models of structures in non-linear wind flow using the time-marching approach [J]. Journal of Wind Engineering and Industrial Aerodynamics, 1996, 65 (1-3): 321-334.
[79] LEWANDOWSKI R. Nonlinear steady state vibrations of beams excited by vortex shedding [J]. Journal of Sound and Vibration, 2002, 252 (4): 675-696.
[80] 朱乐东.桥梁涡激共振试验节段模型质量系统模拟与振幅修正方法[J].工程力学,2005,22(5): 204-208.
[81] SATO H. Wind-resistant design manual for highway bridges in Japan[J]. Journal of Wind Engineering and Industrial Aerodynamics, 2003, 91 (12-15): 1499-1509.
[82] 张志田,陈政清.桥梁节段与实桥涡激共振幅值的换算关系[J].土木工程学报,2011(7):77-82.
[83] EHSAN F, SCANLAN R H, BOSCH H R. Modeling spanwise correlation effects in the vortex-

induced response of flexible bridges[J]. Journal of Wind Engineering and Industrial Aerodynamics, 1990, 36: 1105-1114.
[84] WILKINSON R. Fluctuating pressures on an oscillating square prism. Part 1: chordwise distribution of fluctuating pressure[J]. Aeronautical Quarterly, 1981, 32: 97-110.
[85] WILKINSON R. Fluctuating pressures on an oscillating square prism. Part 2: spanwise correlation and loading[J]. Aeronautical Quarterly, 1981, 32: 111-125.
[86] 鲜荣,廖海黎,李明水.大跨主梁沿跨向涡振 Scanlan 非线性模型应用[J].振动与冲击,2009,28(4): 54-58.
[87] 鲜荣,廖海黎,李明水.大跨度桥梁主梁沿跨向涡激振动响应计算[J].西南交通大学学报,2008,43(6): 740-746.
[88] 孙延国.基于偏相关的大跨度桥梁涡激振动分析方法及应用研究[D].成都:西南交通大学,2013.
[89] FUJINO Y, SIRINGORINGO D. Vibration mechanisms and controls of long-span bridges: A review [J]. Structural Engineering International, 2013, 23 (3): 248-268.
[90] FUJINO Y, KIMURA K, TANAKA H. Wind resistant design of bridges in Japan: Developments and practices[M]. Tokyo: Springer, 2012.
[91] 李珂.超大跨度悬索桥颤振气动翼板主动控制方法[D].上海:同济大学,2017.
[92] 陈政清,黄智文,王建辉,等.桥梁用 TMD 的基本要求与电涡流 TMD[J].湖南大学学报(自然科学版),2013,40(8):6-10.
[93] 赵林,葛耀君,郭增伟,等.大跨度缆索承重桥梁风振控制回顾与思考——主梁被动控制效果与主动控制策略[J].土木工程学报,2015,48(12):91-100.
[94] XU K, BI K M, HAN Q, et al. Using tuned mass damper inerter to mitigate vortex-induced vibration of long-span bridges: Analytical study[J]. Engineering Structures, 2019, 182: 101-111.
[95] WARDLAW R L. The improvement of aerodynamic performance[C]//ALLAN L. Proceedings of the first international symposium on aerodynamics of large bridges. Rotterdam: A.A. Balkema Publishers, 1992: 59-70.
[96] WEBER F, MASLANKA M. Frequency and damping adaptation of a TMD with controlled MR damper[J]. Smart Materials and Structures, 2012, 21 (5): 55011.
[97] DAI J, XU Z D, YIN X J, et al. Parameters design of TMD mitigating vortex-induced vibration of the Hong Kong-Zhuhai-Macao bridge deep-water nonnavigable bridge[J]. Journal of Bridge Engineering, 2019, 24(8): 06019005.
[98] 王志诚,许春荣,吴宏波.崇启大桥主桥钢箱梁 TMD 系统设计参数计算研究[J].土木工程学报,2015,48(5):84-90.
[99] BATTISTA R C, PFEIL M S. Múltiplos atenuadores dinmicos sincronizados para controle das oscilaes induzidas pelo vento na ponte rio-niterói[J]. Revista Sul-Americana de Engenharia Estrutural, 2005, 2 (1): 73-95.
[100] ZHU L D, MENG X L, GUO Z S. Nonlinear mathematical model of vortex-induced vertical force on a flat closed-box bridge deck[J]. Journal of Wind Engineering and Industrial Aerodynamics, 2013, 122: 69-82.
[101] 展艳艳,赵诗宇,赵林,等.典型箱梁断面非平稳运动条件气动力效应[C]//中国土木工程学会桥梁及

结构工程分会风工程委员会.第十八届全国结构风工程学术会议.长沙：中南大学出版社，2017：343-344.

[102] 赵林，胡传新，周志勇，等.H型桥梁断面颤振后能量图谱[J].中国科学（技术科学），2021，51(5)：505-516.

[103] ZHOU S, HUA X G, CHEN Z Q, et al. Experimental investigation of correction factor for VIV amplitude of flexible bridges from an aeroelastic model and its 1∶1 section model[J]. Engineering Structures, 2017, 141: 263-271.

[104] RAISSI M, WANG Z, TRIANTAFYLLOU M S, et al. Deep learning of vortex-induced vibrations [J]. Journal of Fluid Mechanics, 2019, 861: 119-137.

[105] WEI S, JIN X, LI H. General solutions for nonlinear differential equations: a rule-based self-learning approach using deep reinforcement learning[J]. Computational Mechanics, 2019: 1-14.

[106] LI K, ZHAO L, GE Y J, et al. Flutter suppression of a suspension bridge sectional model by the feedback controlled twin-winglet system [J]. Journal of Wind Engineering and Industrial Aerodynamics, 2017, 168: 101-109.

[107] LI K, GE Y J, ZHAO L, et al. Numerical simulation of feedback flutter control for a single-box-girder suspension bridge by twin-winglet system[J]. Journal of Wind Engineering and Industrial Aerodynamics, 2017, 169: 77-93.

[108] LI K, GE Y J, GUO Z W, et al. Theoretical framework of feedback aerodynamic control of flutter oscillation for long-span suspension bridges by the twin-winglet system [J]. Journal of Wind Engineering and Industrial Aerodynamics, 2015, 145: 166-177.

[109] CHEN G B, ZHANG L Q, CHEN W L, et al. Self-suction-and-jet control in flow regime and unsteady force for a single box girder[J]. Journal of Bridge Engineering, 2019, 24(8): 04019072.

[110] CHEN W L, YANG W H, LI H. Self-issuing jets for suppression of vortex-induced vibration of a single box girder[J]. Journal of Fluids and Structures, 2019, 86: 213-235.

[111] 高东来，陈文礼，杨文瀚，等.基于涡动力学的大跨度桥梁风效应流动控制[J].中国科学（技术科学），2021：1-13.

[112] SMITH M C. Synthesis of mechanical networks: the inerter[J]. IEEE Transactions on Automatic Control, 2002, 47 (10): 1648-1662.

[113] SMITH M C, WANG F C. Performance benefits in passive vehicle suspensions employing inerters [J]. Vehicle System Dynamics, 2004, 42 (4): 235-257.

[114] WANG F C, LIAO M K, LIAO B H, et al. The performance improvements of train suspension systems with mechanical networks employing inerters[J]. Vehicle System Dynamics, 2009, 47 (7): 805-830.

[115] WANG F C, HONG M F, LIN T C. Designing and testing a hydraulic inerter[J]. Proceedings of the Institution of Mechanical Engineers, Part C: Journal of Mechanical Engineering Science, 2011, 225 (1): 66-72.

第 3 章

流线型闭口箱梁涡振气动力的雷诺数效应研究

由于常规桥梁风洞试验无法做到雷诺数与实际结构一致，桥梁结构的风洞试验往往忽略了风洞试验的雷诺数与实际结构的差异带来的影响。研究表明，雷诺数效应会导致节段模型表面边界层厚度远大于实际雷诺数下的边界层厚度，对断面气动特性产生的影响不能忽略[1]。本章以典型流线型闭口箱梁断面为研究对象，设计了大比尺和小比尺主梁刚体节段模型，实现了同步测振测压风洞试验方法，并从涡振响应和气动力时频特性方面研究了典型流线型闭口箱梁断面涡振雷诺数效应。

3.1 概述

桥梁断面雷诺数效应非常复杂，不同桥梁断面对雷诺数效应的敏感程度不同[2]。风洞试验节段模型测振和测压方法是研究桥梁断面雷诺数效应的主要手段。对于分离箱梁断面，雷诺数低比雷诺数高时涡振振幅更大，更为不利。而对于流线型箱梁断面，各学者得出的结论不尽一致，甚至截然相反。因而，对于流线型箱梁断面涡振雷诺数效应需要进行更为广泛而深入的研究。桥梁断面雷诺数效应的本质是不同雷诺数条件下，气流分离、再附以及尾流的拓扑结构不同。现有的研究绝大部分是针对特定的桥梁断面，不具有普遍性，较多关注宏观意义上的涡振响应，雷诺数效应对流线型闭口箱梁涡振气动力时频特性的影响鲜有涉及。Schewe[3]基于大海带东桥钢箱梁主梁断面研究发现，钢箱梁断面的斯特劳哈尔数具有明显的雷诺数效应。第一阶段，当以梁高为特征尺寸的雷诺数 $Re < 8 \times 10^4$ 时，斯特劳哈尔数为 0.18；第二阶段，当 $8 \times 10^4 \leqslant Re \leqslant 4 \times 10^5$ 时，斯特劳哈尔数随雷诺数的增大而增大；第三阶段，当雷诺数 $Re > 4 \times 10^5$ 时，斯特劳哈尔数达到 0.22，基本稳定。基于典型流线型箱梁断面，分别设计几何缩尺比为 1∶70 和 1∶20 主梁节段模型，实现了同步测力测振测压风洞试验方法，风洞试验对应以梁高为特征尺寸的雷诺数范围分别为 $6.08 \times 10^3 \sim 2.28 \times 10^4$ 和 $1.06 \times 10^4 \sim 1.40 \times 10^5$，分别对应于文献[3]主梁断面的第一阶段和第二阶段，采用风洞试验同步测振测压法，首先通过节段模型测振试验研究了雷诺数效应对主梁涡振响应的影响。在此基础上，在竖向涡振区筛选典型风速点，对两种雷诺数下箱梁表面气动力时频特性进行对比研究，研究内容如下：分布气动力空间分布特性，包括平均风压系数和脉动风压系数；分布气动力与涡激力关系，包括分布气动力与涡激力相关性、对涡激力的贡献以及与涡激力相位差等时频特性规律。试验旨在从微观层面上揭示雷诺数效应与涡振响应之间的内在联系。

3.2 试验概况

3.2.1 主梁断面

研究对象为主跨 780 m 斜拉桥，跨径布置为 325 m+780 m+325 m。主梁断面为流线型闭口箱梁，梁宽 38.0 m，梁高 3.1 m，总体布置如图 3-1 所示，主梁断面及附属设施细部如图 3-2 所示。

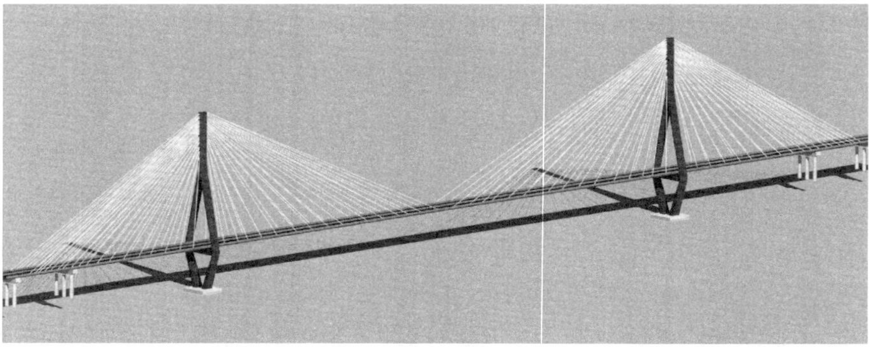

图 3-1 总体布置

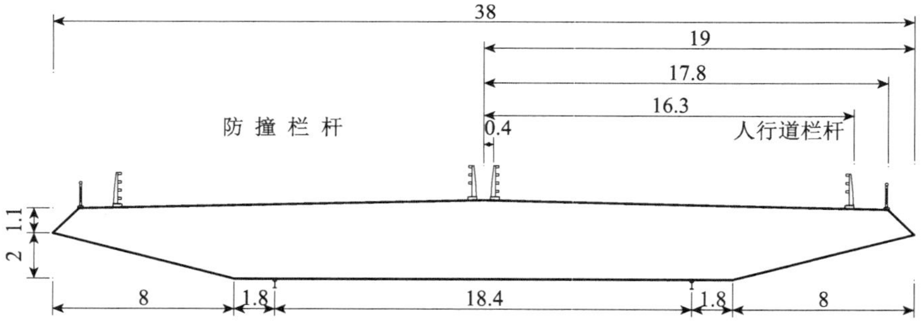

(a) 断面尺寸

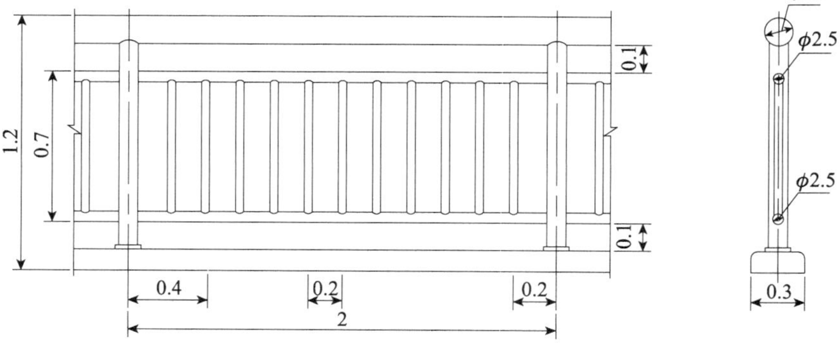

(b) 人行道栏杆

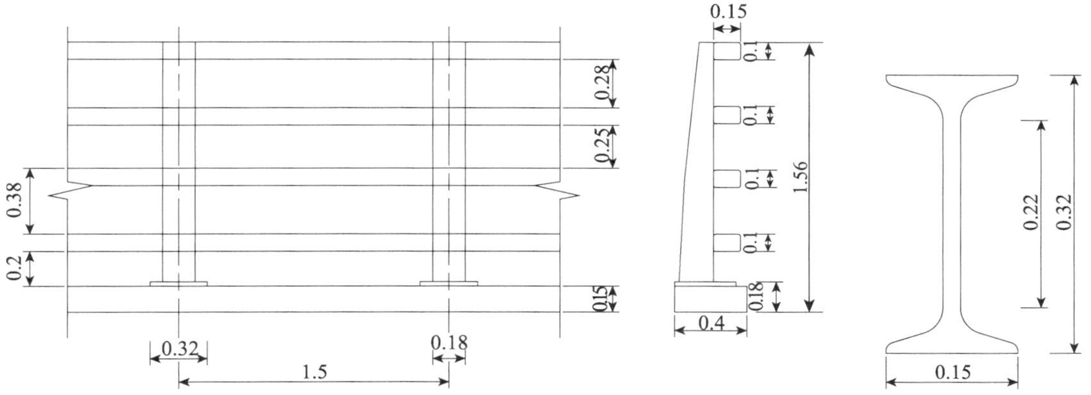

(c) 防撞栏杆　　(d) 检修轨道

图 3-2　主梁断面尺寸(单位：m)

3.2.2　小比尺模型

研究对象为图 3-2 所示主梁断面，模型几何缩尺比为 1∶70，模型长度 L 为 1 700 mm，特征宽度 B 为 543 mm，特征高度 D 为 45 mm，长宽比(模型长度与主梁断面宽度之比)为 3.13∶1。试验模型由 2 根长 1 700 mm、壁厚 1 mm、截面尺寸 50 mm×50 mm 的薄壁空心铝方管纵梁和 6 个薄壁空心铝横梁构成的框架提供模型整体刚度；纵梁和横梁固定焊接，并在横梁上开孔，以便在不削弱总体刚度条件下测压管路的通过，如图 3-3(a)和(b)所示。人

(a) 铝骨架

(b) 测压管路

(c) 防撞栏杆

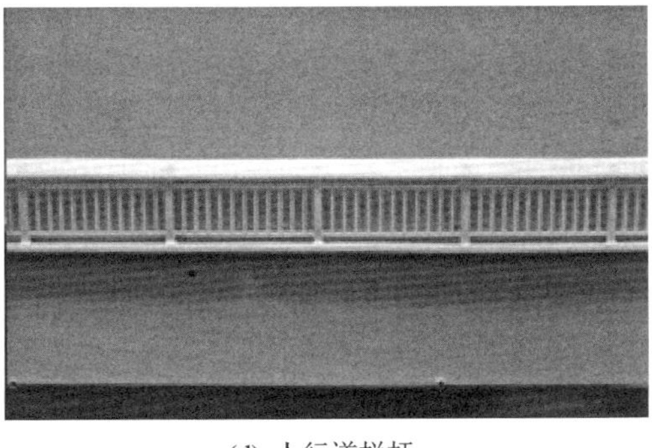

(d) 人行道栏杆

图 3-3　模型细部构造

行道栏杆和防撞栏杆均采用 ABS 板激光雕刻而成，如图 3-3(c)和(d)所示。模型外衣采用轻质航空木板制成，并在模型中部断面布置分布式测压孔，共 81 个测压点，测压点间的距离为 10～20 mm，测压管内径为 0.8 mm，长度均为 1 200 mm，如图 3-4 所示。图中，X/B 和 Y/D 为无量纲坐标，X 和 Y 分别指代主梁上下表面、迎背风侧测点坐标。

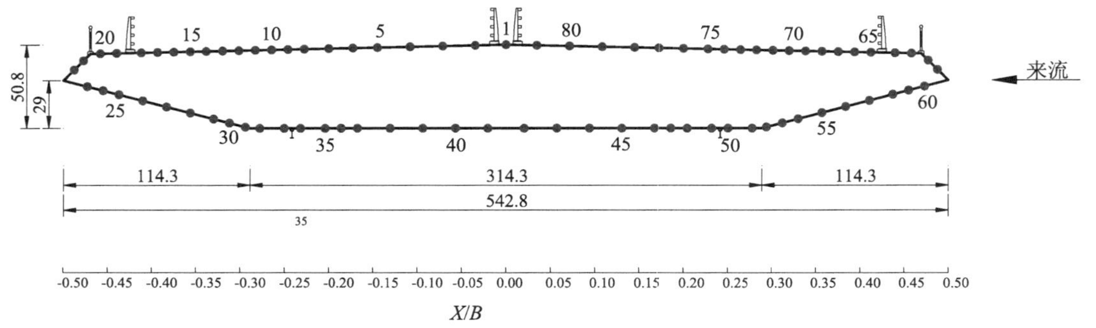

图 3-4 小比尺主梁断面测压点编号与布置(单位：mm)

节段模型安装于自行研制的装配式可调整风洞内支架系统上，保证模型两端与支架系统内壁间隙足够小且在试验中不会发生接触，最大限度避免模型端部三维绕流效应。模型采用双侧共 4 个天平与 2 根刚性水平吊臂相连；吊臂两端再分别通过上下共 8 根弹簧与框架系统相连，形成二维弹性悬挂系统，同时在吊臂处共布置 2 个激光位移传感器，如图 3-5 和图 3-6 所示。

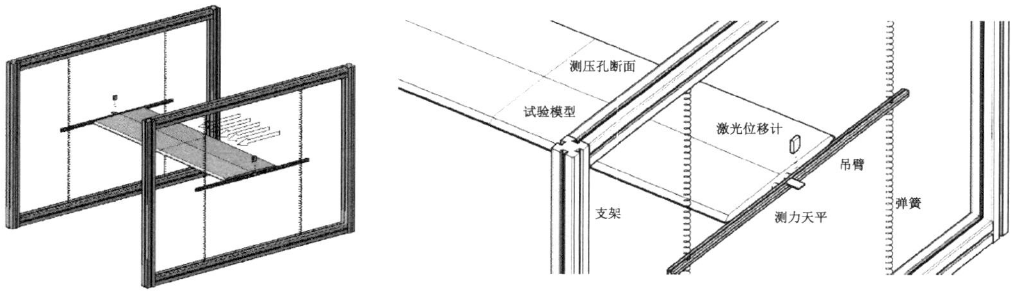

(a) 三维示意　　(b) 细节及测试仪器布置

图 3-5 同步测力、测压和测振节段模型试验示意

试验采用日本 Matsushita 公司 MLS LM10-130 ANR1215 型激光位移传感器，测量范围为(130±50)mm，分辨率为 20 μm，线性度误差在±0.2%以内。模型表面压力测试使用美国 SCANIVALVE 扫描阀公司生产的量程为±254 mm 和±508 mm 水柱的 DSM3000 电子式压力扫描阀系统、PC 机和自编的信号采集软件。测力天平采用自主研制的高精度测力天平，如图 3-7 所示。

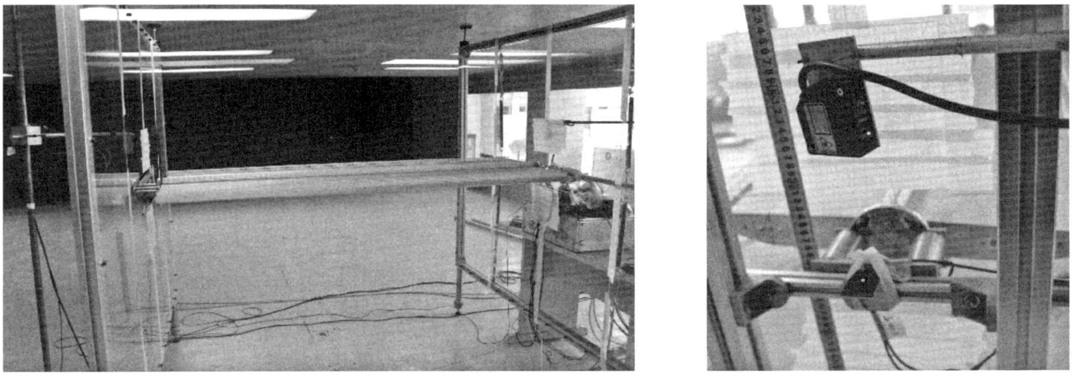

(a) 弹性悬挂系统　　(b) 细节及测试仪器布置

图 3-6　同步测力、测压和测振节段模型安装

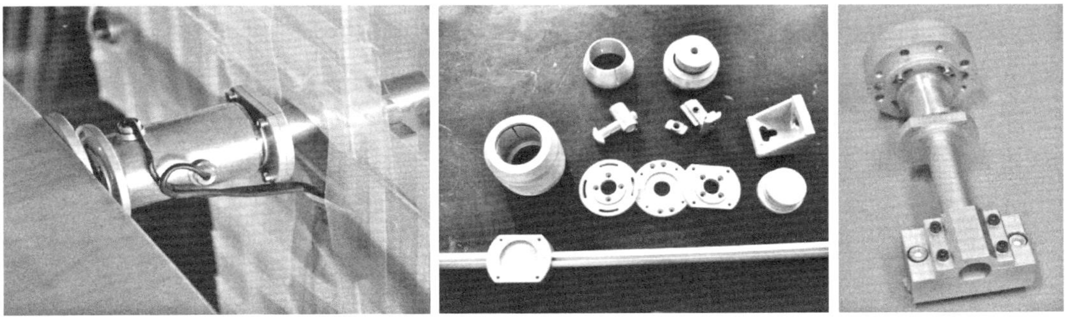

图 3-7　高精度动态天平及其复合连接件

测压管路的加长会使管路系统的固有频率降低，使压力信号中的高频成分发生显著衰减，影响测量精度。采用测压管路频响函数对测压信号进行修正。图 3-8 为试验测得的测压管路频响函数的幅值和相位。可知，在低频处，本试验采用的测压管路系统对系统频响特性影响较小。利用集成式 NI 采集板对不同接口采集力信号和位移信号，并对测压点信号采用测压管路修正频响函数进行修正，从而通过测控硬件条件和数值补偿修正实现了力信号、压力信号与振动信号的一致同步性。小比尺主梁节段模型的主要参数见表 3-1。结合图 3-8 可知，在竖弯和扭转频率处，压力信号畸变对幅值和相位影响较小，竖向频率处幅值比和相位差分别仅为 1.01 和−4.20°。

表 3-1　小比尺主梁节段模型主要参数

模态	频率/Hz	阻尼比/%	总质量/kg	总质量惯性矩/($kg\cdot m^2$)
竖弯	5.66	0.35	13.09	0.56
扭转	15.12	0.35		

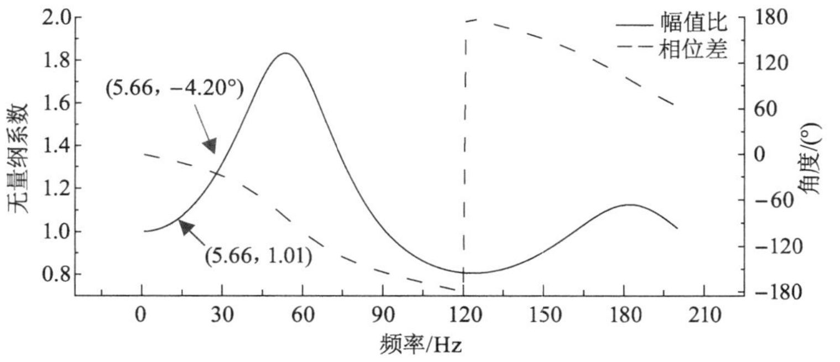

图 3-8 测压管路修正频响函数

3.2.3 大比尺模型

研究对象为图 3-2 所示主梁断面，模型几何缩尺比为 1∶20，模型长度 L 为 3 600 mm，梁宽 B 为 1 900 mm，中心处梁高 D 为 177.7 mm。其中，下腹板倾角为 14°，该角度可有效避免气流在下腹板与底板交叉处分离[4]。模型中部断面布置测压孔，共 158 个测压点，测压点间距为 20～30 mm，测压管内径为 0.8 mm，压力导管长度均为 1 200 mm，主梁断面尺寸和测压点布置如图 3-9 所示。

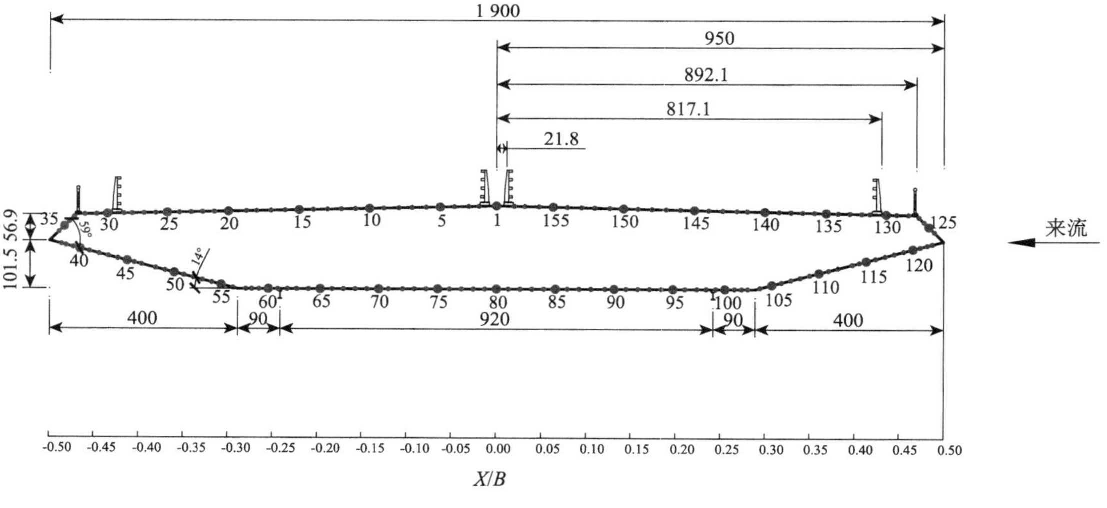

图 3-9 大比尺主梁断面尺寸及测压点布置(单位：mm)

试验模型由钢框架提供整体刚度，防撞栏和检修轨道采用 ABS 板雕刻，人行道栏杆采用精加工钢管焊接，外衣采用薄钢板铺装，如图 3-10 所示。节段模型安装于风洞内支架系统上，保证模型两端与支架系统内壁间隙足够小且在试验中不会发生接触，以避免三维绕流效应。模型与 2 根吊臂相连；吊臂两端再分别通过上下 4 根弹簧与支座系统相连，形成弹性悬挂系统，同时在吊臂处各布置一个激光位移传感器，如图 3-11 所示。

(a) 模型骨架及外衣

(b) 成桥状态

(c) 检修轨道

(d) 中央防撞栏杆

图 3-10　试验模型

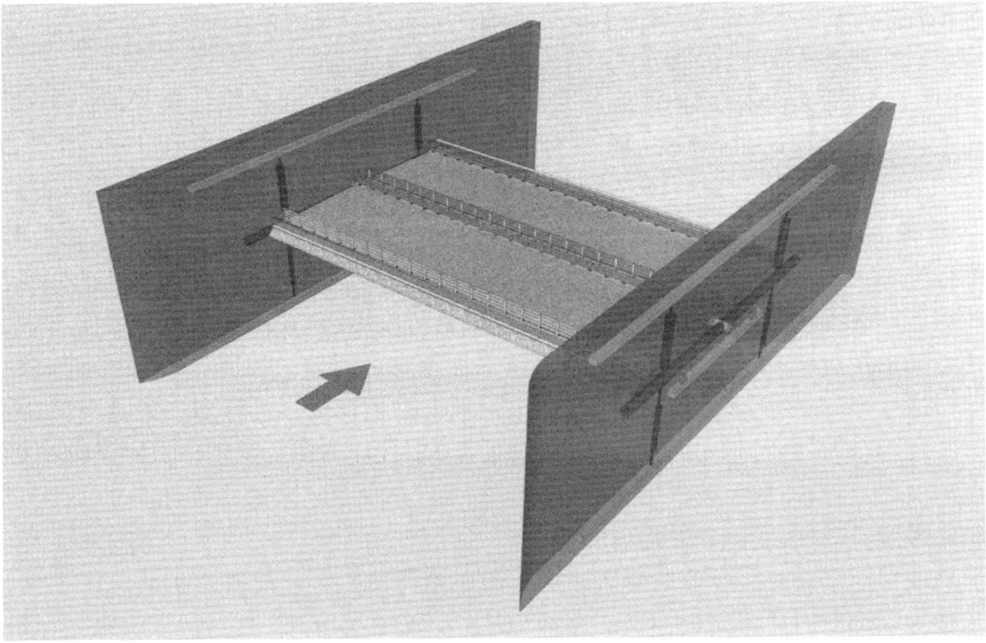

图 3-11　弹性悬挂模型

试验采用日本 Matsushita 公司 MLS LM10-130 ANR1215 型激光位移传感器，参数见 3.2.2 节。表面压力测试使用美国 SCANIVALVE 扫描阀公司生产的量程为±254 mm 和±508 mm水柱的 DSM3000 电子式压力扫描阀系统、PC 机和自编的信号采集软件。节段模型设计严格满足相似比要求。零风速下，采用自由振动衰减法测得竖弯和扭转振动阻尼比均为 0.35%，竖向和扭转频率分别为 3.32 Hz 和 8.86 Hz，主梁节段模型的主要参数如表 3-2 所示。为了减小测压信号畸变的影响，采用测压管路频响函数对测压信号进行修正，测压管路频响函数如图 3-8 所示。频率为 3.32 Hz 时，幅值比为 1.02，相位滞后为−6.24°。

表 3-2　大比尺主梁节段模型主要参数

参数	频率/Hz	阻尼比/%	总质量/kg	总质量惯性矩/(kg·m²)
竖弯	3.32	0.35	339.61	168.12
扭转	8.86	0.35		

上述小比尺和大比尺试验均在同济大学 TJ-3 边界层风洞中进行。该风洞是一个竖向布置的闭口回流式边界层风洞，试验段长 14 m、宽 15 m、高 2 m，空风洞可控风速范围为 1～17.6 m/s。试验过程最大阻塞比小于 5%。采样频率 200 Hz，采样时间 60 s。

3.3　涡振响应雷诺数效应

对大比尺和小比尺节段模型分别进行了 0°，−3°，+3°攻角下的涡致振动试验，小比尺模型试验风速为 2.0～7.5 m/s，对应基于主梁特征高度的雷诺数范围为6.08×10^3～2.28×10^4。大比尺模型试验风速为 1.0～13.0 m/s，对应基于主梁特征高度的雷诺数范围为1.06×10^4～1.40×10^5。0°和−3°初始攻角下，并未发现明显涡振现象。+3°初始攻角下，在不同雷诺数下涡振响应对比如图 3-12 所示。图 3-12 中，横坐标表示折减风速 $U_* = U/(f_b B)$，其中 U 为来流风速，f_b 为竖弯频率；纵坐标表示归一化振幅 A/D，其中 A 为竖向振幅。折减风速小于 2.06 范围内，低雷诺数时存在 2 阶竖弯涡振区，不存在扭转涡振现象，高雷诺数时存在 3 阶竖向涡振锁定区和 1 阶扭转涡振区。高雷诺数时的第 2 阶与低雷诺数时的第 1 阶竖向涡振锁定区间较为接近，高雷诺数时涡振起振风速明显提前，其振幅明显大于低雷诺数时；高雷诺数时的第 3 阶与低雷诺数时的第 2 阶涡振锁定区间较为接近，高雷诺数时涡振起振风速略微滞后，其振幅明显大于低雷诺数时，但最大振幅发生风速基本一致。总之，与低雷诺数时相比，高雷诺数时竖向涡振发生风速低、振幅大，且出现了低雷诺数时未观测到的扭转涡振现象，故高雷诺数时较低雷诺数时更为不利，与文献[3]结论一致，进一步表明了涡振及其雷诺数效应对气动外形的敏感性。

分别取竖向涡振最大幅值对应风速点作为典型风速：大比尺模型折减风速 1.99，斯特劳哈尔数为 0.042，对应雷诺数为 1.33×10^5，对应文献[3]中的第二阶段(斯特劳哈尔数随雷诺数增加而增加)，以下称为高雷诺数；小比尺模型折减风速 2.05，斯特劳哈尔数为 0.041，对应雷诺数为 1.89×10^4，对应文献[3]中的第一阶段(斯特劳哈尔数较小，为恒定值)，以下称为低雷诺数。可知,大比尺和小比尺模型斯特劳哈尔数相近,与文献[5]结论相近。对上述典型风速下箱梁表面气动力进行分析,探究雷诺数效应对箱梁表面气动力时频特性影响,并揭示雷诺数效应与涡振响应之间的内在联系。以下如无特别说明,均以高、低雷诺数分别指代上述风速点。

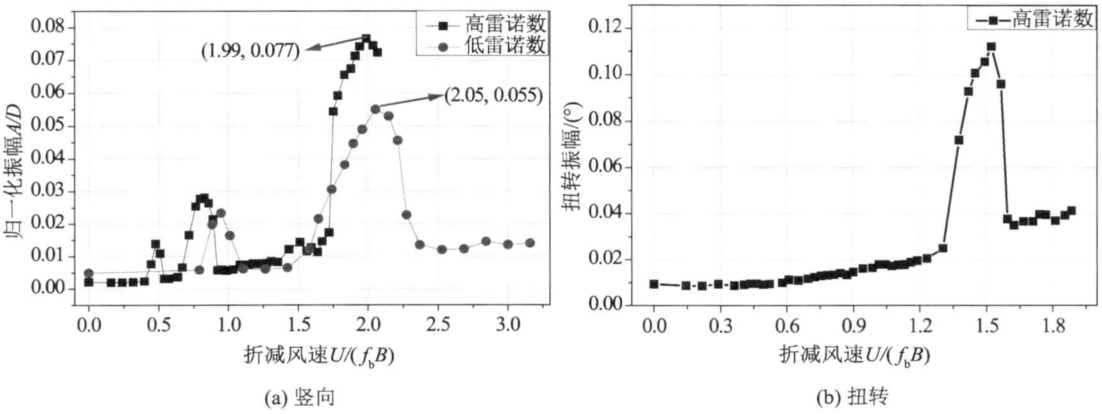

图 3-12　不同雷诺数下涡振响应对比

3.4　气动力时频特性

箱梁表面压力包含了丰富的信息,可反映断面气体绕流情况,通过积分还可获得总体气动力及涡激力。根据节段模型表面压力信号,对比分析不同雷诺数时原始断面箱梁表面气动力时频特性。

3.4.1　分布力特性

由箱梁表面平均风压系数的分布特征可初步判断气流在结构表面的分离与再附情况。测点风压系数定义为

$$C_{pi}(t)=\frac{p_i(t)}{\frac{1}{2}\rho U_0^2} \tag{3-1}$$

式中, $p_i(t)$ 为 i 测点风压时程; U_0 为相应工况下来流平均风速; ρ 为空气密度; $C_{pi}(t)$ 为 i 测点风压系数时程。

图 3-13 给出了高、低雷诺数时表面平均风压系数的空间分布对比。以下为了表述方便,将主梁断面两风嘴尖角以上和以下区域分别称为上部区域和下部区域。图中, X/B 表示无量纲坐标, B 为主梁特征宽度, X 为测点坐标,主梁中心处取为零。除迎风侧风嘴为正压外,其余部分均处于负压。在上表面区域,越接近迎风侧,测点区域平均风压系数越大;在下表面区域,两个检修轨道附近区域的测点平均风压系数明显高于其余部分,可能是由于检

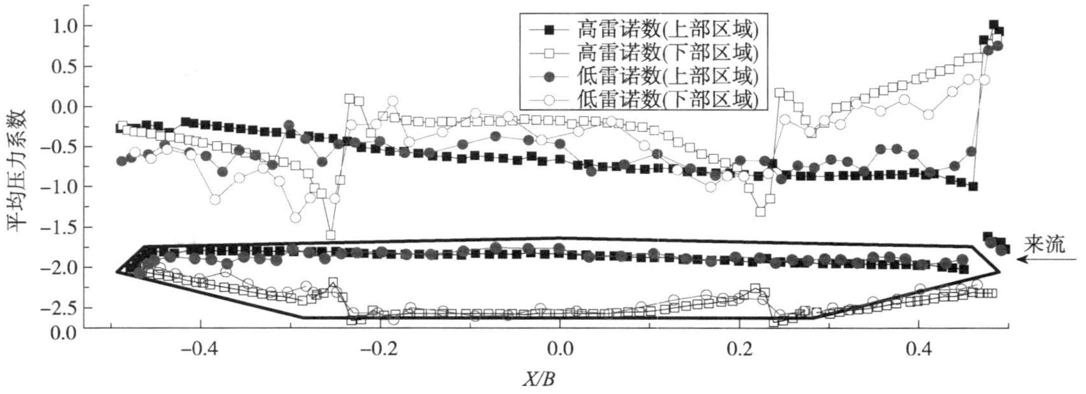

图 3-13　平均压力系数

修轨道引起结构外形突变，导致气流在此区域分离，从而产生较大负压。不同雷诺数条件下，表面平均风压空间分布特性基本相似。有所不同的是，低雷诺数时上表面下游、下游上斜腹板及下斜腹板区域负压值明显大于高雷诺数时。

涡振过程中，动荷载是由压力脉动部分提供，表面压力系数根方差 σ 反映了断面上压力脉动的强弱。图 3-14 给出了高、低雷诺数时表面压力系数根方差 σ 的空间分布对比。箱梁上表面下游、下表面下游与风嘴转角区域压力系数根方差明显较大。不同雷诺数条件下，下部区域脉动压力空间分布特性相似。有所不同的是，低雷诺数时上表面上游区域压力脉动值大于高雷诺数时，上表面中游区域压力脉动值明显小于高雷诺数时，而在上表面下游区域压力脉动值大于高雷诺数时。特别是高雷诺数时下表面下游与风嘴转角区域压力脉动明显大于低雷诺数时。

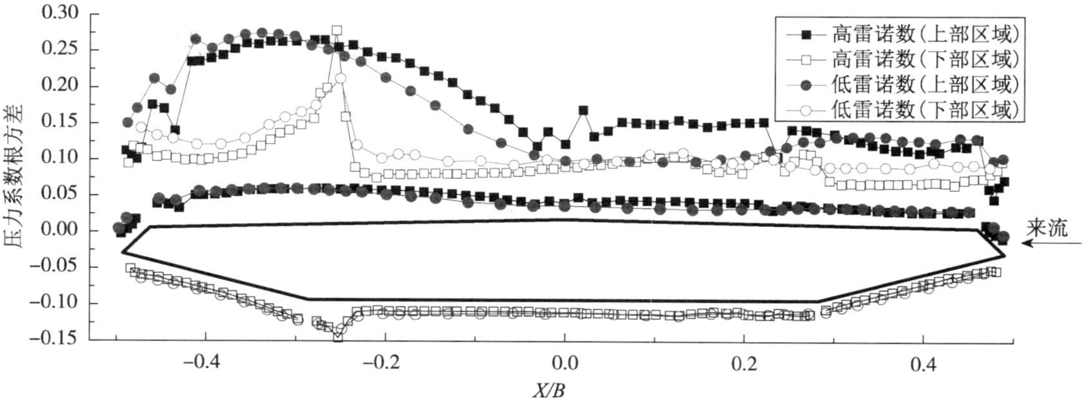

图 3-14　不同雷诺数下表面压力系数根方差空间分布对比

模型表面压力的频谱能够反映压力脉动的频率特征，卓越频率反映了压力变化主导频率，幅值谱则反映了不同频率处的压力幅值。涡振时，表面压力普遍存在与涡振振动频率一致的卓越频率，表明涡振激发后，结构表面涡脱被结构振动所控制，表面气动力变化主要由

卓越频率主导。定义无量纲气动力系数

$$C_{pi}^{d}=\frac{p_i^{d}}{\frac{1}{2}\rho U_0^2} \tag{3-2}$$

式中，p_i^d 为 i 测点压力在振动卓越频率处压力幅值；C_{pi}^{d} 为 i 测点振动卓越频率处压力系数。

对比图 3-14 与图 3-15 可知，表面压力脉动值与卓越频率处压力幅值分布一致，表明涡振断面结构表面的压力主要以卓越频率呈周期性变化。与低雷诺数时不同，高雷诺数时下游检修轨道附近区域卓越频率处压力系数幅值与压力系数根方差差异较大，表明该区域压力脉动不仅有自激力成分，还含有明显的强迫力成分。

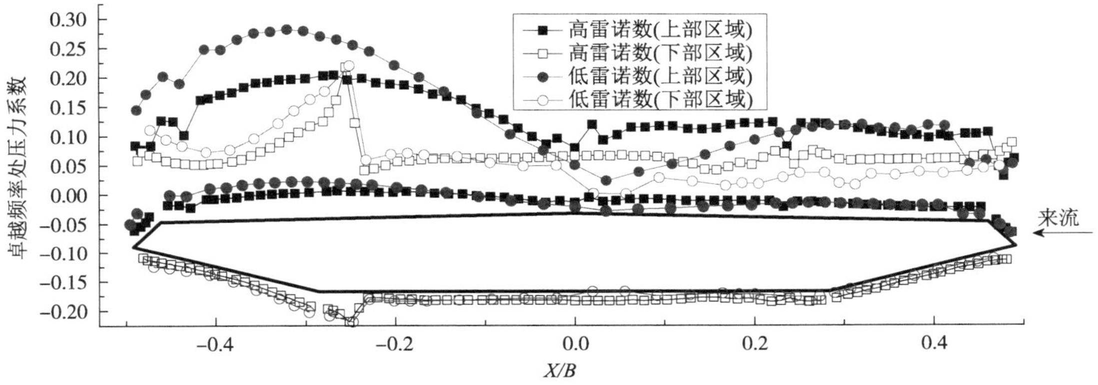

图 3-15　表面压力卓越频率处压力系数幅值

总之，在不同雷诺数条件下，表面平均风压系数、压力系数根方差空间分布及压力脉动成分均有所不同，表现出显著的雷诺数效应。

3.4.2　分布气动力与涡激力关系

对于测压试验得到的各测点风压时程，采用压力积分的方法可获取涡激力。这种方式获得的涡激力能更全面地反映结构涡激力空间分布特征。

体轴坐标系下，模型所受气动力可表达为

$$F_{\mathrm{V}}(t)\approx-\sum_{i=1}^{n}p_i(t)\delta_i\sin\theta_i \tag{3-3}$$

$$F_{\mathrm{H}}(t)\approx-\sum_{i=1}^{n}p_i(t)\delta_i\cos\theta_i \tag{3-4}$$

$$M(t)\approx-\sum_{i=1}^{n}p_i(t)\delta_i\sin\theta_i(x_c-x)-\sum_{i=1}^{n}p_i(t)\delta_i\cos\theta_i(y-y_c) \tag{3-5}$$

式中，n 为测点总数；θ_i 为 i 测点压力与水平轴之间的夹角，按逆时针方向在 $0\sim2\pi$ 变化；(x_c, y_c) 为扭转中心坐标；$F_{\mathrm{V}}(t)$，$F_{\mathrm{H}}(t)$ 分别为体轴坐标系下的升力和阻力；$M(t)$ 为扭矩，如图 3-16 所示。

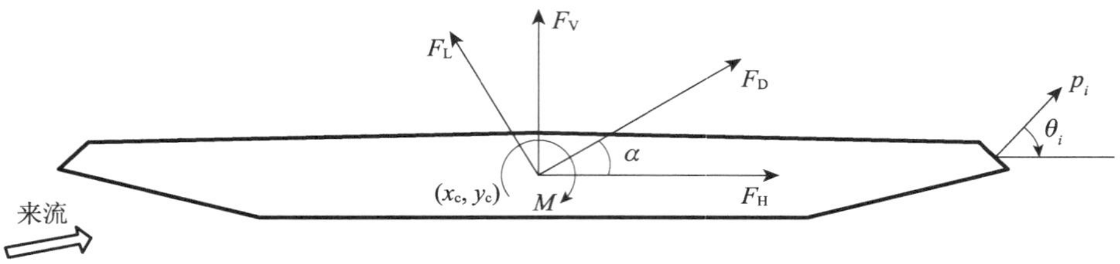

图 3-16　气动力方向

风轴坐标系下，模型所受总气动力可表达为

$$F_D(t) = F_H(t)\cos\alpha + F_V(t)\sin\alpha \tag{3-6}$$

$$F_L(t) = -F_H(t)\sin\alpha + F_V(t)\cos\alpha \tag{3-7}$$

式中，α 为风轴坐标系与体轴坐标系之间的夹角，以逆时针为正；$F_D(t)$，$F_L(t)$ 分别为风轴坐标系下的升力和阻力。将模型振动过程中测量的风轴坐标系下总升力减去升力均值，即可得到作用于模型上的涡激力。

箱梁表面压力与涡激力的相关性可综合反映二者的频率特征和相位特征。箱梁表面各测点所受的气动力与涡激气动力的相关系数 ρ_i 综合反映了二者的频率特征和相位特征。其定义如下：

$$\rho_i = \frac{cov(F_{aero}(t),\ p_i(t))}{D(F_{aero}(t))D(p_i(t))} \tag{3-8}$$

式中，ρ_i 为 i 测点压力与涡激力相关系数；$F_{aero}(t)$ 为涡激力时程；$p_i(t)$ 为 i 测点压力时程。

图 3-17 给出了不同雷诺数时箱梁表面测点压力与涡激力相关性的空间分布对比。上表面下游区域在高、低雷诺数时均表现为正相关，相关系数较接近且数值在 0.6 以上。上表面中上游区域在高雷诺数时明显负相关，低雷诺数时相关性几乎为零。上表面中下游区域在高雷诺数时相关性为零，低雷诺数时表现为正相关。下表面区域在高雷诺数时表现为负

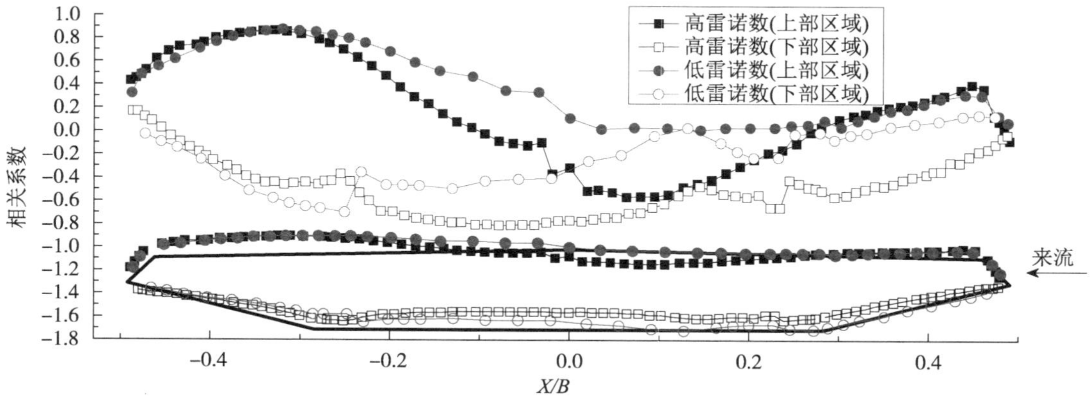

图 3-17　表面压力与涡激力相关性

相关,相关系数绝对值大于 0.6,且明显大于低雷诺数时。总之,不同雷诺数时相关系数空间分布明显不同。

箱梁表面各测点区域分布气动力对涡振的贡献同时取决于测点压力脉动大小及其与涡激力的相关性。箱梁表面各测点区域分布气动力对涡激力的贡献可表达为

$$C_{\text{aero-}i}=C_{\sigma_i}\rho_i \tag{3-9}$$

式中,C_{σ_i} 为 i 测点压力系数根方差;ρ_i 为 i 测点压力与涡激力相关系数;$C_{\text{aero-}i}$ 为箱梁表面各测点压力对涡激力的贡献值。当 $C_{\text{aero-}i}$ 为正时,表示 i 测点区域分布气动力对涡激力的起增强作用;当 $C_{\text{aero-}i}$ 为负时,表示 i 测点区域分布气动力对涡激力起抑制作用。

图 3-18 给出了高、低雷诺数时测点区域分布气动力对涡激力贡献值的空间分布对比。高雷诺数时,上表面下游、中上游和下表面区域气动力对涡激力的贡献较大,其中上表面下游区域气动力对涡激力起增强作用,其他区域气动力对涡激力起抑制作用;低雷诺数时与高雷诺数时有所不同,上表面中上游区域气动力对涡激力几乎无贡献,上表面下游区域气动力对涡激力的贡献与高雷诺数时相近,下表面区域和迎风面斜腹板区域气动力对涡激力的抑制作用远小于高雷诺数时。而下表面下游与风嘴附近区域气动力对涡激力的抑制作用远大于高雷诺数时,可推测这正是低雷诺数时涡振幅值远小于高雷诺数时的主要原因。总之,雷诺数效应引起不同区域气动力对涡激力贡献的变化,其中下表面下游与风嘴附近区域气动力对涡激力贡献作用的变化导致了涡振响应的雷诺数效应。

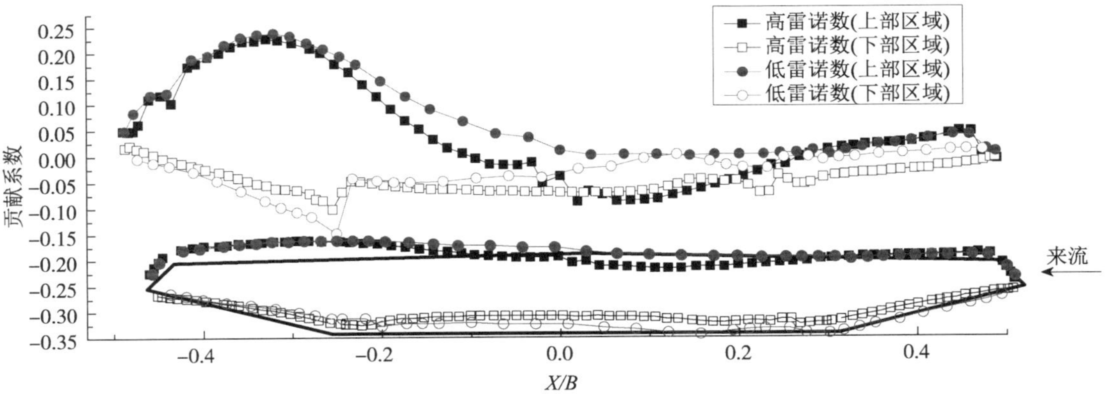

图 3-18　表面压力对涡激力的贡献

互功率谱密度函数的相位部分即相位谱,反映了两个信号在不同频率分量上的相位差。图 3-19 给出了不同雷诺数时分布气动力与涡激力在卓越频率处相位差的分布对比。上表面区域气动力与涡激力的相位差呈线性连续变化,在高、低雷诺数时分别在 $X/B=0$ 和 $X/B=0.14$ 处产生突变。在下表面区域,高、低雷诺数时相位差变化规律及数值明显不同。

总之,不同雷诺数时相位差空间分布明显不同,表现出显著的雷诺数效应,该效应必然导致相关系数的雷诺数效应,由式(3-9)可知,可进一步引起分布气动力对涡激力贡献值的雷诺数效应。低雷诺数时下表面下游与风嘴附近区域气动力对涡激力的抑制作用远大于高

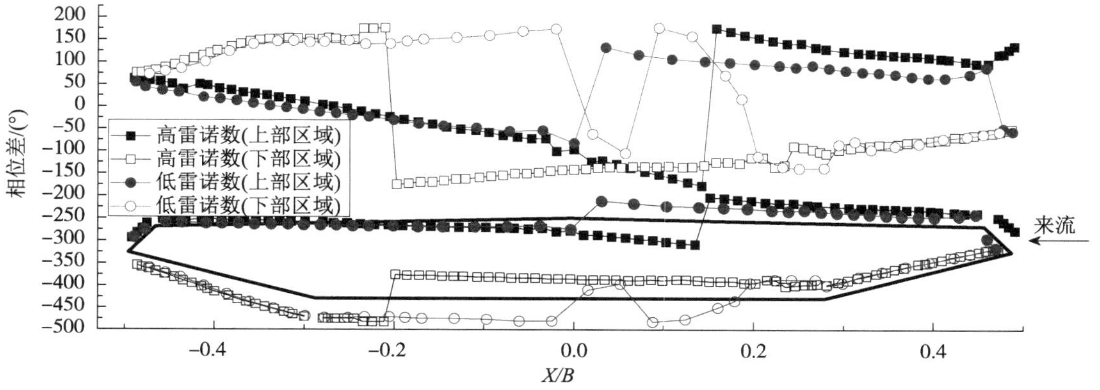

图 3-19　分布气动力卓越频率处与涡激力相位差

雷诺数时，这是低雷诺数时涡振幅值远小于高雷诺数时的主要原因。故雷诺数效应引起不同区域气动力对涡激力贡献的变化，其中下表面下游与风嘴附近区域气动力对涡激力贡献作用的变化最终导致涡振响应的雷诺数效应。

3.5　本章小结

针对典型流线型闭口箱梁主梁断面，实现了同步测振测力测压试验。并分别进行了小尺度和大尺度节段模型同步测振、测压风洞试验。涡振响应结果表明：流线型闭口箱梁断面的涡振响应具有明显的雷诺数效应，表现为高、低雷诺数时涡振振幅和锁定区间均明显不同。其中，高雷诺数时较低雷诺数时更为不利，表现为高雷诺数时的涡振响应明显大于低雷诺数时，且涡振起振风速低于低雷诺数时。此外，原始断面在高雷诺数时出现了低雷诺数时并未出现的扭转涡振现象。在此基础上，在竖向涡振区筛选典型风速点，对两种雷诺数下箱梁表面气动力时频特性进行对比研究。研究结论如下：

不同雷诺数条件下，表面平均风压系数、压力系数根方差、分布气动力与整体涡激力相位差空间分布及压力脉动成分均有所不同，表现出显著的雷诺数效应。低雷诺数时上表面下游、下游上斜腹板及下斜腹板区域负压值明显大于高雷诺数时。高雷诺数时下游检修轨道附近区域压力脉动明显大于低雷诺数时，且卓越频率处压力系数幅值与压力系数根方差差异较大，表明该区域压力脉动不仅有自激力成分，还含有明显的强迫力成分。上表面中上游区域在高雷诺数时表现为明显负相关，低雷诺数时相关性几乎为零。上表面中下游区域在高雷诺数时相关性为零，低雷诺数时表现为正相关。下表面区域在高雷诺数时表现为负相关，相关系数绝对值大于 0.6，且明显大于低雷诺数时。

高雷诺数时，上表面下游、中上游和下表面区域气动力对涡激力贡献较大，其中上表面下游区域气动力对涡激力起增强作用，其他区域气动力对涡激力起抑制作用；低雷诺数与高雷诺数有所不同，上表面中上游区域气动力对涡激力几乎无贡献，上表面下游区域气动力对涡激力的贡献与高雷诺数时相近，下表面区域和迎风面斜腹板区域气动力对涡激力的抑制作用远小于高雷诺数时。而下表面下游与风嘴附近区域气动力对涡激力的抑制作用远大于高雷诺数时，这正是低雷诺数时涡振幅值远小于高雷诺数时的主要原因。总之，雷诺数效应会引起不同雷诺数条件下区域分布气动力对涡激力贡献的差异，其中下表面下游与风嘴附近区域气动力对涡激力贡献作用的差异是导致涡振响应雷诺数效应的主要原因。

参考文献

[1] LARSEN A, LAROSE G L. Dynamic wind effects on suspension and cable-stayed bridges[J]. Journal of Sound and Vibration, 2015, 334: 2-28.

[2] LAROSE G L, D'AUTEUIL A. On the Reynolds number sensitivity of the aerodynamics of bluff bodies with sharp edges[J]. Journal of Wind Engineering and Industrial Aerodynamics, 2006, 94(5): 365-376.

[3] SCHEWE G. Reynolds-number effects in flow around more-or-less bluff bodies[J]. Journal of Wind Engineering and Industrial Aerodynamics, 2001, 89(14-15):1267-1289.

[4] LARSEN A, WALL A. Shaping of bridge box girders to avoid vortex shedding response[J]. Journal of Wind Engineering and Industrial Aerodynamics, 2012, 104-106:159-165.

[5] 金挺，林志兴.扁平箱形桥梁断面斯特罗哈数的雷诺数效应研究[J].工程力学，2006，23(10):174-179.

第 4 章 基于气动力和流场特征的流线型闭口箱梁涡振抑振机理研究

涡致振动是大跨度桥梁在低风速下易发的具有强迫和自激双重性质的自限幅风致振动现象。日本东京湾通道桥、巴西 Rio-Niteroi 大桥、丹麦大海带东桥和中国西堠门大桥都曾发生过竖弯涡振[1-5]。美国旧塔科马大桥在扭转颤振失稳之前出现过较低风速下的竖弯涡振[6]。尽管涡致振动不会像颤振或驰振那样导致发散,但由于是低风速下常易发生的振动,且振幅之大足以影响行车安全和舒适度,甚至可能诱发拉索参数共振等气动不稳定问题[7,8]。2020 年 5 月,中国广东虎门大桥桥面发生明显高阶竖向涡振现象[9,10]。其主梁断面为典型的流线型闭口箱梁断面。之后,同济大学风工程团队赶赴现场进行了涡振应急控制,并采用了栏杆扶手抑流板、加水箱和拆除检修轨道等一系列气动措施,取得了较好效果。然而,目前对于上述气动措施抑制机理研究尚不深入。本章仍以第 3 章所述典型流线型闭口箱梁为研究对象,基于 1∶20 大比尺主梁刚性节段模型风洞试验,并结合数值模拟方法,深入研究流线型闭口箱梁断面涡振抑制措施及抑制机理。

4.1 概述

常用涡振抑制措施可分为机械措施及气动措施。机械措施主要通过外加阻尼器提高结构阻尼,达到减小或抑制风致振动的目的,主要应用于施工阶段钢桥塔涡振和抖振控制[11],港珠澳工程青州航道桥主梁即采用安装 TMD 的方法抑制涡振[12]。大量的风洞试验及工程实践表明,在不改变桥梁结构与使用性能的前提下,气动措施即适当改变桥梁的外形布置或增设非结构性的导流装置是抑制涡振的有效方法。丹麦大海带东桥、中国东营黄河大桥和英国塞文二桥采用增设气动措施的方法有效抑制了涡振[13,14]。Larsen 和 Wall[15]还通过风洞试验系统研究了改变风嘴角度对钢箱梁涡致振动的影响。研究表明,当风嘴下部斜腹板与水平线的夹角小于 15°时,箱梁尾部旋涡脱落规模减小,涡致振动现象消失。Li 等[16]采用 CFD 数值模拟方法研究了风嘴角度对流线型箱梁涡致振动的影响。研究表明,风嘴角度越小,其气动性能越好,且风嘴角度变化对箱梁上表面气动力特性的影响远大于下表面。表 4-1 列出了目前基于风洞试验获得的流线型闭口箱梁断面涡振有效抑制气动措施。

表 4-1　流线型闭口箱梁主梁断面涡振抑制气动措施

文献	时间	研究方法	有效措施
许福友等[17]	2010	测振和测压风洞试验，气动力时频特性分析	箱梁底部两侧转折处安装导流板、栏杆扶手抑流板
郭增伟等[18]	2012		栏杆扶手抑流板
刘君等[19]	2015	测振风洞试验，CFD 二维流场分析	检修车轨道导流板
李永乐等[20]	2011	测振风洞试验	检修车轨道导流板、风嘴分流板
孙延国等[21]	2012		检修车轨道导流板
张建等[22]	2015		检修车轨道导流板、风嘴分流板
朱思宇等[23]	2015		检修车轨道导流板
李春光等[24]	2017		栏杆扶手抑流板、减小风嘴角度

以上研究表明，主梁断面的涡振性能对气动外形的改变非常敏感，气动措施因桥而异，同一种气动措施对不同气动外形主梁断面涡振抑制效果明显不同。其中，增设检修车轨道导流板和栏杆扶手抑流板是目前应用最为广泛的流线型闭口箱梁涡振抑振措施。目前，尽管可通过上述两类气动措施控制流线型闭口箱梁涡致振动，但是对其抑振机理的研究尚不充分。管青海等[25]通过箱梁断面表面的压力测量，从气动力时频特性层面上解释了栏杆影响桥梁断面涡致振动的内在机制。许福友等[17, 26]和郭增伟等[18]分别基于某流线型箱梁基本断面和成桥断面，从箱梁表面气动力时频特性的角度分析了栏杆扶手抑流板抑制涡振机理。遗憾的是，上述研究更多着眼于气动力分布模式及时频特性，较少关注分布气动力对涡振的贡献作用，更无法区分分布气动力对涡激力的增强或减弱作用。同时，也未能指出增设栏杆扶手抑流板引起上述气动力分布模式及时频特性变化的深层次原因，对其抑制涡振机理认识尚不深刻。相比于增设栏杆扶手抑流板，目前对检修轨道导流板控制流线型闭口箱梁涡振的研究最为广泛[19-24]，其共同特点是基于主梁节段模型试验，改变攻角、偏角、阻尼、流场特性、雷诺数以及移动附属构件位置等参数，对比研究风速锁定区及涡振振幅等宏观响应特性，缺乏微观上的机理解释。此外，对于特定主梁断面某一特定涡振锁定区间，往往同时有多项有效抑振气动措施。比如，对于虎门大桥涡振，同济风工程团队经过现场实测证明临时措施——栏杆扶手抑流板可抑制涡振，而风洞试验却表明下底板检修轨道才是引起涡振的根源，二者看起来似乎很矛盾。因而，深入揭示多种气动措施的抑制涡振机制同样迫在眉睫。

4.2　气动措施比选

为了抑制 $+3°$ 初始攻角下原始断面竖向涡振，分别增设栏杆扶手抑流板、斜腹板导流板、检修轨道导流板及拐角导流板等气动措施，以检验上述气动措施对原始断面涡振的抑制效果。气动措施尺寸及布置如图 4-1 所示。

(a) 增设栏杆扶手抑流板断面(15°～45°倾角)

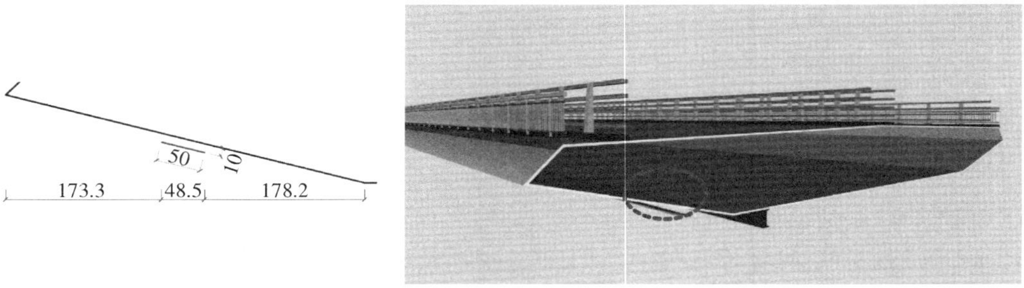

(b) 增设斜腹板导流板断面

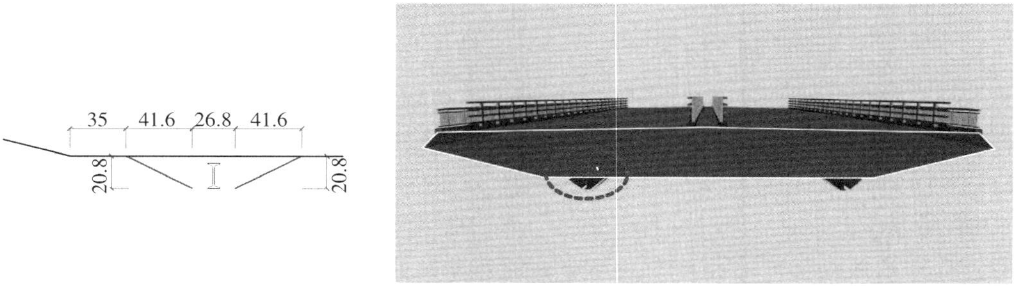

(c) 增设检修轨道导流板断面

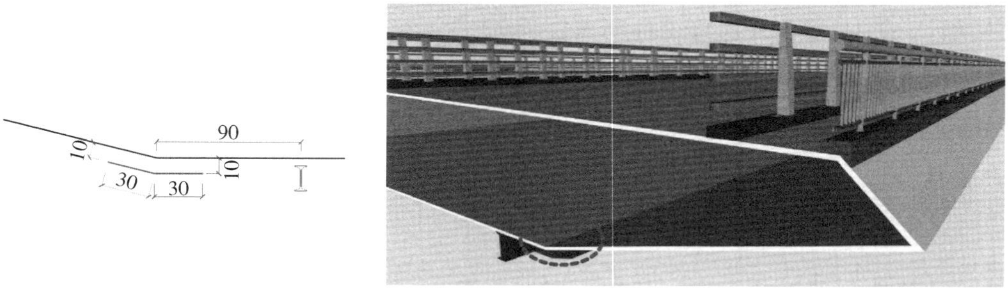

(d) 增设拐角导流板断面

图 4-1　气动措施断面尺寸及布置(单位：mm)

试验完成−3°、0°、+3°初始风攻角下，原始断面、增设各类气动措施时断面涡振试验。试验风速为1.0～13.0 m/s，对应基于主梁特征宽度的雷诺数范围为1.28×10^5～1.67×10^6。−3°和0°初始风攻角下，均未发现明显的涡振现象。+3°攻角下，竖向涡振响应对比如图4-2和图4-3所示。横坐标表示折减风速$U_*=U/(f_bB)$，其中U为来流风速，f_b为竖弯频率；纵坐标表示归一化振幅A/D，其中A为竖向振幅。原始断面出现了明显的竖向涡振。检修轨道导流板对涡振有比较明显的抑制效果，第二、三阶竖向涡振最大振幅分别减小了19.0%和53.1%。设置抑流板后，竖弯涡振完全得到了抑制，其他气动措施无抑制效果。−3°和0°初始攻角下，抑流板断面和检修轨道导流板断面也未发现涡振现象。由此可见，设置抑流板和检修轨道导流板均能有效抑制涡振。其中，抑流板抑振效果最优。文献[17]采用增设抑流板的气动措施也成功抑制了扭转涡振，故对于流线型闭口箱梁断面而言，抑流板是一种较通用且有效的抑制涡振气动措施。

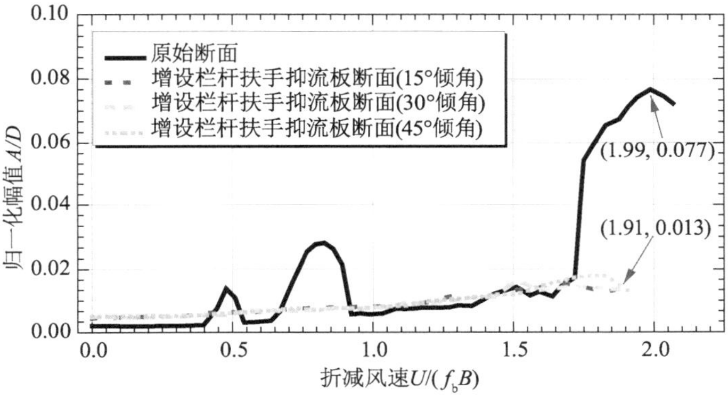

图4-2 栏杆扶手抑流板抑制涡振效果

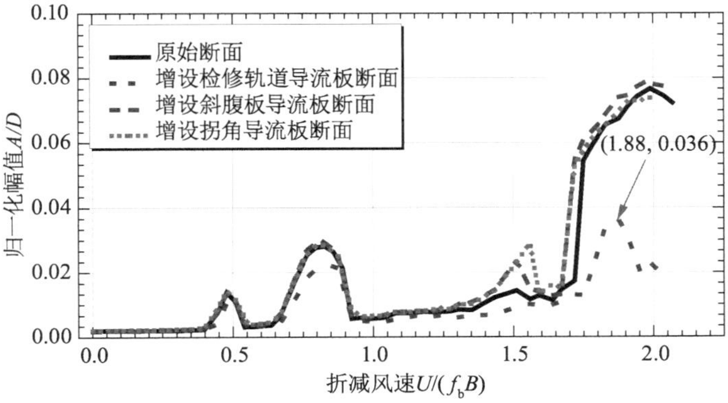

图4-3 各类导流板抑制涡振效果

为了研究原始断面竖向涡振产生机理，以及检修轨道导流板和栏杆扶手抑流板(30°倾角)抑振机理，分别针对原始断面、检修轨道导流板断面及抑流板断面选取典型风速，分别为折减风速1.99，1.89和1.91，并对其表面压力时频特性进行分析。

4.3 气动力时频特性

箱梁表面压力包含了丰富的信息，可反映断面气体绕流情况，通过积分还可获得总体气动力及涡激力。根据节段模型表面压力信号，对比分析原始断面、检修轨道导流板断面和抑流板断面箱梁表面气动力时频特性，探究涡振机理及气动措施抑振机理。

4.3.1 压力系数均值及脉动值

图 4-4 对比了三个断面表面压力系数均值空间分布。除迎风侧风嘴为正压外，其余部分均处于负压区。对于原始断面，在上表面区域，越接近迎风侧，测点区域压力系数均值越大；在下表面区域，两个检修轨道附近区域的测点压力系数均值明显高于其余部分，可能是由于检修轨道引起结构外形突变，导致气流在此区域分离，从而产生较大负压。与原始断面对比，导流板的布置主要改变了模型下表面检修轨道附近区域以及两检修轨道之间区域表面风压空间分布特性，特别是上游检修轨道附近区域，下表面上游区域压力系数极大值向下游移动，在 61# 测点取得极大值，而下表面下游区域压力系数最大值向上游移动，在 97# 测点取得极大值，两测点之间的下表面区域处于负压区，压力系数均值绝对值远大于原始断面。上表面以及上、下游风嘴的压力系数均值分布与原始断面基本一致。与原始断面对比，抑流板主要改变了上表面的压力系数均值分布，上表面压力明显小于原始断面，特别是 132# 测点与 17# 测点之间的区域；上游风嘴底部、下表面以及下游风嘴压力系数均值与原始断面一致。结合涡振响应，可推断导流板断面和抑流板断面涡振性能的改善分别与箱梁上表面和下表面区域分布气动力特性相关。

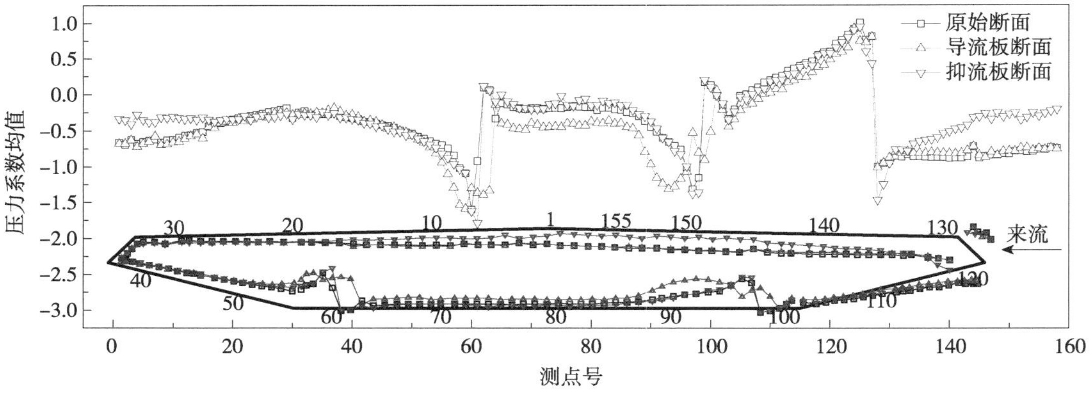

图 4-4　压力系数均值

图 4-5 对比了三个断面表面压力系数根方差空间分布。对于原始断面，箱梁表面压力系数根方差较大；设置导流板后，除下表面中上游区域（下表面上游检修轨道后至中部区域）表面压力系数根方差明显增大，其他区域表面压力系数根方差明显减小；与原始断

面和导流板断面相比，设置抑流板后，断面表面压力系数根方差明显减小，数值较小且分布均匀。

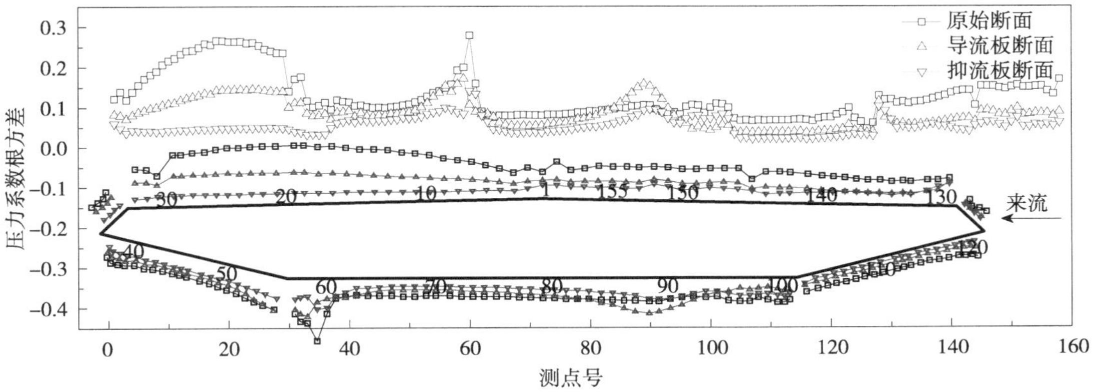

图 4-5　压力系数根方差

结合涡振响应，可推断原始断面的涡振由箱梁表面强烈的压力脉动引起。导流板可有效减小上述压力脉动，涡振响应明显减小。抑流板消除了压力脉动，故而涡振消失。

4.3.2　分布气动力频谱特性

结构表面压力的频谱可反映压力脉动的频率特征，卓越频率反映了压力变化的主导频率。图 4-6 对比了三个断面表面压力卓越频率的空间分布。可知，原始断面及增设检修轨道导流板断面表面各测点压力卓越频率均与涡振振动频率一致，表明涡振激发后，结构表面涡脱被结构振动所控制，表面压力与结构运动相互反馈，以统一的频率变化；增设检修轨道后，结构表面不存在一个统一的卓越频率。

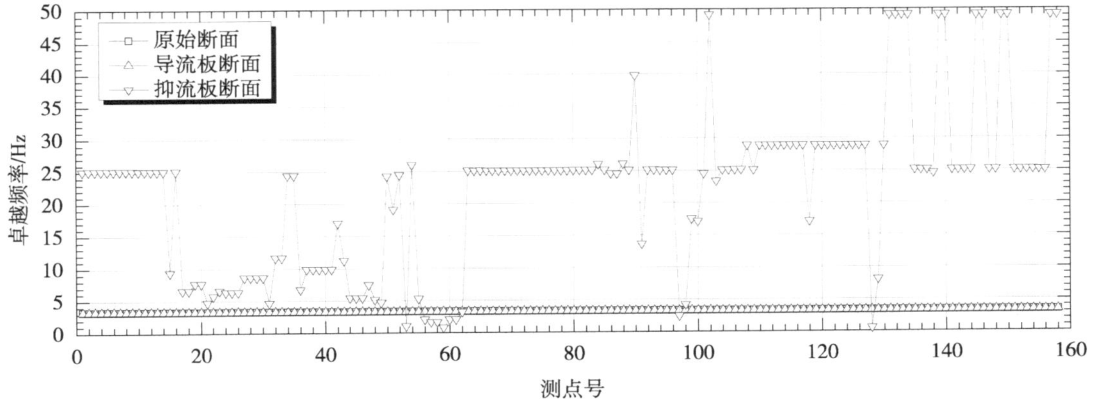

图 4-6　卓越频率

图 4-7 给出了三个断面各测点振动卓越频率处压力系数 C_{pi}^{d} 空间分布特征。相对于原始断面，设置导流板后，C_{pi}^{d} 明显减小，尤其是上表面下游、下表面与下游风嘴转角附近区域；设置抑流板后，C_{pi}^{d} 急剧减小，数值较小且分布均匀。

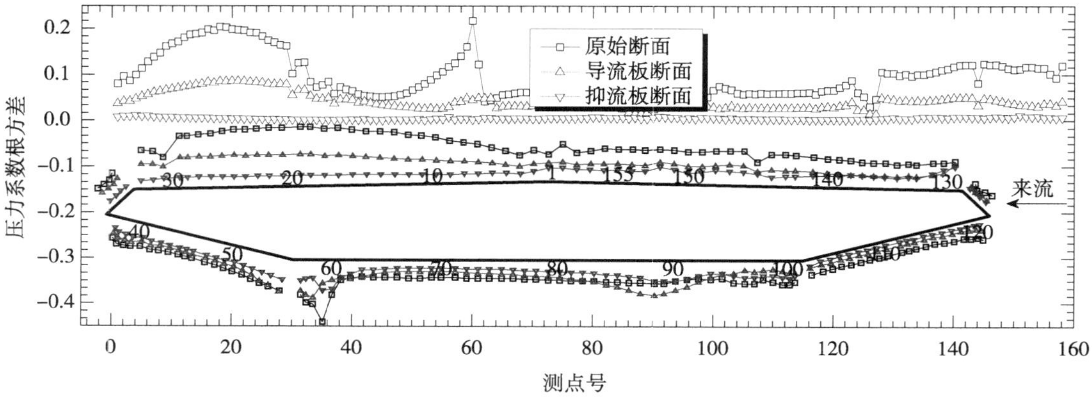

图 4-7　卓越频率处压力系数根方差

为了进一步展现测点振动卓越频率处压力系数空间分布与压力系数根方差空间分布之间的内在联系，图 4-8 给出了振动卓越频率处压力系数与压力根方差比值的空间分布。比值越大，表明振动卓越频率处压力脉动对该测点压力脉动的贡献越大。结合图 4-5、图 4-7 和图 4-8 可知，三个断面压力系数脉动值与卓越频率处压力系数空间分布特征基本一致。对于原始断面，绝大部分区域比值约为 0.8，表明涡振时断面结构表面压力主要以卓越频率呈周期性变化；增设检修轨道导流板后，绝大部分区域比值明显下降，特别是下表面与下游风嘴转角附近区域，表明检修轨道导流板改变了结构下表面的涡脱形式，该区域卓越频率处的压力能量降低，减小了涡振振幅；增设抑流板后，绝大部分区域比值急剧下降，表明增设抑流板破坏了结构表面压力变化的一致性，不再存在比较显著的统一的涡脱频率，从而抑制了涡振的发生。

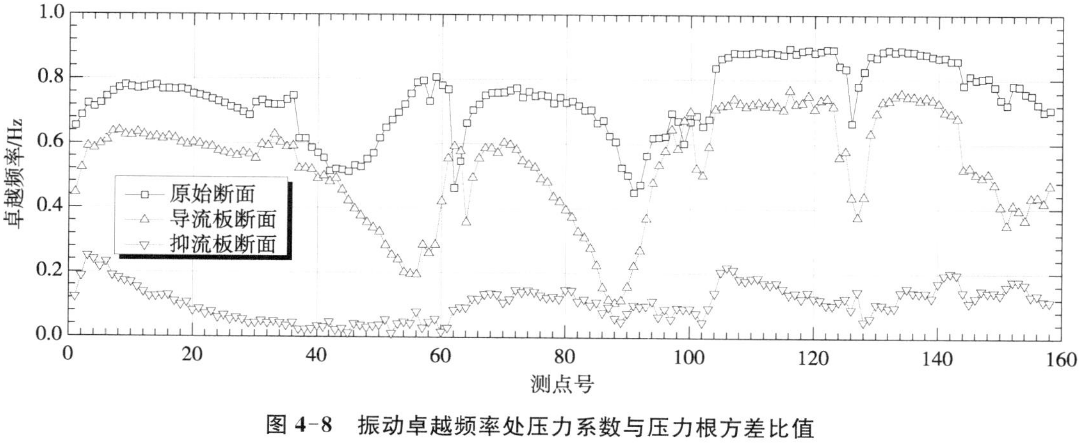

图 4-8　振动卓越频率处压力系数与压力根方差比值

4.3.3　分布气动力与涡激力相关性

结构表面压力与涡激力的相关性可综合反映二者的频率特征和相位特征[7]。箱梁表面各测点所受的气动力与涡激气动力的相关系数 ρ_i 综合反映了二者的频率特征和相位特征。

图 4-9 给出了三个断面表面测点压力与涡激力相关性空间分布特征。对于原始断面，上表面中上游、风嘴尖角以下区域气动力与涡激气动力相关性为负相关，其余区域为正相关。上表面下游和下表面下游区域相关系数较大，绝对值达到 0.8 左右，二者方向相反。设置导流板后，相关性的空间分布形式与原始断面相似，各区域相关性均有所降低。设置抑流板后，模型表面压力与涡激力的相关性均有较大程度降低，上表面上游与涡激力的相关性由负相关变为正相关，相关系数的绝对值小于 0.5。

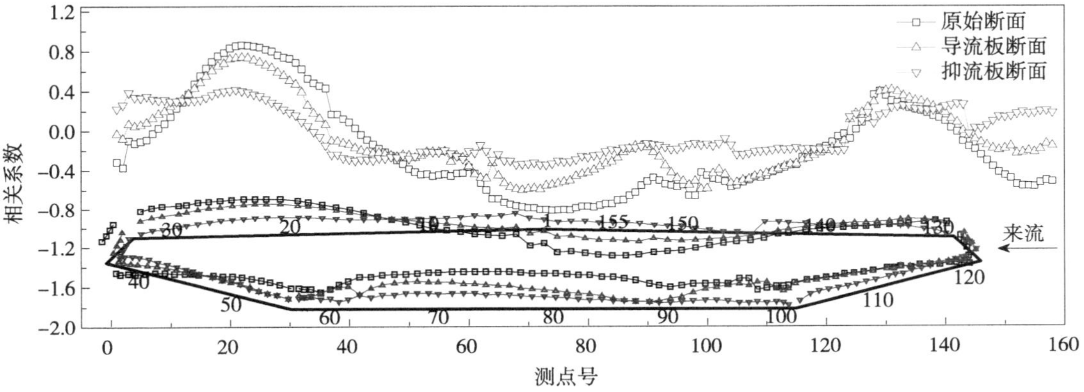

图 4-9　表面压力与涡激力相关性

以上研究表明，与原始断面对比，增设导流板极大降低了区域测点压力与涡激力之间的相关性，而增设抑流板完全破坏了结构表面压力与涡激力的相关性。

4.3.4　分布气动力对涡激力的贡献

箱梁表面各测点区域分布气动力对涡振的贡献同时取决于测点压力脉动大小及其与涡激力的相关性。图 4-10 对比了三个断面测点区域分布气动力对涡激力贡献值的空间分布。对于原始断面，上表面下游、中上游和下表面区域气动力对涡激力的贡献较大，其中上表面下游区域气动力对涡激力起增强作用，其他区域气动力对涡激力起减弱作用；设置导流板后，上表面中上游和下表面区域气动力对涡激力的贡献迅速减小并趋近于零，上表面下游区域气动力对涡激力贡献的绝对值也有所减小，但仍然比较突出。设置抑流板后，模型表面所有区域气动力对涡激力的贡献均迅速减小并趋近于零。

结合涡振响应，可推断原始断面上表面下游区域气动力对涡激力起主要增强作用，上表面中上游、下表面区域气动力对涡激力起主要减弱作用。导流板可有效减小上述区域气动力对涡激力的贡献，以上表面下游区域尤甚，因而涡振响应明显减小。而抑流板几乎完全消除了上述区域气动力对涡激力的贡献作用，故而涡振消失。此外，导流板的抑制涡振效果明

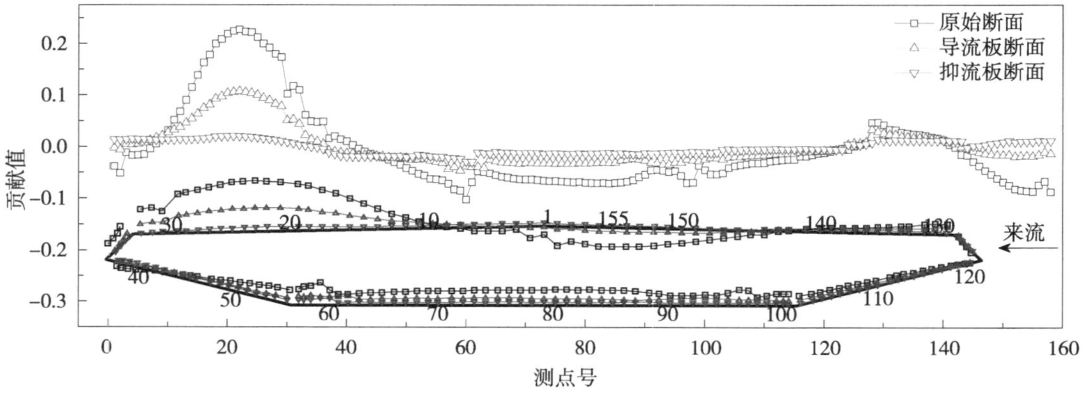

图 4-10　分布气动力对涡激力的贡献

显不如抑流板，这主要是由于导流板未能完全消除上表面下游区域压力对涡激力的增强作用，同时也较大程度上减小了上表面中上游区域气动力对涡激力的减弱作用。

4.3.5　分布气动力与涡激力相位差

互功率谱密度函数的相位部分即相位谱，反映了两个信号在不同频率分量上的相位差。图 4-11 给出了三个断面表面压力与涡激力在卓越频率处相位差的空间分布特征。原始断面上表面分布气动力与涡激力的相位差近乎线性单调变化，表明上表面存在显著的旋涡漂移[27, 30]。上表面下游区域气动力与涡激力的相位差约为 0°，而下表面与涡激力的相位差约为 180°，即上表面下游区域气动力与涡激力方向一致，该区域气动力对涡激力有最大程度的正贡献，下表面区域气动力与涡激力方向刚好相反，其气动力变化对涡激力有最大程度的抑制作用。上表面上游区域气动力与涡激力的相位差约为 180°，对涡激力有完全的抵消作用，与第 4.3.3 和第 4.3.4 节结论一致。设置导流板后，箱梁上表面分布气动力与涡激力的相位

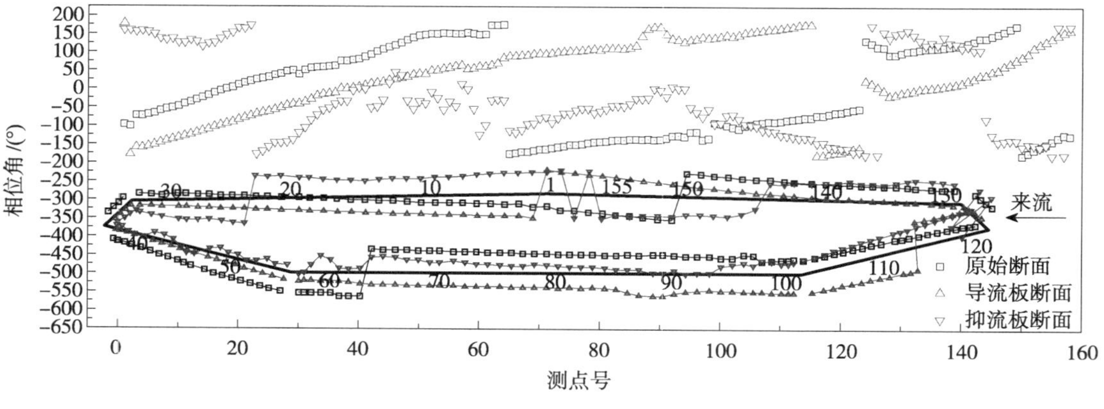

图 4-11　表面压力卓越频率处与涡激力相位差

差也同样表现为近乎线性单调变化，相对于原始断面产生约 90°的相位差整体偏移，表明旋涡脱落形式并未发生变化，而旋涡与结构运动间的相位关系、局部区域气动力与结构运动间的相位关系均产生整体偏移，从而改变了能量激励。设置抑流板后，箱梁表面气动力与涡激力的相位差分布随机离散化。

4.4　流场分析

4.4.1　计算设置

涡振是气流流经钝体结构时产生分离，由此在结构两侧诱导出不对称脱落的旋涡，使结构两侧表面出现交替变化的正、负压力而引起的结构横风向有限振幅振动。借助二维 CFD 数值模拟平台进行计算[28]，该平台动网格处理基于原创“HOPE 算法”，并采用了 Dettmer 流固弱耦合算法，数值模拟选用大涡模拟（Large Eddy Simulation，LES）Smagorinsky 亚格子黏性模型。断面尺寸和模拟雷诺数均与节段模型试验一致，空气密度 $\rho=1.225\ \mathrm{kg/m^3}$，壁面 $y^+<2$。计算域尺寸为[−9，24]×[−13，13]，主梁中心位于(0，0)，底层网格三角形边长为 0.000 92 m，风攻角为+3°，计算域与网格划分如图 4-12 所示。入口边界条件为指定速度，压强为 0，上、下壁面指定法向速度均为 0，不指定切向速度，出口为自然边界。令结构作竖向强迫振动，振动频率与结构弯频一致，振幅与模型振幅一致。

(a) 整体

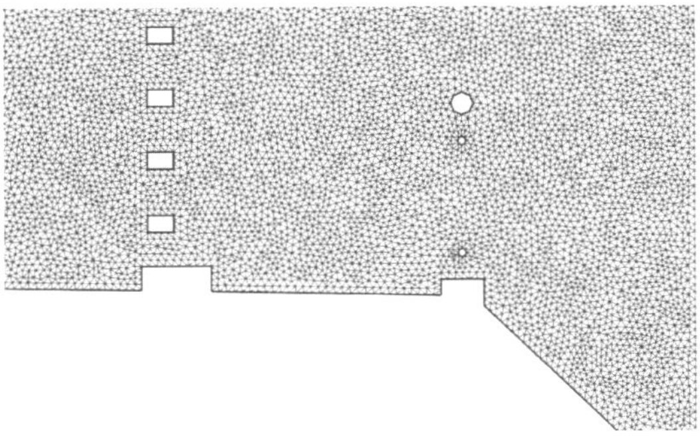

(b) 细部1

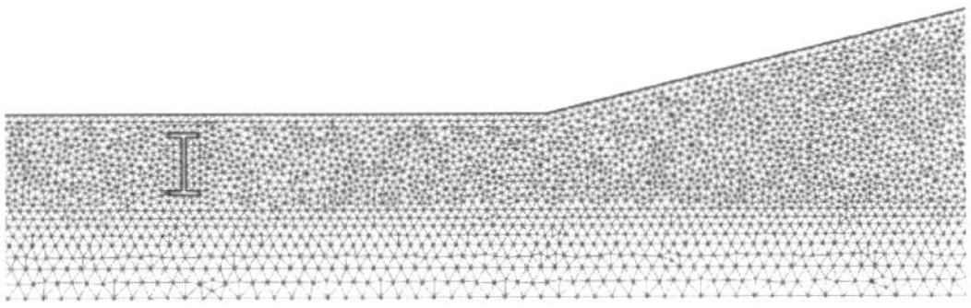

(c) 细部2

图 4-12　计算域与网格划分

4.4.2 涡振发生机理

图 4-13 给出了单周期内原始断面风速矢量。由图可知，气流沿着迎风侧主梁上斜腹板与来流方向成一定角度斜向上流动，并在人行道栏杆基座处产生分离，在人行道栏杆与边防撞栏之间形成分离涡，分离后的气流斜向下通过边防撞栏基座与第一道横栏之间的区域，并在第一道横栏下游角部区域产生分离，在其后方形成旋涡负压区，再逐渐由上游区域向中部发展形成大尺度旋涡，即分离涡。原始断面上表面分离涡形成机理如图 4-14 所示。同时，气流在上游检修轨道处分离，产生连续脱落旋涡，且脱落频率远高于断面涡振频率，该旋涡贴近下表面漂移至下表面 1/2 处受断面振动控制，与涡振频率一致，即形成二次涡，并向下游漂移，注意到下表面二次涡漂移速度明显大于上表面分离涡，如图 4-15 所示。故上表面和下表面分别形成的分离涡和二次涡组合——“双旋涡模式”是引起原始断面涡振产生的内在流场机理。Larsen[29] 在对旧塔科马大桥 H 形主梁断面进行分析时也发现了类似现象，即上、下表面分别形成的大尺度旋涡及其漂移所产生的周期性气动力是引起塔科马大桥风毁的本质机理。从旋涡与结构运动关系视角来看，涡振与颤振之间存在一定的内在联系[30]。

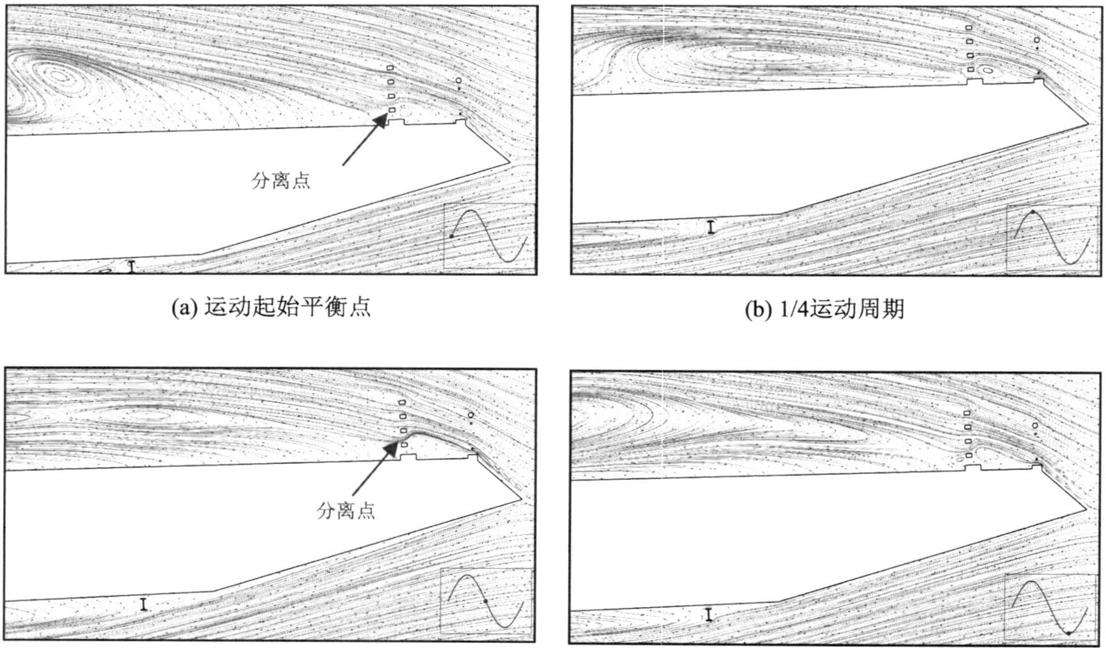

(a) 运动起始平衡点　(b) 1/4运动周期

(c) 1/2运动周期　(d) 3/4运动周期

图 4-13　单周期内原始断面瞬时风速矢量

综上所示，可推断破坏“双旋涡模式”是抑制原始断面涡振的关键所在。根据相关文献，增设检修轨道导流板及栏杆扶手抑流板可分别有效抑制上表面和下表面涡脱形成，进而抑制涡振。以下将详细介绍增设上述气动措施对原始断面涡振的抑制机理。

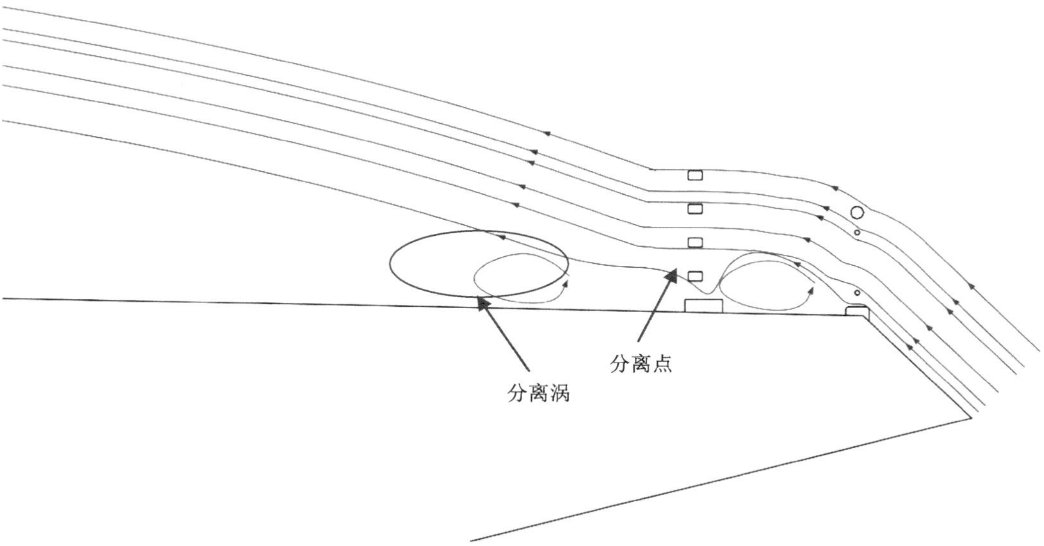

图 4-14　原始断面上表面主导涡形成机理示意

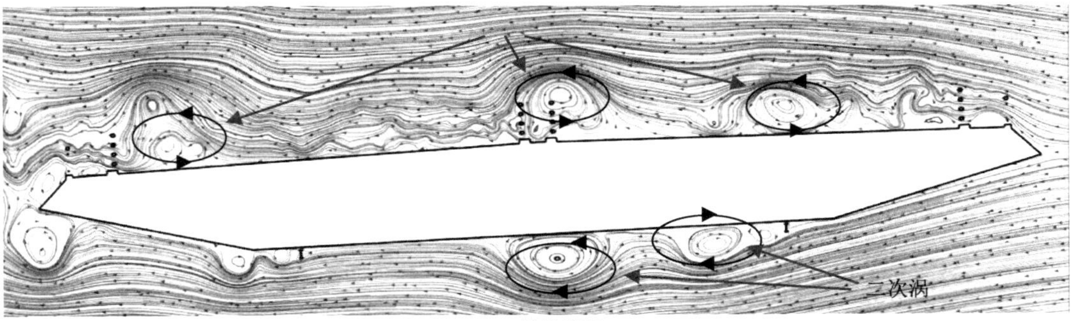

(a) 整体流场

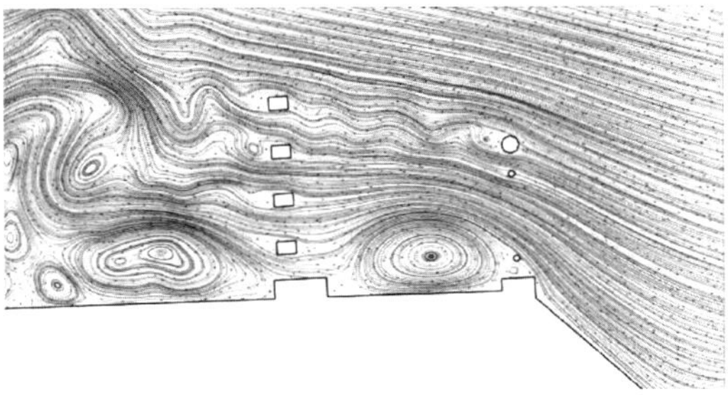

(b) 前缘

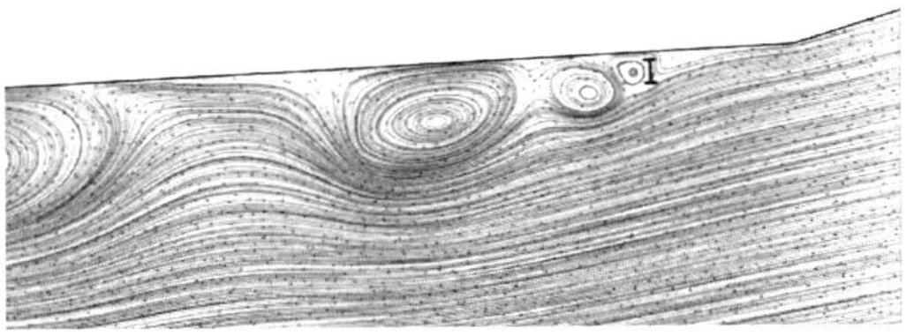

(c) 下表面

图 4-15　原始断面瞬时风速矢量

4.4.3 导流板抑振机理

图 4-16 对比了原始断面和检修轨道导流板断面同一时刻涡量。由图可知，对于原始断面，气流在上游检修轨道处分离，产生连续脱落旋涡，且脱落频率远高于断面涡振频率，该旋涡贴近下表面漂移至下表面 1/2 处受断面振动控制，即与涡振频率一致。设置导流板后，气流在内侧导流板后产生旋涡脱落，该旋涡迅速发展并被结构振动控制，并向下游漂移。故可推断对于原始断面，在断面附近下表面上游检修轨道后至中部区域，流场脉动由远高于涡振频率的脉动成分主导，而导流板断面流场脉动由与结构振动频率一致的脉动成分主导，故在此区域导流板断面表面脉动压力系数高于原始断面，与第 4.3.1 节结论一致。此外，设置导流板后，上表面附近区域涡量明显减小，小尺度紊流急剧减少，特别是下游区域，导致该区域流场紊流度明显减小。依据准定常理论，紊流度越小，脉动风压系数越小，Zhao 等[31]和白桦等[32]分别基于冷却塔和桥梁断面验证了上述推论。故紊流度减小引起上表面压力脉动系数明显减小，尤其是下游区域，区域气动力对涡激力的贡献同时取决于表面脉动压力系数和相关系数。综合前文分布气动力与涡激力相关性以及频谱分析，增设导流板会引起箱梁表面气动力与涡激力频谱相位角差约 90°的整体正交偏移，以及各区域气动力与涡激力的相关性的整体下降，可认为增设导流板并不会引起区域气动力与涡激力的相关性有整体较大变化，故设置导流板后，各区域气动力对涡激力的贡献主要取决于各区域气动力脉动幅值大小。综上所述，设置导流板后，断面表面压力脉动系数的明显下降极大降低了局部区域气动力对于整体涡激力的直接贡献，削弱了加载激励能量供给，减小了周期性脉动压力激励效应，尤以原断面涡激力主导区域的箱梁的上表面下游区域为甚，故涡振响应明显降低。

(a) 原始断面

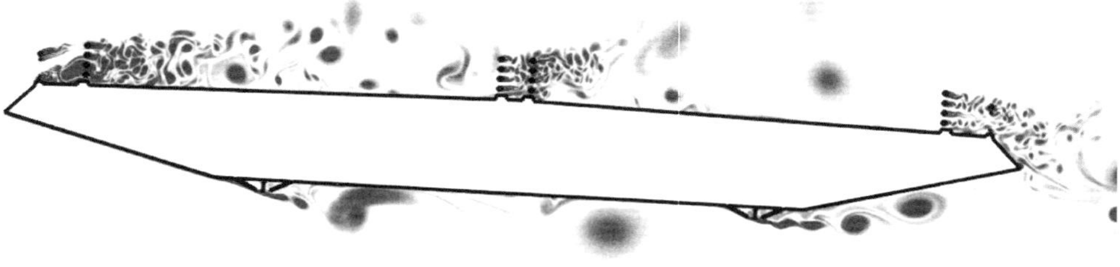

(b) 导流板断面

图 4-16 原始断面和检修轨道导流板断面同一时刻涡量对比

4.4.4　抑流板抑振机理

图 4-17 给出了同时刻栏杆扶手抑流板断面风速矢量分布。结合图 4-16 和图 4-17，对比原始断面和栏杆扶手抑流板断面涡量分布可知，设置栏杆扶手抑流板主要改变了断面上表面区域流场分布，由于气流在抑流板后分离，在其后产生连续的旋涡脱落，改变了下方气流的移动路径，下方气流近乎水平通过边防撞栏区域，避免了横栏角部的流动分离，抑制了主导原始断面涡振的分离涡消失，取而代之的为小尺度旋涡，尽管下表面检修轨道诱导产生的二次涡仍然存在，但“双旋涡模式”被完全破坏，引起区域气动力与涡激力的相关性极大降低，抑流板断面上表面主导涡抑振机理示意如图 4-18 所示。综合前文分布气动力与涡激力的相关性以及脉动压力空间的分布特性，增设栏杆扶手抑流板会导致箱梁表面气动力与涡激力的相位差分布和脉动频率随机离散化，极大降低了二者同步相关性及表面压力脉动，模型表面各区域气动力对涡激力的贡献均明显下降，无法激发整体结构的涡振效应，故涡振消失。

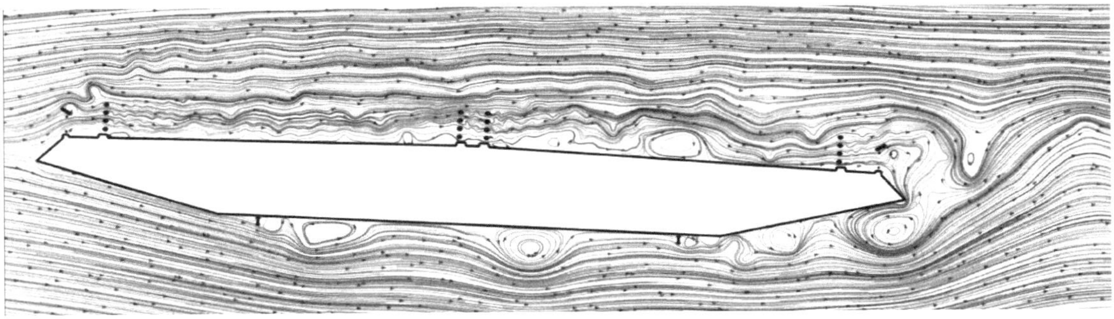

图 4-17　栏杆扶手抑流板风速矢量

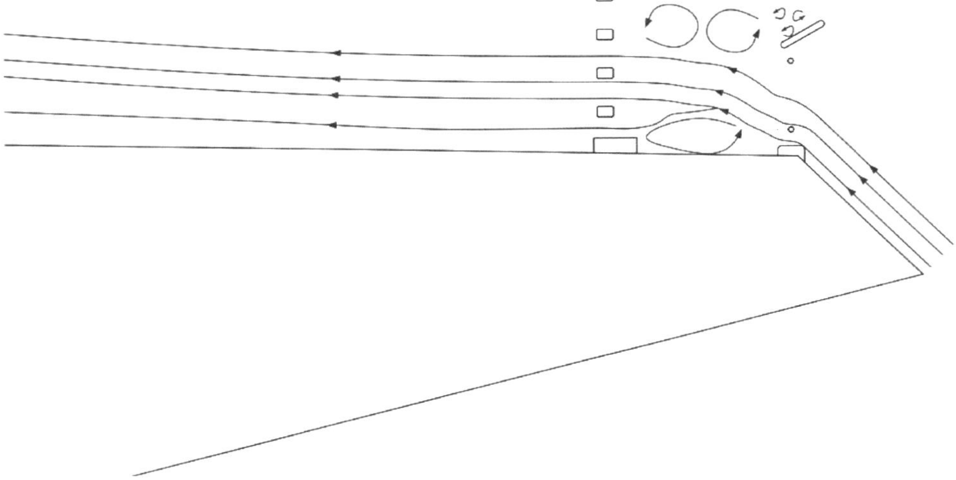

图 4-18　抑流板断面上表面主导涡抑制示意

4.4.5 讨论

值得注意的是，导流板的抑制涡振效果明显不如抑流板，主要原因如下：从箱梁气动力时频特性角度来讲，原始断面上表面下游区域气动力对涡激力起主要增强作用，上表面中上游、下表面区域气动力对涡激力起主要减弱作用。检修轨道导流板可有效减小上述区域气动力对涡激力的贡献，以上表面下游区域尤甚，涡振响应明显减小。而抑流板几乎完全消除了上述区域气动力对涡激力的贡献程度，涡振消失。由于导流板未能完全消除上表面下游区域压力对涡激力的增强作用，同时较大程度上减小了上表面中上游区域气动力对涡激力的减弱作用，导致两种气动措施抑振效果的差异性。从流场特性角度来讲，增设导流板并未完全破坏引起原始断面涡振的“双旋涡模式”，即“双旋涡”间相位关系、旋涡与结构运动间相位关系、局部区域气动力与整体涡激力相位关系均产生偏移，削弱了能量激励，区域气动力对涡激力的贡献也减弱，涡振响应减小。而增设栏杆扶手抑流板完全破坏了“双旋涡模式”，表现为箱梁表面气动力与涡激力的相位差分布和脉动频率随机离散化，同时极大降低了局部气动力与涡激力之间的同步相关性及表面压力脉动，故抑流板抑振效果远优于导流板。

由上可知，上表面形成的分离涡会触发涡振。一旦涡振触发，随着断面的运动，上、下表面形成的“主涡-二次涡协同模式”将共同主导涡振，即在涡振发生发展过程中，“主涡-二次涡协同模式”驱动涡振。破坏主涡可从根本上消除涡振的产生。破坏二次涡或者改变二者之间的协作关系，可增强或者减弱相应区域荷载能量的激励效应，从而增大或者减小涡振振幅。正因为如此，很多学者研究发现[19-24]，拆除检修轨道或者优化检修轨道位置等均可有效减小涡振振幅。

4.5 本章小结

针对典型闭口箱梁主梁断面，进行了大尺度节段模型测振测压风洞试验。分别选取原始断面、检修轨道导流板断面和栏杆扶手抑流板断面典型风速点对箱梁表面区域气动力实施了考虑相位差特征的时频效应分析及基于 CFD 数值模拟的流场特性分析。分析结论如下：

原始断面涡振主要由气流分别在边防撞栏和检修轨道处诱导并在上、下表面中部区域分别形成的主导涡引起，即“双旋涡模式”引起的周期性气动力是涡振发生的内在机理。

增设导流板会引起箱梁表面气动力与涡激力频谱相位角差约 90°的整体正交偏移以及各区域气动力与涡激力的相关性的整体下降，可认为增设导流板并不会引起区域气动力与涡激力的相关性有整体较大变化。故设置导流板后，各区域气动力对涡激力的贡献主要取决于各区域气动力脉动幅值大小。设置导流板后，断面表面压力脉动系数的明显下降极大降低了局部区域气动力对于整体涡激力的直接贡献，削弱了加载激励能量供给，减小了周期性脉动压力激励效应，尤以原断面涡激力主导区域的箱梁的上表面下游区域为甚，故涡振响应明显降低。

设置栏杆扶手抑流板主要改变了断面上表面区域流场分布，由于气流在抑流板后分离，在其后产生连续的旋涡脱落，改变了下方气流移动路径，下方气流近乎水平通过边防撞栏区域，避免了横栏角部的流动分离，抑制了主导原始断面涡振的上表面分离涡，“双旋涡模式”被完全破坏，引起区域气动力与涡激力的相关性极大降低。综合箱梁表面气动力时频特性分析，增设栏杆扶手抑流板导致箱梁表面气动力与涡激力的相位差分布和脉动频率随机离散化，极大降低了二者同步相关性及表面压力脉动，模型表面各区域气动力对涡激力的贡献均明显下降，无法激发整体结构涡振效应，故涡振消失。

导流板的抑制涡振效果明显不如抑流板，主要原因如下：从箱梁气动力时频特性角度来讲，导流板未能完全消除上表面下游区域压力对涡激力的增强作用，同时较大程度上减小上表面中上游区域气动力对涡激力的减弱作用；从流场特性角度，增设导流板并未完全破坏引起原始断面涡振的“双旋涡模式”，仅仅改变了“双旋涡”间相位关系、旋涡与结构运动间相位关系、局部区域气动力与整体涡激力相位关系，削弱了能量激励，涡振响应有所减小。

该研究揭示了检修轨道导流板与栏杆扶手抑流板抑制涡振机理，特别是不同气动措施抑制涡振机制的内在区别，为今后大跨度桥梁流线型闭口箱梁涡振抑制措施选型提供借鉴。

参考文献

[1] LARSEN A，ESDAHL S，ANDERSEN J E，et al. Storebælt suspension bridge-vortex shedding excitation and mitigation by guide vanes[J]. Journal of Wind Engineering and Industrial Aerodynamics，2000，88(2-3)：283-296.

[2] FUJINO Y. Wind-induced vibration and control of trans-Tokyo bay crossing bridge[J]. Journal of Structural Engineering，2002，128(8)：1012-1025.

[3] BALLISTA R C，PFEIL M S. Reduction of vortex-induced oscillations of rio-nileroi bridge by dynamic control devices[J]. Journal of Wind Engineering and Industrial Aerodynamics，2000，84(3)：273-288.

[4] LI H，LAIMA S，OU J，et al. Investigation of vortex-induced vibration of a suspension bridge with two separated steel box girders based on field measurements[J]. Engineering Structures，2011，33(6)：1894-1907.

[5] LI H，LAIMA S，ZHANG Q，et al. Field monitoring and validation of vortex-induced vibrations of a long-span suspension bridge[J]. Journal of Wind Engineering and Industrial Aerodynamics，2014，124(7)：54-67.

[6] AMMANN O H，WOODRYFF G B. The failure of the tacoma narrows bridge[J]. Federal Works Agency U.S. National Archives and Records Administration，1941，45(6)：97-102.

[7] 胡传新，陈海兴，周志勇，等.流线闭口箱梁断面涡振过程分布气动力演变特性[J].哈尔滨工业大学学报，2017，49(12)：137-145.

[8] 胡传新，赵林，陈海兴，等.流线闭口箱梁涡振过程气动力时频特性演变规律[J].振动工程学报，2018，31(3)：417-426.

[9] 本刊综合.虎门大桥振动原因初步查明[J].中国公路,2020,566(10):28.

[10] 赵林,刘丛菊,葛耀君.桥梁结构涡激共振的敏感性[J].空气动力学学报,2020,38(4):694-704.

[11] 文永奎,孙利民.大跨度斜拉桥钢塔施工阶段制振用TMD、TLD装置及其性能试验[J].地震工程与工程振动,2008,28(3):157-164.

[12] 胡传新,周志勇,秦鹏.港珠澳大桥青州航道桥抗风性能研究[J].桥梁建设,2018,48(2):1-6.

[13] 宋锦忠,林志兴,徐建英.桥梁抗风气动措施的研究及应用[J].同济大学学报(自然科学版),2002,30(5):618-621.

[14] MACDONALD J H G, IRWIN P A, FLETCHER M S. Vortex-induced vibrations of the Second Severn Crossing cable-stayed bridge-full-scale and wind tunnel measurements[J]. Structures and Buildings, 2002, 152(2): 123-134.

[15] LARSEN A, WALL A. Shaping of bridge box girders to avoid vortex shedding response[J]. Journal of Wind Engineering and Industrial Aerodynamics, 2012(104-106): 159-165.

[16] LI Y L, CHEN X Y, YU C J, et al. Effects of wind fairing angle on aerodynamic characteristics and dynamic responses of a streamlined trapezoidal box girder[J]. Journal of Wind Engineering and Industrial Aerodynamics, 2018, 177:69-78.

[17] 许福友,林志兴,李永宁,等.气动措施抑制桥梁涡振机理研究[J].振动与冲击,2010,29(1):73-76.

[18] 郭增伟,赵林,葛耀君,等.基于桥梁断面压力分布统计特性的抑流板抑制涡振机理研究[J].振动与冲击,2012,31(7):89-94.

[19] 刘君,廖海黎,万嘉伟,等.检修车轨道导流板对流线型箱梁涡振的影响[J].西南交通大学学报,2015,50(5):789-795.

[20] 李永乐,侯光阳,向活跃,等.大跨度悬索桥钢箱主梁涡振性能优化风洞试验研究[J].空气动力学学报,2011,29(6):702-708.

[21] 孙延国,廖海黎,李明水.基于节段模型试验的悬索桥涡振抑振措施[J].西南交通大学学报,2012,47(2):218-223.

[22] 张建,郑史雄,唐煜,等.基于节段模型试验的悬索桥涡振性能优化研究[J].实验流体力学,2015,29(2):48-54.

[23] 朱思宇,李永乐,申俊昕,等.大攻角来流作用下扁平钢箱梁涡振性能风洞试验优化研究[J].土木工程学报,2015(2):79-86.

[24] 李春光,张记,樊永波,等.宽幅流线型钢箱梁涡振性能气动优化措施研究[J].桥梁建设,2017,47(1):35-40.

[25] 管青海,李加武,胡兆同,等.栏杆对典型桥梁断面涡激振动的影响研究[J].振动与冲击,2014,33(3):150-156.

[26] XU F Y, YING XY, LI YL, et al. Experimental explorations of the torsional vortex-induced vibrations of a bridge deck[J]. Journal of Bridge Engineering, 2016, 21(12): 1-10.

[27] KUBO Y, HIRATA K, MIKAWA K. Mechanism of aerodynamic vibrations of shallow bridge girder sections[J]. Journal of Wind Engineering and Industrial Aerodynamics, 1992, 42(1-3): 1297-1308.

[28] 刘十一.大跨度桥梁非线性气动力模型和非平稳全过程风致响应[D].上海:同济大学,2014.

[29] LARSEN A. Aerodynamics of the tacoma narrows bridge—60 years later[J]. Structural Engineering International, 2000, 10(4):243-248.

[30] 胡传新.典型桥梁断面颤振迟滞效应和气动力演变机理[D].上海:同济大学,2020.
[31] ZHAO L, GE Y, KAREEM A. Fluctuating wind pressure distribution around full-scale cooling towers [J]. Journal of Wind Engineering and Industrial Aerodynamics, 2017, 165: 34-45.
[32] 白桦,郭聪敏,刘健新.紊流强度与积分尺度对结构平均风压与脉动风压雷诺数效应影响研究[J].郑州大学学报(工学版),2018,39(2):73-79.

第 5 章

流线型闭口箱梁涡振过程多尺度气动力时频特性演变规律

第 3 章针对典型流线型闭口箱梁主梁断面，进行了同步测力测振测压风洞试验，并在此基础上开展了涡振响应及涡激气动力雷诺数效应研究。第 4 章又进一步揭示了栏杆扶手抑流板和检修轨道导流板抑振减振机制。研究发现，原始断面涡振主要由气流分别在边防撞栏和检修轨道处诱导并在上、下表面中部区域分别形成的旋涡引起，即“双旋涡模式”引起的周期性气动力是涡振发生的内在机理。然而，上述研究并未指出在涡振锁定区间内，即涡振发生发展过程(亦可称为涡振过程)中，涡振振幅随折减风速演变的内在机理，也即涡振锁定现象内在机制。本章在第 3 章和第 4 章基础上，研究了涡振全过程(发生前、锁定区上升区、锁定区振幅极值点、锁定区下降区和涡振后)箱梁表面多尺度气动力演变特性。

5.1 概述

在涡振研究过程中，研究手段不断演进，由最初的刚体模型测振、测压过渡到同步测力测振、同步测压测振风洞试验，研究方法从单独的试验研究、数值模拟、现场实测或理论分析发展到试验与数值模拟相结合、试验与理论分析相结合以及试验与实测相结合，分析方法则从二维涡振分析发展到三维涡振分析[1-3]。

风洞试验测压法具有可直接得到箱梁表面气动力及其压力分布的优点。很多学者基于大跨度桥梁涡振性能优化，对比研究不同气动措施或气动外形下箱梁表面风压特性，从而揭示涡振机理[4]。然而，截至目前系列研究一定程度上忽视了涡振过程中箱梁表面气动力演变特性。Li 等[5]基于西堠门大桥涡振现场实测，发现在涡振起始阶段，旋涡脱落发生在开槽及尾流区域；在锁定区，由于振动幅值增大，涡脱加强，并扩展到整个下游下表面。Kuroda[6]通过数值方法，发现不同攻角下扁平箱梁断面表面压力分布及绕流特点体现在气动力上，最终决定了结构是否发生涡振及涡振振幅的大小。总之，在涡振发生发展过程中，伴随箱梁表面旋涡演化，必然发生气动力特性的变化，并最终反映为涡振响应演变。故基于风洞试验测压法，从涡振过程表面气动力演变特性的角度来揭示典型流线型闭口箱梁断面涡振机理很有必要。

针对在大跨度桥梁中经常使用的典型流线型闭口箱梁主梁断面，采用同步测力测振测压风洞试验方法，研究了涡振全过程(发生前、锁定区上升区、振幅极值点、锁定区下降区和涡振后)箱梁表面气动力演变特性，揭示了典型流线型箱梁断面的涡振机理。主要研究内容：整体涡激力特性；平均压力系数、压力系数根方差和各测点气动力频谱；测点区域分布气动力与整体涡激力关系，包括各测点区域分布气动力与涡激力相关性、对涡激力的贡献以及与涡激力相位谱等时频特性演化规律。

5.2　涡振响应

试验在均匀流场中进行，试验概况详见第 3.2.2 节。在 +3°初始攻角下主梁断面涡振响应如图 5-1 所示。横坐标表示折减风速 $U_* = U/(f_b B)$，其中 U 为来流风速，f_b 为竖弯频率；纵坐标为归一化振幅 A/D，其中 A 为竖向振幅，D 为主梁特征高度（主梁中心处梁高）。该初始攻角下，出现双竖弯涡振区，可能是由具有不同斯特劳哈尔数的 2 个独立气流涡脱所致[7]。其中，第一阶涡振锁定区间 0.81～0.98，最大振幅为 0.015，对应折减风速为 0.91；第二阶涡振锁定区间为 1.53～2.11，最大振幅为 0.067，对应折减风速为2.02。第二阶竖向涡振区锁定区间范围及最大振幅均远大于第一阶竖向涡振区。本章仅选取第二涡振锁定区间进行分析。可将该涡振锁定区间分为以下 5 个阶段：涡振前、上升区、振幅极值点、下降区和涡振后，如图 5-1 所示。折减风速范围 1.04～1.53 为涡振前阶段，折减风速范围 1.56～1.98 为上升区，折减风速 2.02 为振幅极值点，折减风速范围 2.05～2.08 为下降区，折减风速范围 2.11～2.44 为涡振后阶段。

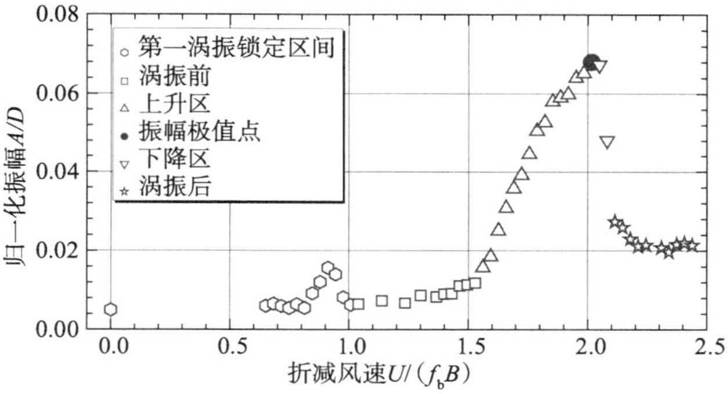

图 5-1　竖弯涡振响应

取折减风速 1.46，1.76，2.02，2.08 和 2.15 分别作为涡振发生前、锁定区上升区、振幅极值点、锁定区下降区和涡振后等涡振过程不同时期的典型风速，并分别对上述典型风速下箱梁表面的气动力进行分析，探究涡振过程箱梁表面的气动力演变特性。以下如无特别说明，均以上述风速点代替上述涡振不同时期。

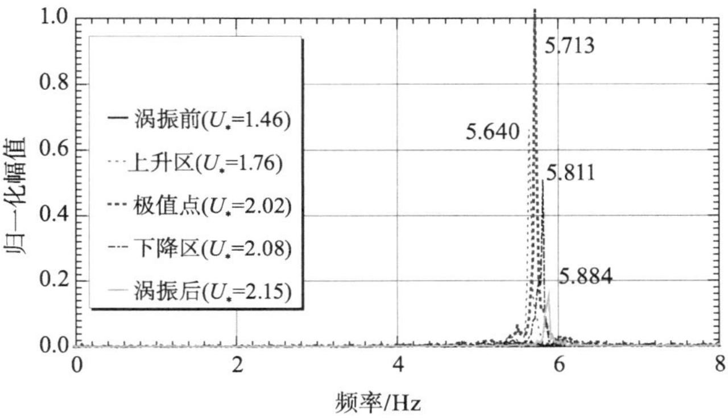

图 5-2　涡振过程振动响应幅值谱

图 5-2 给出了涡振过程振动响应幅值谱，其中纵坐标为归一化幅值。由图可知，涡振前振动响应幅值谱无明显卓越频率。在涡振其他阶段，振动响应幅值谱存在显著的卓越频率，与零风速下竖向振动频率接近，且随折减风速增大而增大。

5.3 涡激力演化特性

基于同步测力测振测压风洞试验，对得到的各测点风压时程，采用压力积分的方法可获取涡激力。将模型振动过程中测量的风轴坐标系下总升力减去升力均值，即可得到作用于模型上的涡激力，具体详见第 4 章。

图 5-3 给出了涡振振幅极值点风速时（U_* =2.02）涡激力时程，可知涡激力时程并非完全正弦曲线，幅值波动较大，这是由测压法的局限性所决定的。图 5-4 为涡激力幅值谱，由图可知，涡激力除了存在卓越频率 5.71 Hz 外，还存在二次谐波分量（11.42 Hz），反映了涡激力的非线性特征，文献[8]也发现了该现象。

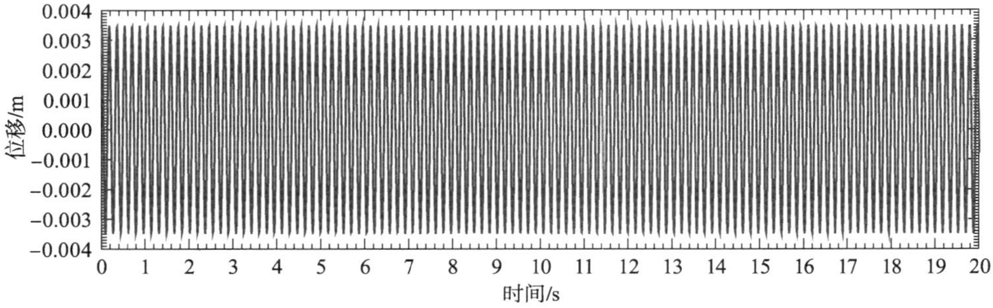

（a）振动位移

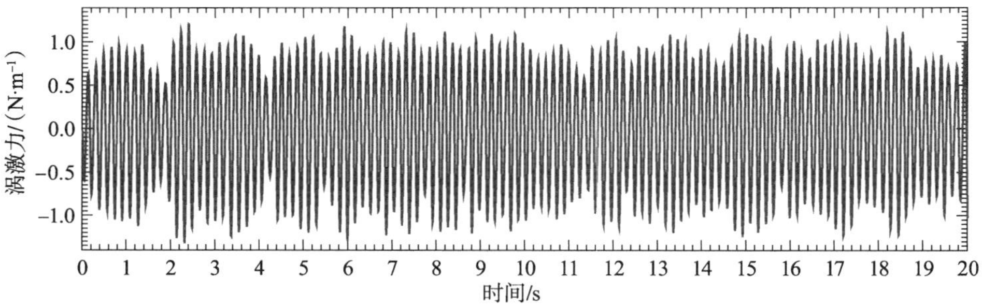

（b）涡激力时程

图 5-3　振动时程及同步涡激力时程（U_* =2.02）

为了揭示涡振过程中涡激力演化规律，基于上述方法得到涡激力时程，得到涡振过程不同阶段的涡激力幅值谱，如图 5-4 和图 5-5 所示。在涡振锁定区前后，涡激力频谱比较紊乱，无明显卓越频率。进入涡振锁定区后，涡激力受结构运动状态控制，结构所受涡激力的卓越频率与结构运动频率一致，与涡振前有明显不同，上升区涡激力还出现了明显的高次谐波成分，其中二次谐波与基波的比例高达 32.1%，三次谐波与基波比例为 5.0%。振幅极值点涡激力频谱分布特性与上升区类似，但卓越频率处涡激力幅值更大，二次谐波成分明显减小，与基波的比例为 6.0%；下降区涡激力频谱的分布与上升区及振幅极值点时基本一致，卓越频率处涡激力幅值已经大大减小，二次谐波与基波比例又回升至 19.7%。图 5-6 进一步给出了涡振过程卓越频率处涡激力幅值与归一化振幅关系。可知，涡振振幅与卓越频率处涡激力幅值呈正相关，均在振幅极值点处达到最大。

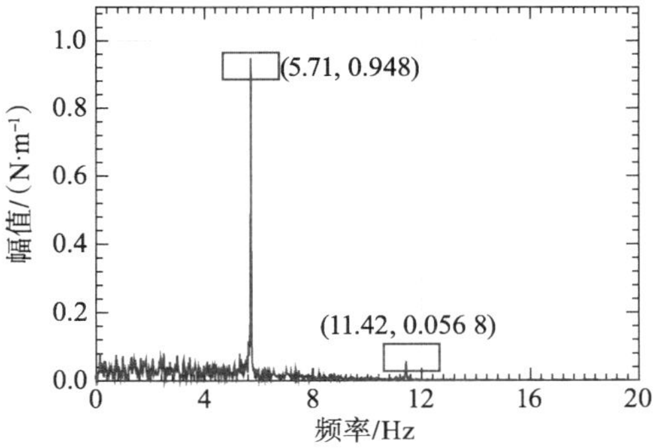

图 5-4　涡激力幅值谱(U_* =2.02)

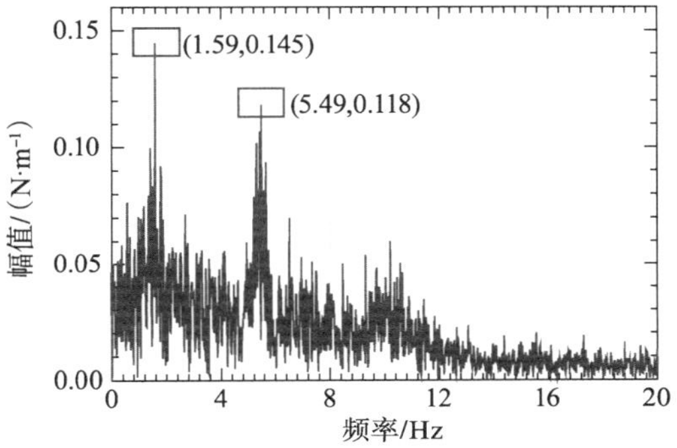

(a) 涡振前 (U_* =1.46)

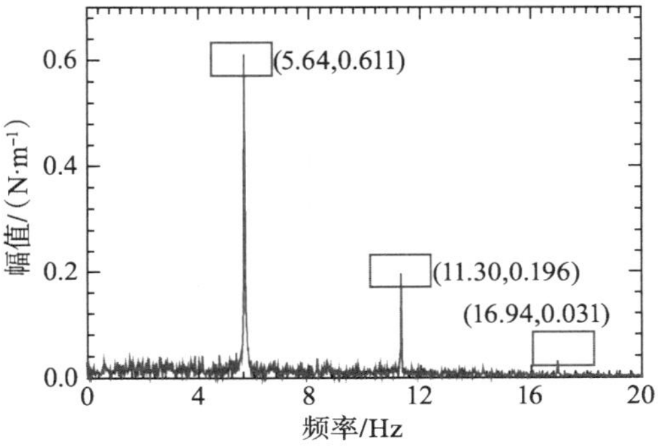

(b) 上升区 (U_* =1.76)

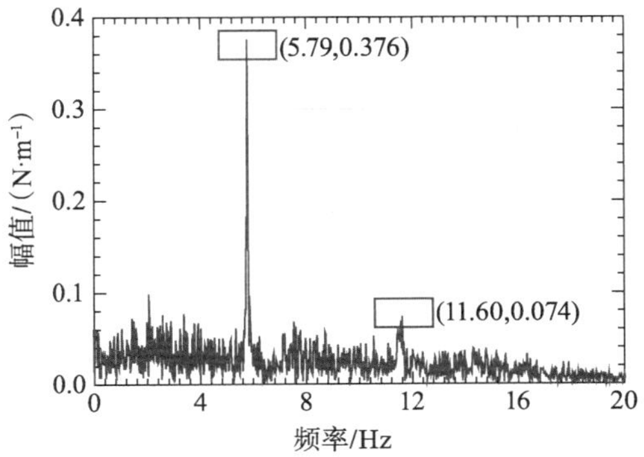

(c) 下降区 (U_* =2.08)

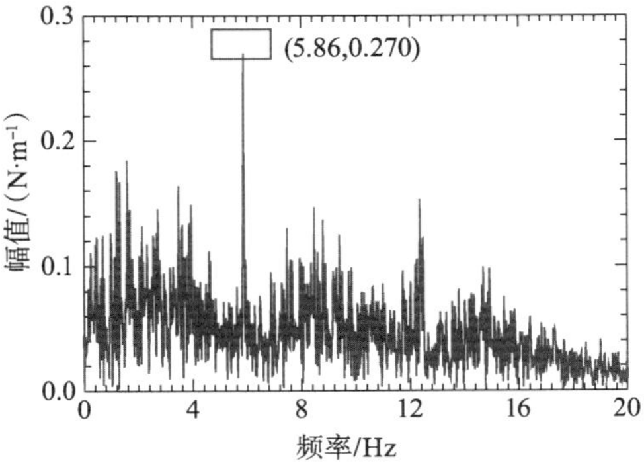

(d) 涡振后 (U_* =2.15)

图 5-5　涡振过程涡激力频谱

综上所述，涡激力幅值及涡激力高次谐波与基波幅值之比在涡振过程中存在显著的演变特性。涡振过程中，随着涡振振幅的演变，涡激力非线性特性也存在显著的演变特性，表现出显著的振幅依赖性，与颤振自激力类似[9-14]，也从侧面印证：随着振幅增大，涡激力中自激力成分逐渐占据主导地位。

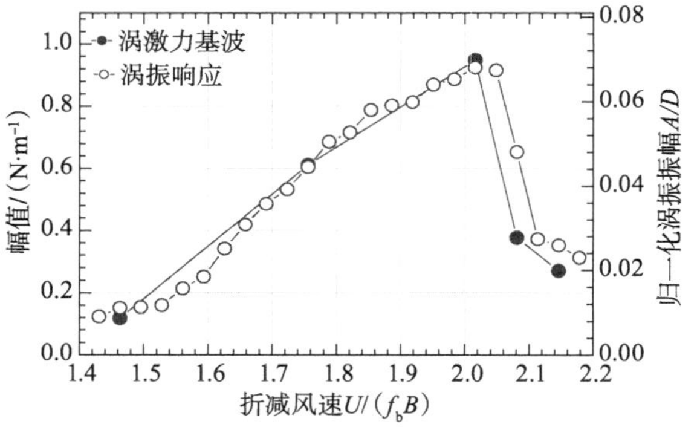

图 5-6 涡振过程卓越频率处涡激力幅值与振幅关系

5.4 分布气动力演变特性

根据节段模型表面压力信号，对比分析涡振前、锁定区上升区、振幅极值点、锁定区下降区以及涡振后等涡振不同时期箱梁表面分布气动力分布特征及演变特性，分析内容包括平均压力系数、压力系数根方差和各测点气动力频谱。

5.4.1 平均压力系数

平均压力系数表征气流在模型表面的总体分布特征，可用于初步判断气流在箱梁表面的分离与再附。图 5-7 给出了涡振过程平均压力系数空间分布演变特征。仅迎风侧风嘴上部及下部前端为正压区，其余均为负压区；上表面下游 18# 测点处和下表面下游 33# 测点处分别存在较大极值，表明气流在迎风侧前端分离后，在这些区域表面再附。涡振过程中，平均压力系数在箱梁表面空间的分布保持稳定。

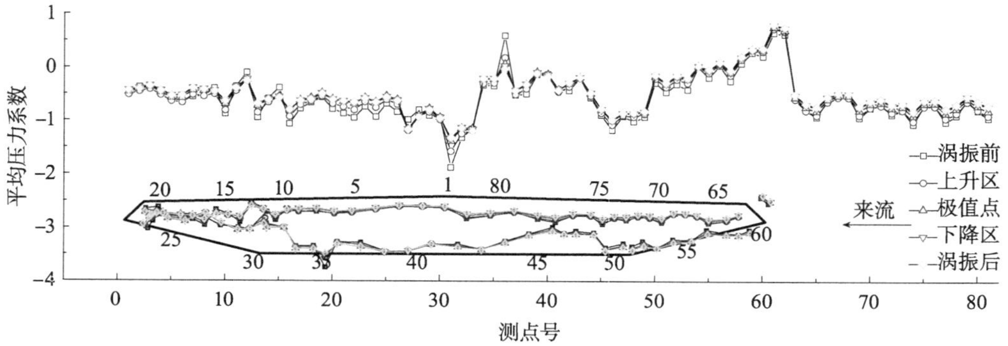

图 5-7 涡振过程平均压力系数

5.4.2 压力系数根方差

箱梁振动中，压力均值提供静力部分，而动荷载部分由压力脉动部分提供，表面压力系数根方差反映断面上压力脉动的强弱。图 5-8 给出了涡振过程箱梁表面压力系数根方差空间分布演变特征。涡振发生前，模型运动幅值很小，接近于静止，此时箱梁表面压力脉动分布均匀且压力系数根方差较小；进入涡振锁定区后，上表面下游、下表面下游与下游风嘴转角区域附近的压力系数根方差迅速增大，远大于涡振前；从极值点到涡振后，压力脉动迅速减弱；涡振后，箱梁表面的压力脉动基本处于分布均匀状态，接近涡振前的情况。整个涡振过程中，上表面下游、下表面下游与风嘴转角区域压力系数根方差演变特性最为明显。

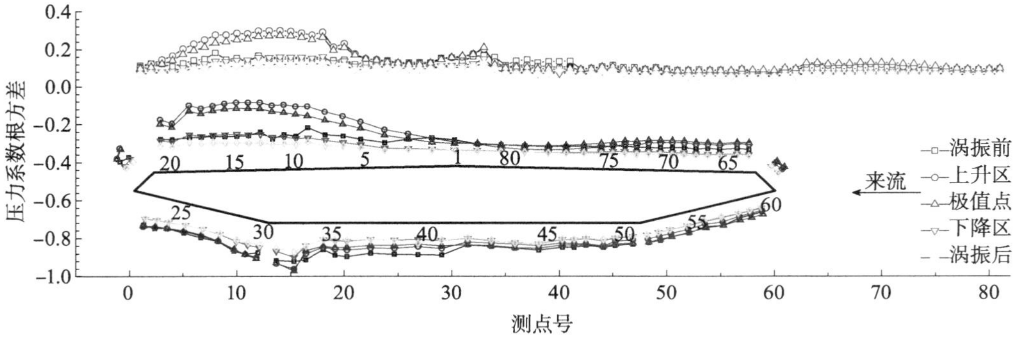

图 5-8　涡振过程压力系数根方差

为了进一步揭示涡振过程涡振幅值与气动力特性之间的同步演变关系，选取上表面 18# 测点、下表面 33# 测点分别作为上表面下游、下表面下游与下游风嘴转角区域典型测点进行分析。图 5-9 给出了涡振过程上述测点压力系数根方差与归一化振幅关系。涡振振幅与 33# 测点压力系数根方差呈正相关关系，均在振幅极值点风速时达到最大，18# 测点压力系数根方差也与振幅有同步变化关系，18# 测点和 33# 测点压力脉动与涡振振幅具有明显的相关性。

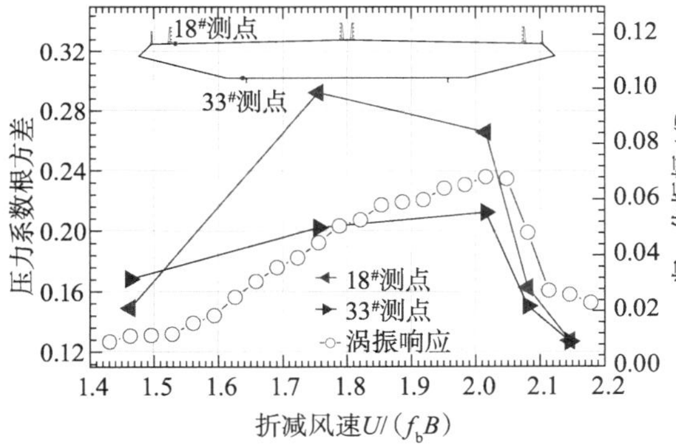

图 5-9　涡振过程压力系数根方差与涡振振幅同步演化关系

涡振过程中，箱梁表面压力系数根方差具有明显的变迁过程。涡振前和涡振后，模型表面的压力脉动分布相似，分布状态较均匀。而进入涡振锁定区后，由于模型振动造成的气流周期性分离与再附，导致上表面下游、下表面下游与下游风嘴转角区域的压力脉动明显，该压力脉动表现出明显的演化特性，这些区域的强烈压力脉动与涡振效应高度相关。

5.4.3　测点气动力频谱

测点压力频谱能反映压力脉动的频率特征。经过对模型表面各测点压力进行频谱分析，发现涡振锁定区前后结构表面压力没有比较统一的卓越频率。而在涡振锁定区，结构周围旋涡脱落被结构振动锁定，表面压力存在着与结构振动一致的卓越频率，如图 5-10 所示。

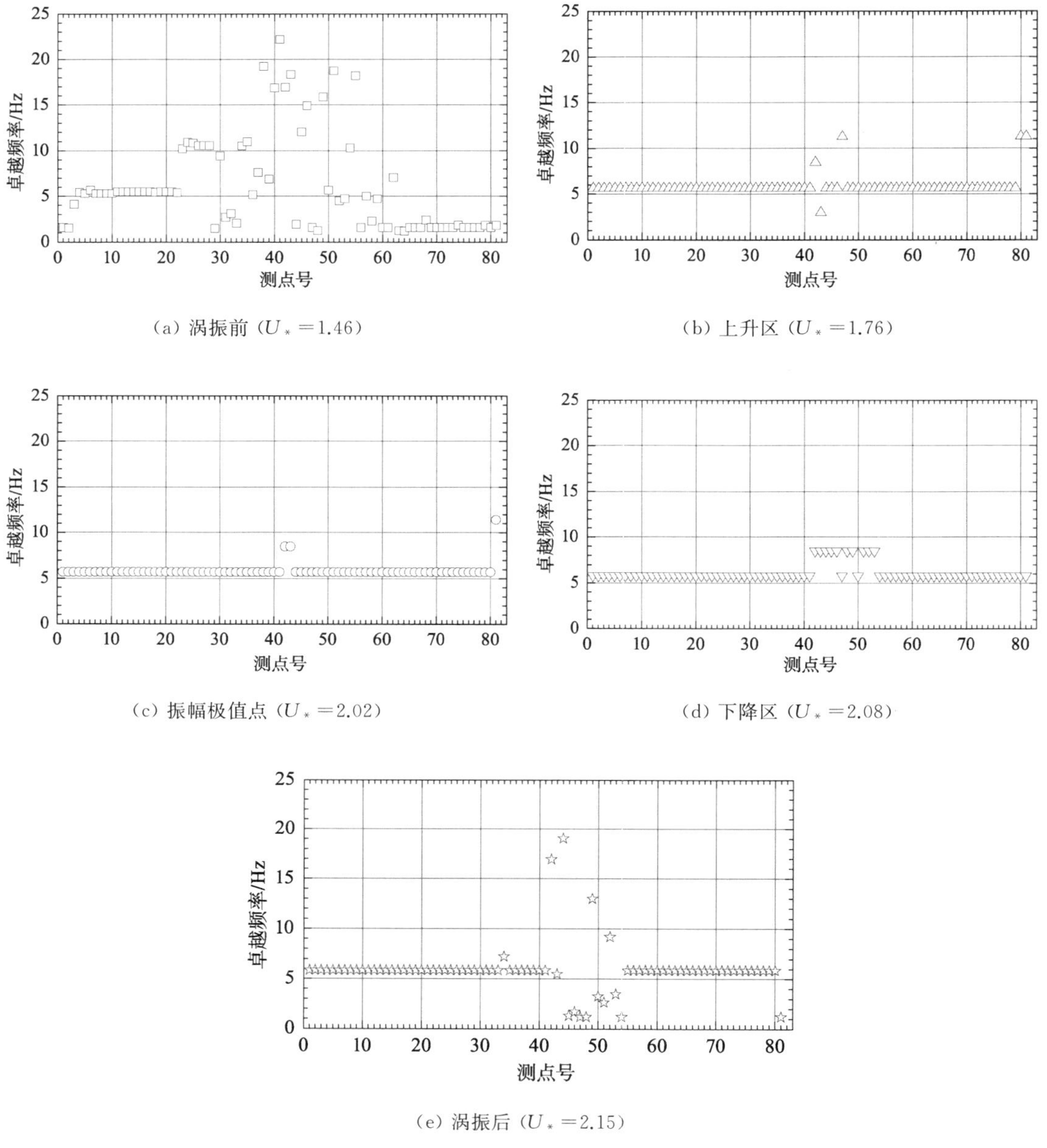

图 5-10　涡振过程卓越频率分布

图 5-11 给出了涡振过程各测点振动卓越频率处压力系数 C_{pi}^{d} 空间分布演变特征。涡振发生前后，各测点振动卓越频率处压力系数 C_{pi}^{d} 在运动卓越频率处的幅值很小且分布均匀；进入涡振锁定区后，箱梁绝大部分区域气动力系数幅值迅速增大；振幅极值点风速后，迅速衰减，并趋近于均匀分布。这表明涡振充分发展后，箱梁表面各点压力脉动主要是模型振动诱导产生的自激成分，而强迫力成分相对较小。

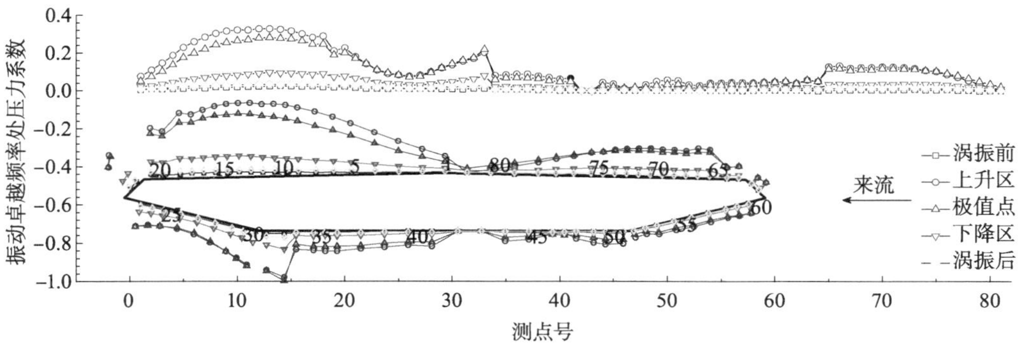

图 5-11　涡振过程测点振动卓越频率处压力系数

通过与图 5-8 对比可知，测点振动卓越频率处压力系数空间分布与压力系数根方差空间分布相近。为了进一步展现上述两种分布之间的内在联系，以涡振前（折减风速为 1.46）和振幅极值点（折减风速为 2.02）为例，图 5-12 和图 5-13 分别给出了涡振前和振幅极值点时各测点振动卓越频率处压力系数 C_{pi}^{d} 与压力系数根方差空间分布对比。可见涡振前卓越频率处压力系数 C_{pi}^{d} 幅值与压力系数根方差相差巨大，在振幅极值点时，在上表面下游和下表面与下游风嘴转角区域，二者趋势完全相吻，即这些测点区域的压力脉动几乎完全由模型振动诱导产生的自激成分贡献。

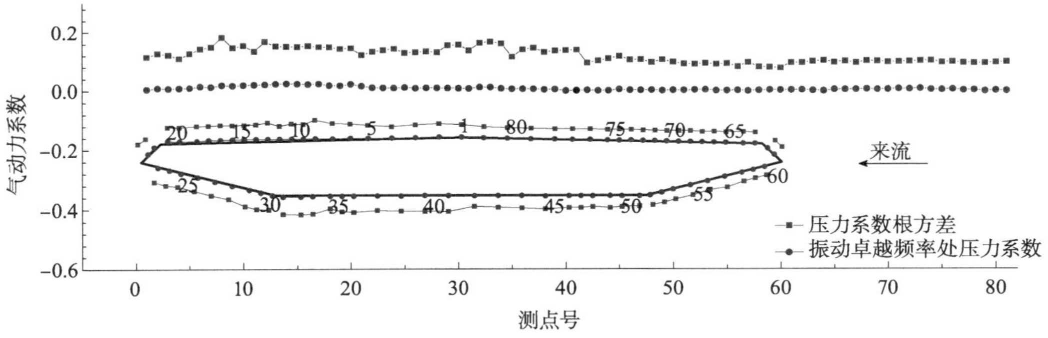

图 5-12　测点压力系数根方差与卓越频率处气动力系数对比（涡振前）

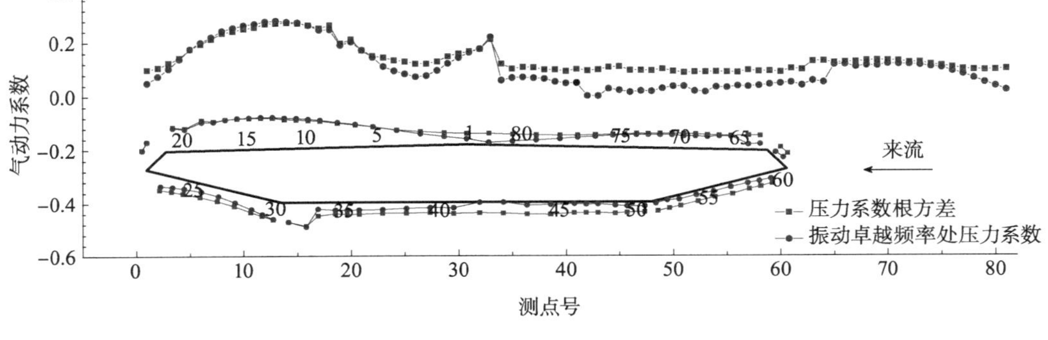

图 5-13　测点压力系数根方差与卓越频率处气动力系数对比（振幅极值点）

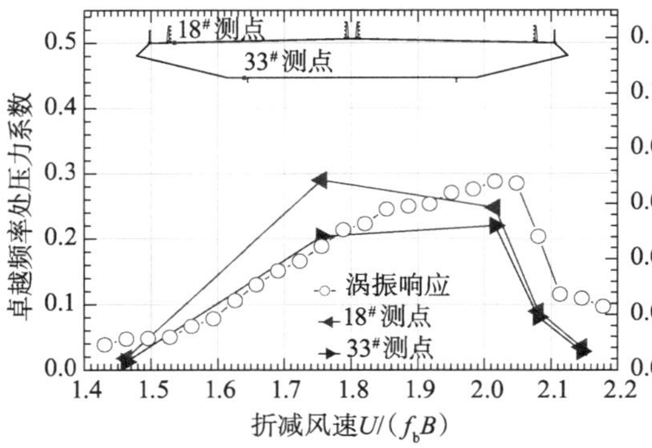

图 5-14　涡振过程卓越频率处压力系数与振幅同步演化关系

为了表征涡振过程涡振振幅与卓越频率处分布气动力之间的同步演变关系，以 18# 测点和 33# 测点分别作为上表面下游、下表面下游与下游风嘴转角区域典型测点。图 5-14 给出了涡振过程 18# 测点和 33# 测点振动卓越频率处压力系数 C_{pi}^{d} 与归一化振幅关系。涡振振幅与 33# 测点卓越频率处压力系数呈正相关关系，均在振幅极值点风速时达到最大，18# 测点卓越频率处压力系数也与振幅有同步变化关系。由模型周期性振动引起的 18# 测点和 33# 测点压力与涡振振幅高度相关。

在涡振锁定区内，结构周围旋涡脱落被结构振动锁定，箱梁表面气动力变化主要由卓越频率主导。其中，上表面下游、下表面下游与下游风嘴转角区域气动力脉动几乎完全由该卓越频率主导的气动力分量贡献，即这些区域的压力脉动主要是由旋涡脱落诱发的箱梁周期性运动引起的。综合第 5.4.1 节和第 5.4.2 节，可推断这些区域的强烈压力脉动是引起涡致振动的主要原因。

5.5　分布气动力与涡激力关系

5.5.1　测点气动力与涡激力相关性

图 5-15 给出了涡振过程中箱梁表面各测点气动力与涡激力相关系数。上下游风嘴尖角以下绝大部分区域所受的气动力和涡激气动力之间为负相关，而风嘴尖角以上区域所受的气动力和涡激气动力之间为正相关。由于箱梁上、下表面均为负压区，作用在上、下表面

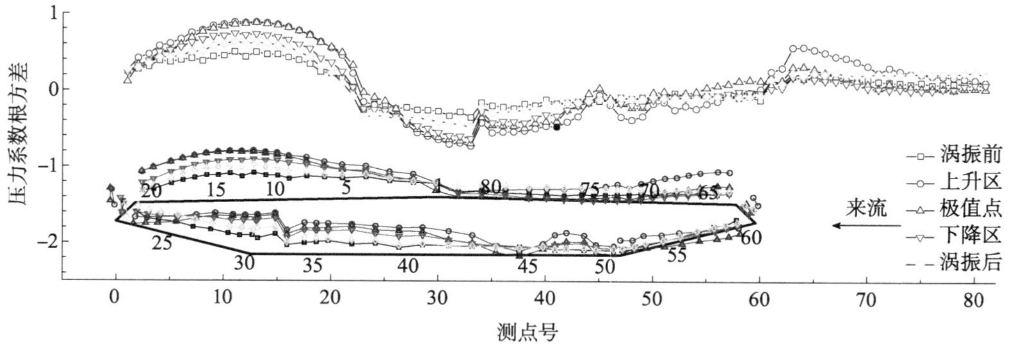

图 5-15　涡振过程测点压力与涡激力相关系数

的气动力必然方向相反，上、下表面所受气动力的负相关关系使上、下表面所受的气动力反相位异步达到最大，减小了上、下表面上气动力相互抵消的程度。从锁定区上升区到振幅极值点，上表面下游、下表面下游与下游风嘴转角区域测点相关系数 ρ_i 值在 0.8 以上，且比较稳定，随风速变化很小；振幅极值点后，即下降区及涡振后，上表面下游、下表面下游与下游风嘴转角区域测点相关性迅速减弱，相关系数最大值在 0.6 左右；而涡振前及涡振后的相关系数值普遍在 0.6 以下，但是分布比较均匀。

为了表征涡振振幅与相关系数之间的同步演变关系，以 18# 测点和 33# 测点分别作为上表面下游、下表面下游与下游风嘴转角区域典型测点。图 5-16 给出了涡振过程 18# 测点、33# 测点压力相关系数与归一化振幅关系。由图可见，涡振振幅与 18# 测点和 33# 测点压力相关系数呈正相关，均先随着折减风速的增大而增大，达到极值后减小；18# 测点和 33# 测点压力相关系数变化规律几乎完全吻合，方向相反。

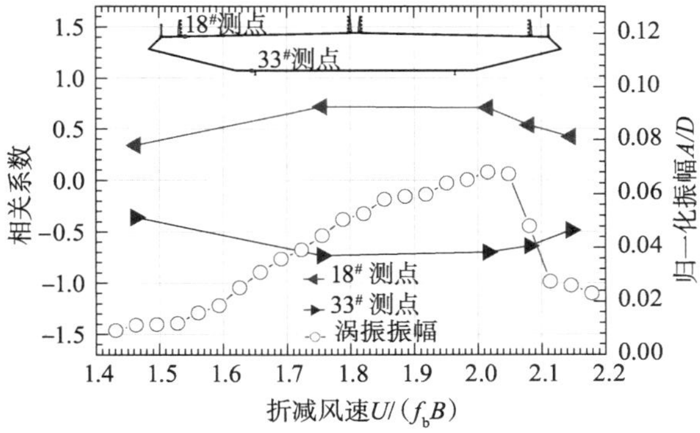

图 5-16　涡振过程相关系数与振幅关系

以上表明：在涡振过程中，各测点气动力与涡激力的相关性具有明显的演变过程。涡振前及涡振后的相关性较小且分布比较均匀。而进入锁定区后，各测点压力与涡激力相关性迅速增强，特别是箱梁上表面下游、下游风嘴与下表面的转角区域气动力与涡激力表现出显著演变特性。

5.5.2　分布气动力对涡激力的贡献

图 5-17 给出了涡振过程各测点区域分布气动力对涡激力贡献值的空间分布。上表面下游部分、迎风侧下部、背风侧上部、下表面下游部分等区域气动力对涡激力的贡献比较显著，特别是上表面下游部分及下游风嘴与下表面转角区域，在涡振不同时期对涡激力的贡献

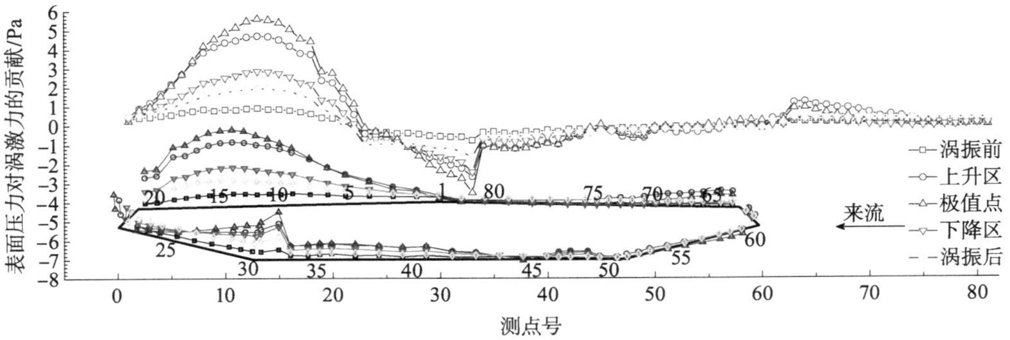

图 5-17　涡振过程测点区域分布气动力对涡激力的贡献

差异显著，涡振前后对涡激力的贡献有限，在涡振锁定区对涡激力的贡献与振幅呈正相关。其中，上表面下游部分气动力对涡激力起主要增强作用，下游风嘴与下表面转角区域气动力对涡激力起主要抑制作用。

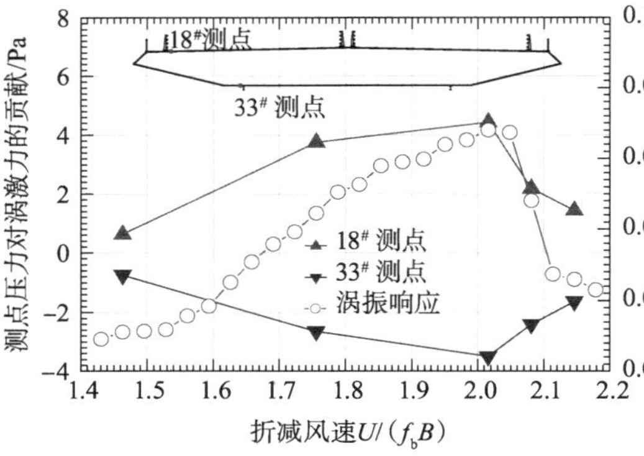

图 5-18　涡振过程测点区域分布气动力对涡激力的贡献与振幅关系

为了进一步揭示涡振过程涡振幅值与分布气动力对涡激力贡献值之间的同步演化关系，选取 18# 测点、33# 测点分别作为上表面下游、下表面下游与下游风嘴转角区域典型测点进行分析。图 5-18 给出了涡振演变过程 18# 测点、33# 测点区域分布气动力对涡激力的贡献与归一化振幅关系。涡振振幅与 18# 测点和 33# 测点区域分布气动力对涡激力的贡献值变化规律一致，均在极值点达到最大。

在涡振过程中，各测点区域分布气动力对涡激力的贡献具有明显的变迁过程。涡振前后对涡激力的贡献有限，而在涡振锁定区，上表面下游、下游风嘴与下表面转角区域分布气动力对涡激力起主要贡献，且这些区域分布气动力对涡激力的贡献与涡振振幅呈正相关关系，振幅极值点风速时，分布气动力对涡激力的贡献最大。因而，上表面下游、下游风嘴与下表面转角区域涡激力与涡振产生密切相关。

5.5.3　分布气动力与整体涡激力相位差

测点区域分布气动力与涡激力相位差反映了两组信号在不同频率分量上的相位差。基于测压管路系统修正，本试验补偿了分布气动力与整体涡激力之间测量试验相位误差及气动力幅值误差。此外，试验中与各测压点相连的压力管长度相同，消除了因压力管腔长度不同而引入的额外相位差，各测点的相位可保持同步。在此基础上，探讨分布气动力与整体涡激力相位差效应对于涡振效应的影响。

两个信号的相关性综合反映了频率和相位的特征。相位差为 0 时相关系数近似为 1.00，相位差为 90°时相关系数近似为 0.00，而相位差为 180°时相关系数近似为−1.00。图 5-19 给出了箱梁各测点区域分布气动力卓越频率处分量与涡激力的相位差。涡振发生前后，相位差较为紊乱，而进入锁定区后，区域分布气动力与涡激力相位差的分布保持一致，总体上相位差随风速变化产生整体偏移，表明断面运动与气动力(包含涡激力与区域分布气动力)之间的相位关系发生整体变化，但旋涡脱落模式是一致的。需要特别注意的是，上表面区域气动力与涡激力相位差近乎线性单调变化，表明上表面存在显著的旋涡漂移[14, 15]，这与第 4 章结论相一致。在振幅极值点风速时，上表面下游区域的相位差处于 0°左右，其与涡激力相关性很大，对涡激力的贡献大。而下表面下游与下游风嘴转角区域的相位差接近 180°，其与涡激力的相关性也很大(与涡激力相关性为负时对涡激力起抑制作用)，对涡激力抑制作用大。而上表面上游 63# ～80# 测点区域分布气动力与涡激力的相位差在 90°左右，尽管在此区域压力脉动绝对值较大，但对涡激力的贡献较小。

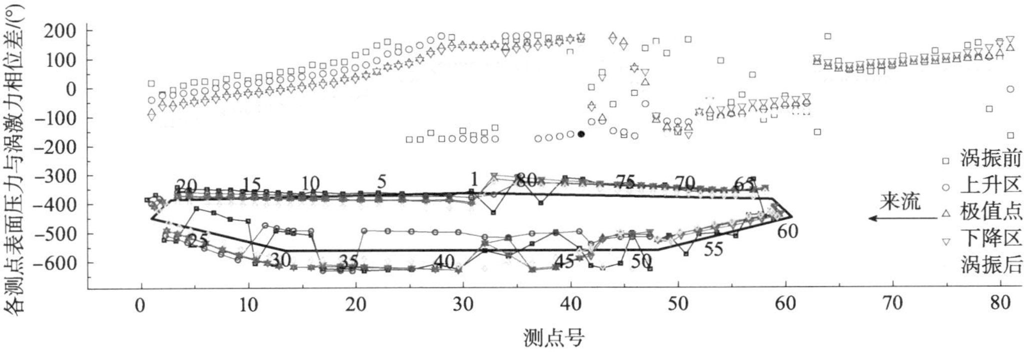

图 5-19　涡振过程测点区域分布气动力与涡激力相位差

综上所述，在涡振锁定区间，上表面存在显著的旋涡漂移，表现在上表面区域气动力与涡激力的相位差近乎线性单调变化。此外，整体相位差随风速变化产生整体偏移，表明断面运动与气动力(包含涡激力与区域分布气动力)之间的相位关系发生整体变化，这也是涡振“锁定”的内在机理，与第 4 章检修轨道导流板减小涡振振幅机制类似。

5.6　本章小结

本章针对在大跨度桥梁中经常使用的典型扁平箱梁主梁断面，进行了同步测力测振测压风洞试验。为了揭示典型流线型闭口箱梁断面涡振机理，采用同步测力测振和测压风洞试验方法，研究了涡振全过程(发生前、锁定区上升区、振幅极值点、锁定区下降区和涡振后)箱梁表面气动力演变特性，其包含三个方面：一是整体涡激力特性；二是区域分布气动力特性，包括平均压力系数、压力系数根方差和各测点气动力频谱；三是区域分布气动力与整体涡激力关系，包括分布气动力对整体涡激力的贡献及二者间的相位差。主要结论如下：

(1) 在涡振过程中，涡激力与涡振振幅同步演化，涡激力幅值等参数与涡振振幅呈正相关关系，在振幅极值点风速时达到最大。锁定区内，涡激力高次谐波成分显著变化。二次谐波成分在上升区最为明显，振幅极值点时最小。

(2) 在涡振过程中，箱梁表面分布气动力特性具有明显的变迁过程，集中体现在涡振锁定区内、外气动力特性具有显著差异。涡振发生前后，压力系数根方差较小、分布均匀且无统一卓越频率；涡振锁定区内，表面压力被结构振动锁定，压力脉动频率与结构频率一致。特别是上表面下游、下表面下游与下游风嘴转角区域的压力脉动明显，并几乎完全由模型周期性振动诱导产生的自激力成分贡献。

(3) 在涡振过程中，分布气动力与涡振振幅具有明显同步演化关系，压力系数根方差、振动卓越频率处压力系数等与涡振振幅高度相关。特别是上表面下游、下表面下游与下游风嘴转角附近区域气动力演变特性显著，是引起涡振的主要原因。

(4) 箱梁表面各测点区域分布气动力对涡激力的贡献大小同时取决于测点压力脉动值及其与涡激力的相关性。测点区域分布气动力对涡激力可能起正贡献作用，也可能会对涡激力产生抑制作用。涡振过程中，箱梁气动力特性具有明显的变迁过程，集中体现在涡振锁定区内外表面气动力特性具有显著差异。涡振发生前后，对涡激力的贡献有限；进入涡振锁定区后，上表面下游、下表面下游与下游风嘴转角区域气动力与涡激力呈高度相关性，贡献显著。其中，上表面下游部分气动力对涡激力起主要增强作用，下游风嘴与下表面转角区域气动力对涡激力起主要抑制作用。

(5) 在涡振锁定区间，上表面存在显著的旋涡漂移，表现在上表面区域气动力与涡激力的相位差近乎线性单调变化。整体相位差随风速变化产生整体偏移，表明断面运动与气动力(包含涡激力与区域分布气动力)之间的相位关系发生整体变化，这也是涡振“锁定”的内在机理，与第 4 章检修轨道导流板减小涡振振幅机制类似。

在涡振过程中，气动力特性与涡振响应同步演化，尤其是上表面下游、下表面下游与下游风嘴转角附近区域气动力演变特性显著，对涡激力起主要贡献，是引起涡振的主要原因。由于涡激振动对断面气动形状非常敏感，本章结论仅针对特定主梁断面，对于其他断面外形，有待进一步研究。

参考文献

[1] 胡传新，杨立坤，周志勇.动态测压与 POD 方法相结合对桥梁涡振的分析[J].力学季刊，2013，34(4)：591-598.

[2] LAIMA S J, LI H. Effects of gap width on flow motions around twin-box girders and vortex-induced vibrations[J]. Journal of Wind Engineering and Industrial Aerodynamics, 2015, 139:37-49.

[3] YUAN W Y, LAIMA S J, CHEN W L, et al. Investigation on the vortex-and-wake-induced vibration of a separated-box bridge girder[J]. Journal of Fluids and Structures, 2017, 70: 145-161.

[4] XU F Y, YING XY, LI Y L, et al. Experimental explorations of the torsional vortex-induced vibrations of a bridge deck[J]. Journal of Bridge Engineering, 2016, 21(12): 1-10.

[5] LI H, LAIMA S J, OU J, et al. Investigation of vortex-induced vibration of a suspension bridge with two separated steel box girders based on field measurements[J]. Engineering Structures, 2011, 33(6): 1894-1907.

[6] KURODA S. Numerical simulation of flow around a box girder of a long span suspension bridge[J]. Journal of Wind Engineering and Industrial Aerodynamics, 1997, 67-68(4): 239-252.

[7] 管青海，李加武，刘健新.典型箱梁断面双竖向涡振区的成因分析[J].长安大学学报(自然科学版)，2013，33(4)：40-46.

[8] 孟晓亮.大跨度钢箱梁桥竖向涡激共振非线性特性和机理研究[D].上海：同济大学，2013.

[9] 潘韬，赵林，曹曙阳，等.多风扇主动控制风洞类平板断面抖振力识别研究[J].振动与冲击，2010，29(6)：178-183.

[10] 王骑，廖海黎，李明水，等.桥梁断面非线性自激气动力经验模型[J].西南交通大学学报，2013，48(2)：

271-277.

[11] 陈政清,于向东.大跨度桥梁颤振自激力的强迫振动法研究[J].土木工程学报,2002,35(5):34-41.

[12] DIANA G, RESTA F, ROCCHI D. A new numerical approach to reproduce bridge aerodynamic non-linearities in time domain[J]. Journal of Wind Engineering and Industrial Aerodynamics, 2008, 96(10-11): 1871-1884.

[13] NODA M, UTSUNOMIYA H, NAGAO F, et al. Effects of oscillation amplitude on aerodynamic derivatives[J]. Journal of Wind Engineering and Industrial Aerodynamics, 2003, 91(1-2): 101-111.

[14] 胡传新.典型桥梁断面颤振迟滞效应和气动力演变机理[D].上海:同济大学,2020.

[15] KUBO Y, HIRATA K, MIKAWA K. Mechanism of aerodynamic vibrations of shallow bridge girder sections[J]. Journal of Wind Engineering and Industrial Aerodynamics, 1992, 42(1-3): 1297-1308.

第 6 章

中央开槽箱梁断面扭转涡振全过程气动力演化特性

中央开槽箱梁因其优越的颤振性能而在大跨度桥梁建设中得到应用，然而存在较严重的涡致振动问题。本章以典型大跨度桥梁中央开槽箱梁断面为对象，进行弹簧悬挂节段模型风洞测压、测振试验。对比研究了扭转涡振锁定风速全过程起振点、上升区中点、振幅极值点、下降区中点及涡振结束点等涡振过程箱梁表面气动力演化特性，并与第 5 章流线型闭口箱梁断面进行了对比。

6.1 概述

随着跨度的增加，桥梁结构对风的作用更加敏感。为了提高大跨度桥梁的颤振稳定性，中央开槽箱梁近年来得到了许多应用[1-3]。经过系列实际桥梁工程的试验对比与实测检验发现，与闭口箱梁相比，中央开槽箱梁的涡振性能仍存在深入提升气动稳定性的优化空间[4,5]。

目前的中央开槽箱梁涡振研究在一定程度上忽视了涡振过程中箱梁表面周围流场和气动力演化特性及气动力的局部效应。涡振过程不同阶段结构表面的旋涡演化会引起气动力特性的变化，最终反映到涡振响应的演化，因此从涡振过程表面气动力演化特性的角度去揭示中央开槽箱梁的涡振机理十分重要。本章基于测压、测振风洞试验，针对中央开槽箱梁研究了涡振起振点、上升区中点、振幅极值点、下降区中点和涡振结束点等涡振过程中不同阶段箱梁表面气动力的演化特性，并与常用闭口箱梁涡致振动特性进行综合比较。

6.2 风洞试验与涡振响应

6.2.1 试验概况

本试验研究对象为中央开槽箱梁断面，几何缩尺比采用 1∶70，模型长度 L 为 2 000 mm，宽度 B 为 514.6 mm，高度 H 为 46.9 mm，开槽率为 16.7%。试验模型由铝制框架提供整体刚度，行车道防撞栏杆采用 ABS 板雕刻，采用多种规格金属铜管型材制作检修道栏杆，外衣采用轻质航空木板。在模型中部无横梁断面布置测压孔，压力梯度变化剧烈位置适当加密，测点间距为 8～15 mm，共计 84 个测点。测压管内径为 1.1 mm，测压管长度为 1 400 mm，测压孔布置及主梁断面尺寸如图 6-1 所示。

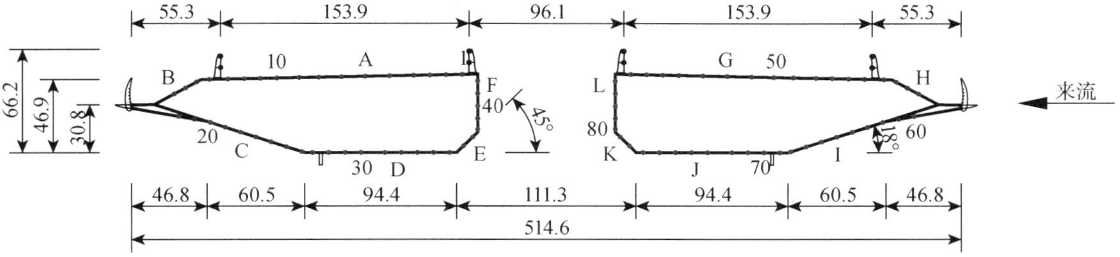

图 6-1　主梁断面尺寸及测压点布置（单位：mm）

节段模型安装在内置于风洞的端墙系统上，保证模型端部与端墙内壁之间的间隙足够小且在试验中不会发生接触，以避免三维绕流效应。节段模型两端与吊臂相连，吊臂通过上、下各 4 根弹簧与端墙连接，形成弹簧悬挂系统，同时在两根吊臂两侧对称布置一个激光位移传感器。节段模型的主要参数如表 6-1 所示。

表 6-1　主梁节段模型主要参数

参数	竖弯	扭转
频率/Hz	3.3	7.7
阻尼比/%	0.76	0.26
总质量/kg	11.20	
总质量惯矩/(kg・m^2)	0.41	
几何缩尺比	1∶70	
风速比	1∶2	
频率比	35∶1	

位移测量采用日本 Panasonic 公司 HL-C235CE-W 型激光位移传感器，测量范围(350±200)mm，分辨率 8 μm，线性度误差在±0.08%以内。表面压力测试使用美国 PSI 公司生产的精度为±0.05%、测量分辨率为±0.003%的 DTC Initium 电子压力扫描器。位移信号和压力信号的采样频率为 256 Hz，采样时间为 60 s。

试验在同济大学 TJ-2 号大气边界层风洞中进行，该风洞是一个水平布置的闭口回流式边界层风洞，试验段长 15 m、宽 3.0 m、高 2.5 m，试验风速范围为 1.0～68 m/s 连续可调，湍流度 $I_u \leqslant 0.5\%$，风速均匀性指标 $\delta U/U < 1\%$，气流竖向和水平偏角均小于 0.5°，在没有风场处理措施时接近均匀流，节段模型风洞试验概况如图 6-2 所示。

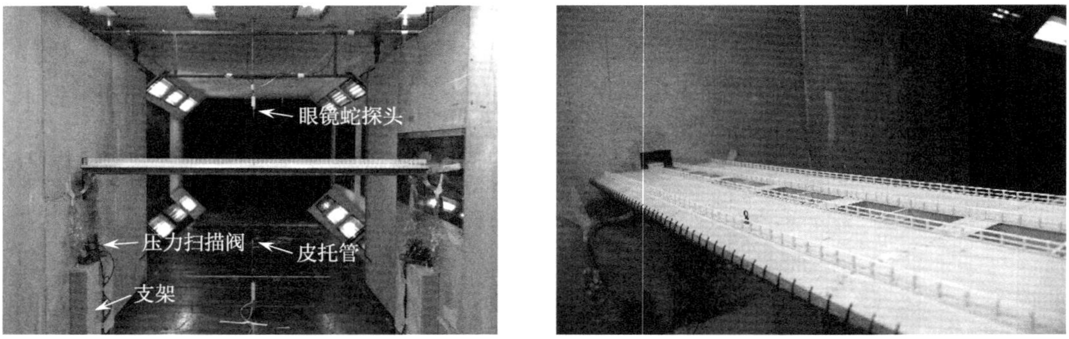

（a）节段模型和端墙　　（b）节段模型细节

图 6-2　节段模型风洞试验概况

较长的测压管路会降低管路系统的固有频率，使压力信号中的高频成分发生显著衰减。图 6-3 为 1 400 mm 长测压管的频响函数，可知低频处试验采用的测压管路系统对系统频响特性影响较小。

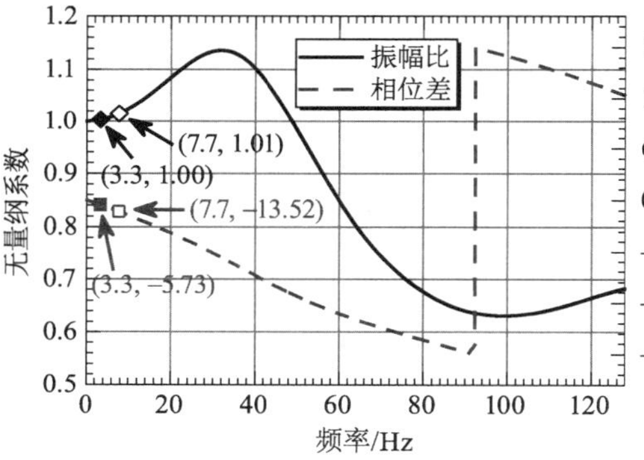

图 6-3　测压管路修正频响函数

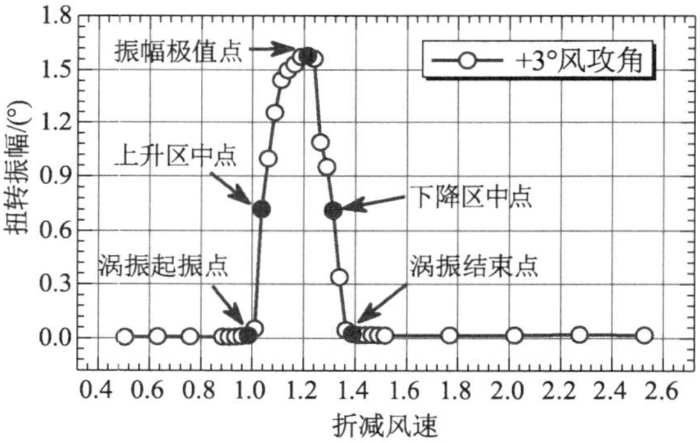

图 6-4　节段模型扭转涡振响应

6.2.2　涡振响应

试验来流风速为 2.0～10.0 m/s，在均匀流场下，中央开槽箱梁断面在＋3°、0°、－3°攻角下均出现扭转涡振现象，在＋3°攻角下主梁断面涡振响应如图 6-4 所示。图中，横坐标表示折减风速 $U_* = U/(f_t B)$，其中 U 为来流风速，f_t 为扭转频率，B 为节段模型宽度。涡振锁定折减风速区间为 0.99～1.39，扭转最大振幅为 1.58°。对应涡振起振点、上升区中点、振幅极值点、下降区中点和涡振结束点等涡振过程中不同阶段的典型风速，相应折减风速为 0.99，1.04，1.21，1.31 和 1.39，并分别对上述典型风速下箱梁表面气动力进行分析，探究涡振过程箱梁表面气动力演化特性。以下如无特别说明，均以上述风速点代替涡振的不同阶段。

6.3 分布气动力演变特性

箱梁表面压力分布能够反映空气在断面周围的绕流情况，根据节段模型表面压力信号，对比分析涡振起振点、上升区中点、振幅极值点、下降区中点及涡振结束点等涡振过程中不同阶段箱梁表面压力系数均值、压力系数根方差，从而得到中央开槽箱梁分布气动力演化特性。

测点风压系数定义为测点风压与来流动压之比，即

$$C_{pi}(t)=\frac{p_i(t)}{\frac{1}{2}\rho U_r^2} \tag{6-1}$$

式中，$C_{pi}(t)$ 为 i 测点风压系数时程；$p_i(t)$ 为 i 测点风压时程，压力为正，吸力为负；ρ 为空气密度；U_r 为来流在参考高度处的平均风速，对于均匀流场，即来流平均风速。

6.3.1 平均压力系数

箱梁表面平均压力系数的分布状况表征气流在模型表面的总体分布特征，能够判断气流在箱梁断面上的分离和再附情况。中央开槽箱梁涡振过程平均压力系数的空间分布演化特征如图 6-5 所示，正负压力值以标识在模型内侧为正压、外侧为负压。为方便显示，图中未展示模型附属结构，下文中类似图示也做相同处理。可以看出仅 I 区为正压区，其余测点均为负压区，平均压力在迎风侧检修车轨道附近方向突变，出现很大的吸力，说明气流在此处分离，而下游箱梁 A 区和 B 区平均压力系数一直保持稳定的负压，表明气流在整个绕流过程中没有在下游箱梁上表面发生明显的再附现象。另外，在整个涡振过程中，箱梁表面平均压力系数的空间分布保持稳定。

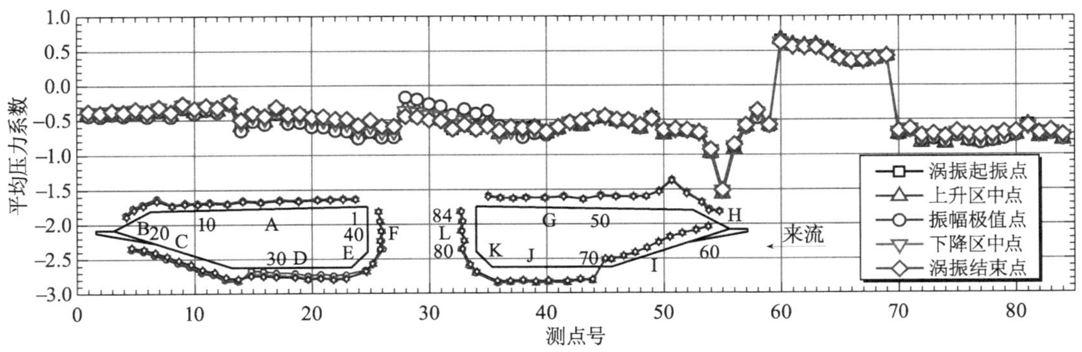

图 6-5 涡振过程平均压力系数

6.3.2 压力系数根方差

箱梁表面压力系数根方差能够反映断面上压力脉动强弱，压力系数根方差又称为脉动

压力系数，图 6-6 给出了涡振过程箱梁表面脉动压力系数空间分布演化特征，脉动压力系数标识在模型外侧。涡振刚发生时，模型运动幅值较小，此时箱梁表面压力脉动分布均匀且脉动压力系数较小；进入涡振锁定区后，A 区 10# ～13# 测点、D 区 28# ～35# 测点、E 区 36# ～38# 测点、H 区 57# ～59# 测点脉动压力系数迅速增大；而涡振结束后，压力脉动又迅速减弱，基本处于均匀分布状态，类似于涡振起振时的情况。整个涡振过程中，D 区 28# ～35# 测点、E 区 36# ～38# 测点脉动压力系数演化特性最为明显，这是由于气流与模型振动之间产生强烈的耦合作用，上游脱落的旋涡在开槽处与下游箱梁发生撞击，从而造成这些测点附近压力系数脉动较大，然而 Hu 等[19, 20]的研究表明，仅凭压力脉动大小并不能判断出涡振的主导区域。

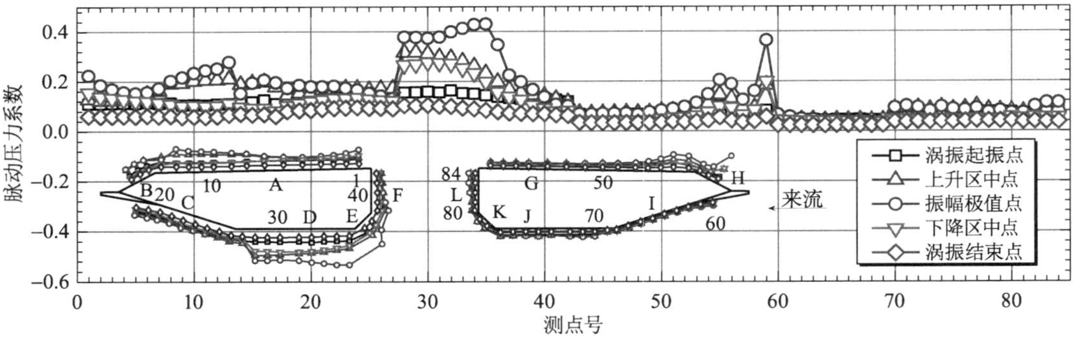

图 6-6　涡振过程脉动压力系数

6.4　涡激力演变特性

6.4.1　涡激力幅频特性

中央开槽箱梁表面各测点所受气动力是指各测点压力与其所占权重面积的乘积，将模型振动过程中测量的箱梁表面各点升力矩进行积分并减去均值，换算到风轴整体坐标系下，即可得到作用在模型上的涡激力，经无量纲化后可表示为

$$C_M(t)=\frac{M(t)}{\frac{1}{2}\rho U_e^2 B^2} \tag{6-2}$$

$$M(t)\approx\sum_{i=1}^{n}p_i(t)\delta_i\sin\theta_i(x_i-x_c)+\sum_{i=1}^{n}p_i(t)\delta_i\cos\theta_i(y_i-y_c) \tag{6-3}$$

式中，$C_M(t)$ 为无量纲升力矩；$M(t)$ 为每延米涡激力；U_e 为振幅极值点处风速；n 为测点总数；δ_i 为测点每延米所占权重面积；θ_i 为 i 测点压力与水平轴之间的夹角，按顺时针方向在 $0\sim 2\pi$ 之间变化；x_i 和 y_i 为测压点坐标；x_c 和 y_c 为扭转中心坐标。

图 6-7 给出了振幅极值点风速下的涡激力时程，可知涡激力并非单频的正弦曲线，且幅值有一定的波动。涡激力时程多频且幅值变化的现象可从图 6-8 涡激力幅值谱中进一步探

讨。从图中可知，涡激力除存在卓越频率 7.7 Hz 外，还存在频率为 15.4 Hz 的二次谐波分量，倍频现象的出现反映出涡激力的非线性特性。

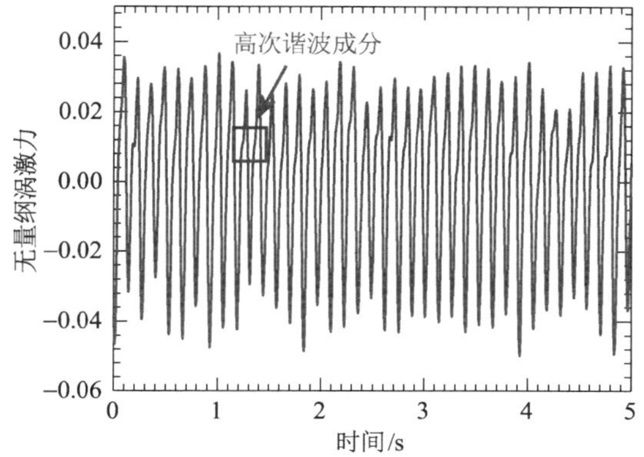

图 6-7　振幅极值点涡激力时程(U_* =1.21)

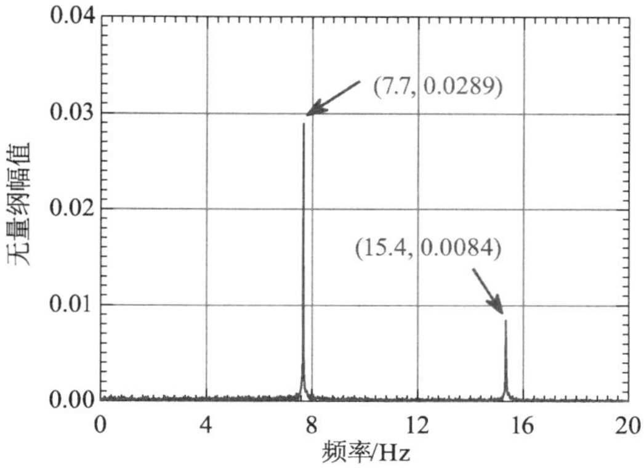

图 6-8　振幅极值点涡激力幅值谱(U_* =1.21)

为得到涡激力在整个涡振过程中的幅频演化特性，不同阶段涡激力幅值谱如图 6-9 所示。由图可知，在涡振起振点处，幅值谱比较紊乱，无明显卓越频率，表现出宽频特性。在涡

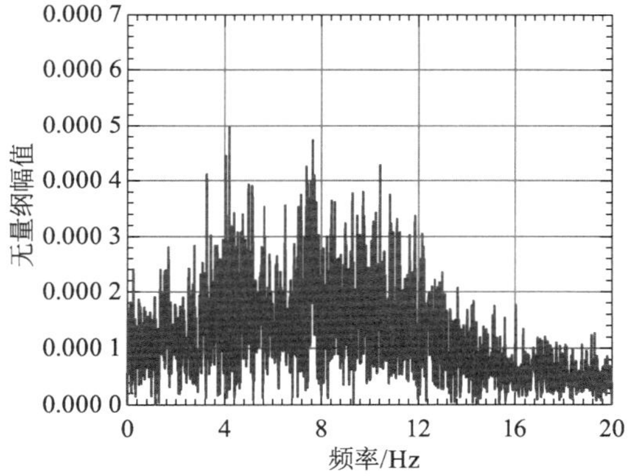

(a) 涡振起振点(U_* =0.99)

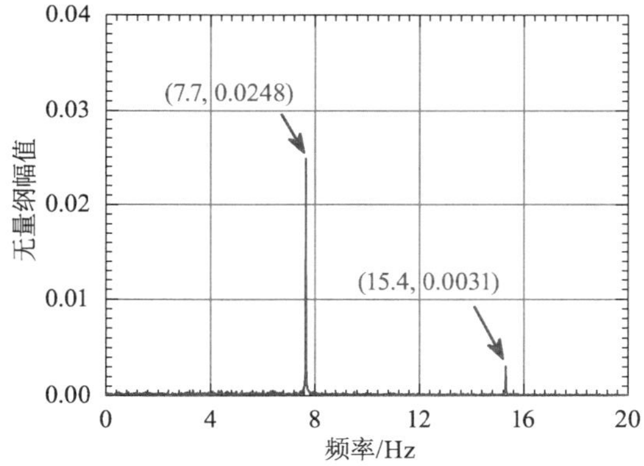

(b) 上升区中点(U_* =1.04)

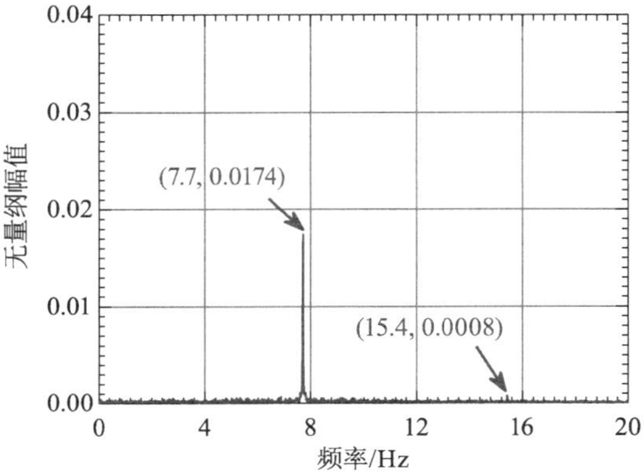

(c) 下降区中点(U_* =1.31)

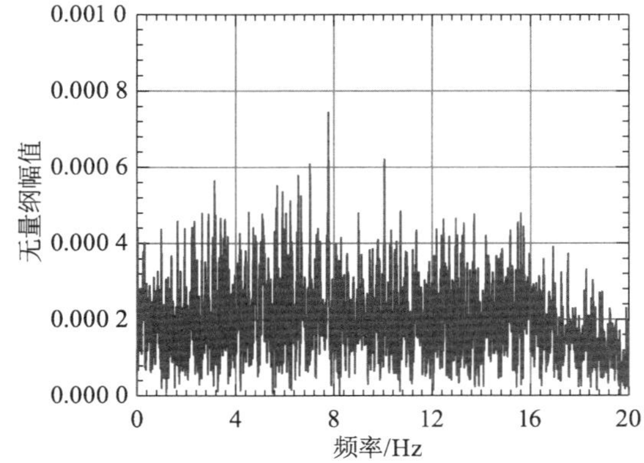

(d) 涡振结束点(U_* =1.39)

图 6-9　涡振过程不同阶段涡激力幅值谱

振锁定区间内，涡激力受结构运动状态控制，涡激力卓越频率与结构运动频率一致，但是锁定区间内的涡激力出现明显的高次谐波成分。在上升区中点，二阶谐波与一阶谐波的比例为 12.5%；振幅极值点涡激力幅值谱分布特性与上升区类似，但卓越频率处涡激力幅值和二次谐波成分都明显增大，其中二阶谐波与一阶谐波的比例为 29.1%；在下降区中点，涡激力幅值谱卓越频率处涡激力幅值和二次谐波成分与振幅极值点相比都明显减小，尤其是二阶谐波与一阶谐波的比例更是降至 4.6%，涡激力非线性程度减弱。在涡振结束点处，涡激力幅值谱仍表现出宽频特性。

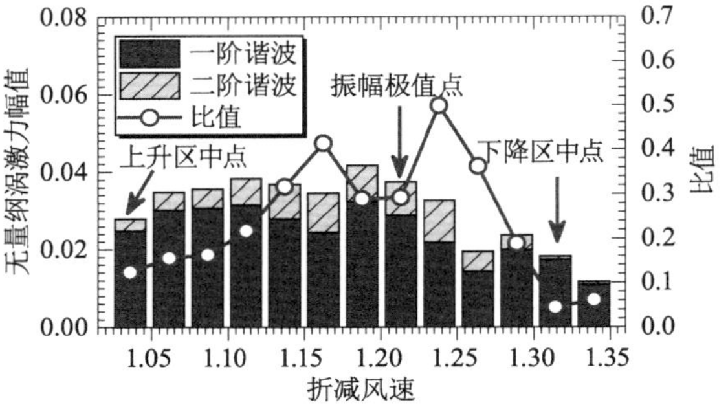

图 6-10　锁定区内前两阶功率谱幅值比

在中央开槽箱梁整个涡振过程中，涡激力在折减风速 1.04～1.34 范围内出现倍频效应，图 6-10 给出了涡振锁定区内涡激力一、二阶谐波幅值及其比值随折减风速的变化关系。由图可以看出，二阶谐波幅值与一阶谐波幅值的比值随折减风速增加呈 M 形分布，在振幅极值点附近比值出现明显下降，说明涡激力的非线性程度并不随涡振振幅的增大而持续增大，二者之间无明显的线性关系。

6.4.2 分布气动力功率谱

分布气动力功率谱能够反映其频率特性。图 6-11 给出了涡振过程不同阶段箱梁表面分布气动力功率谱的卓越频率。在涡振起振点及结束点处，卓越频率很分散，没有固定值，说明各测点压力脉动相关性较差，各点压力脉动不同步，旋涡没有固定的脱落频率，但这两阶段均有部分测点的卓越频率接近结构扭转固有频率。在涡振锁定区间内，分布气动力卓越频率几乎均为 7.7 Hz，与结构扭转自振频率相同，各测点具有相同的压力脉动周期，旋涡具有相同的产生及脱落频率，从而导致了涡振的发生。注意到，箱梁在振幅极值点时，下游

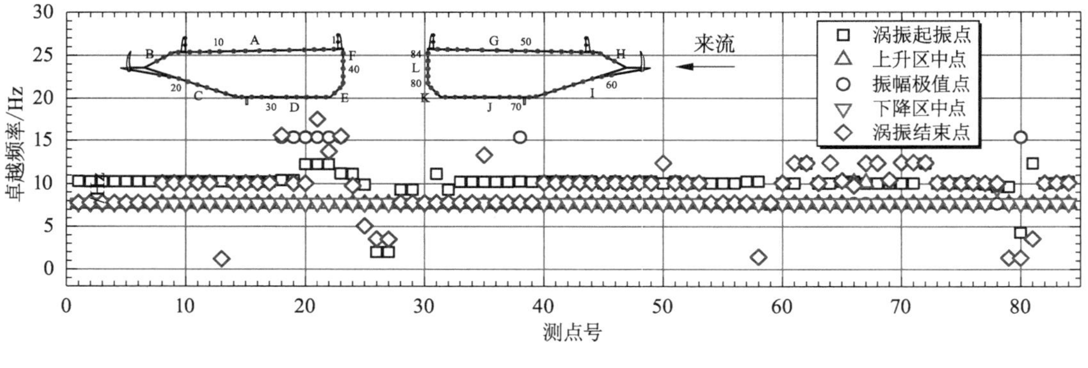

图 6-11　分布气动力功率谱卓越频率

箱梁 C 区 18# ～22# 测点区域的卓越频率为 15.4 Hz，是结构扭转自振频率的 2 倍，这是由于上游脱落的旋涡与下游箱梁检修车轨道后方的旋涡在此处发生交汇，从而造成此处卓越频率出现倍频效应，这也是涡振锁定区间内涡激力出现高次谐波的原因之一。

6.5　分布气动力与整体涡激力关系

6.5.1　分布气动力与涡激力相关系数

相关系数的取值范围为 −1 ～ 1。$\rho_i=-1$，分布气动力与涡激力呈反相相关；$\rho_i=0$，分布气动力与涡激力不相关；$\rho_i=1$，分布气动力与涡激力呈同相相关。涡振过程不同阶段箱梁分布气动力与涡激力的相关系数如图 6-12 所示，其值以标识在模型外侧为正、内侧为负。

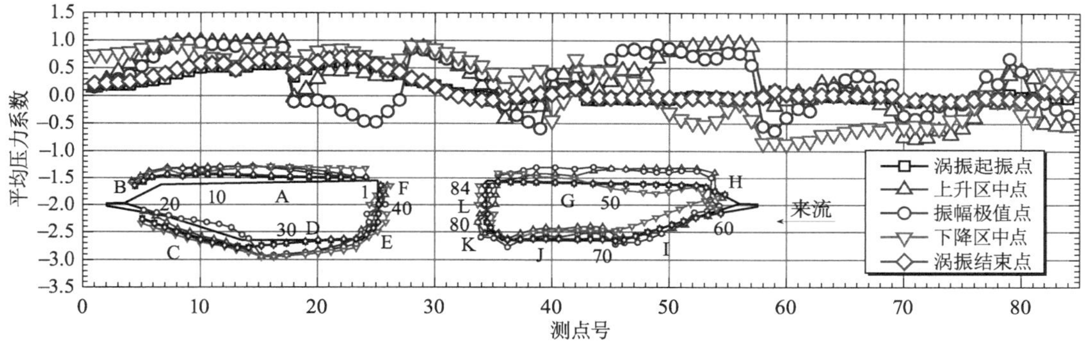

图 6-12　涡振过程分布气动力与涡激力的相关系数

在整个涡振过程中，A 区、B 区、D 区分布气动力与涡激力均为同相相关，H 区、J 区表面几乎全为反相相关，其余区域在涡振过程不同阶段相关性出现方向变化。下游箱梁上表面 A 区和下表面 D 区相关系数均为正值，表明上、下表面气动升力矩脉动方向一致，使得涡振振幅进一步加大。在整个涡振过程中，箱梁中央开槽处 F 区和 L 区分布气动力与涡激力的相关性总是相反，且都在槽深一半处(F 区 39# ～40# 测点，L 区 81# ～82# 测点)发生方向的转变，说明气流在箱梁扭转过程中从槽内穿过，增大了槽内对角点之间的相关性。涡振起振点与结束点箱梁各个区域分布气动力与涡激力之间的相关系数均在 0 附近，分布气动力对涡激力几乎没有贡献，涡振振幅较小。进入涡振锁定区后 A 区下游、B 区、D 区下游、G 区等区域的相关系数迅速增大(正)，H 区 58# 测点和 59# 测点的相关系数迅速减小(负)，表明这些区域测点气动力在整个涡振过程中演化特性明显，有可能是引起涡振发生的主要区域，下文将通过分布气动力对涡激力的贡献对这些区域进行甄别，从而找出影响中央开槽箱梁涡振的原因。

6.5.2　分布气动力对涡激力的贡献

分布气动力对涡激力的贡献同时取决于测点压力脉动大小和分布气动力与涡激力的相

关性，故箱梁表面分布气动力对涡激力的贡献值可表达为

$$C_{\text{aero-}i}=\frac{\sigma_i b_i \rho_i}{\frac{1}{2}\rho U_c^2 B} \tag{6-5}$$

式中，$C_{\text{aero-}i}$ 为无量纲化后的贡献值；σ_i 为 i 测点压力根方差；对于扭转涡振 $b_i=|\sin\theta_i(x_i-x_c)+\cos\theta_i(y_i-y_c)|$，对于竖向涡振 $b_i=B$；ρ_i 为 i 测点分布气动力与涡激力的相关系数。$C_{\text{aero-}i}$ 为正时，i 测点分布气动力对涡激力起增强作用；$C_{\text{aero-}i}$ 为负时，i 测点分布气动力对涡激力起抑制作用。

图 6-13 给出了涡振过程不同阶段箱梁表面分布气动力对涡激力贡献值的空间分布，正负贡献值以标识在模型外侧为正、内侧为负。A 区下游、B 区、D 区下游、G 区上游区域气动力对涡激力主要起增强作用，而 H 区前端区域气动力对涡激力主要起抑制作用。因而，这些区域的分布气动力与涡振产生密切相关。通过对比图 6-6 和图 6-12，发现上述区域分布气动力脉动明显，分布气动力与涡激力相关性较强（A 区与 B 区 8# ～17# 测点、D 区 28# ～30# 测点、G 区 55# ～56# 测点相关系数均大于 0.8，H 区 59# 测点相关系数小于 −0.8）。在涡振过程中，D 区上游、E 区斜腹板附近压力脉动十分剧烈，但该区域分布气动力对涡激力的贡献却十分有限，该区域测点与扭转中心的间距较小及分布气动力与涡激力的相关性较差（D 区与 E 区 33# ～38# 测点相关系数绝对值小于 0.5）是主要原因。同理，尽管 G 区下游区域 46# ～54# 测点处分布气动力与涡激力相关性较强，但气动力压力脉动较小，最终使得贡献值较小。注意到，虽然开槽处分布气动力对涡激力的贡献值接近于 0，但开槽使得上、下表面空气连通，从而增加了下游箱梁上、下表面气动力的相关性。中央开槽箱梁在整个涡振过程中，分布气动力对涡激力的贡献具有明显的演化特性。在涡振起振点与结束点，压力脉动较弱，分布气动力与涡激力相关性较差，整个箱梁表面对涡激力的贡献较小，贡献值几乎都在 0 附近；在涡振锁定区间内，分布气动力对涡激力的贡献与涡振振幅有明显的相关性。

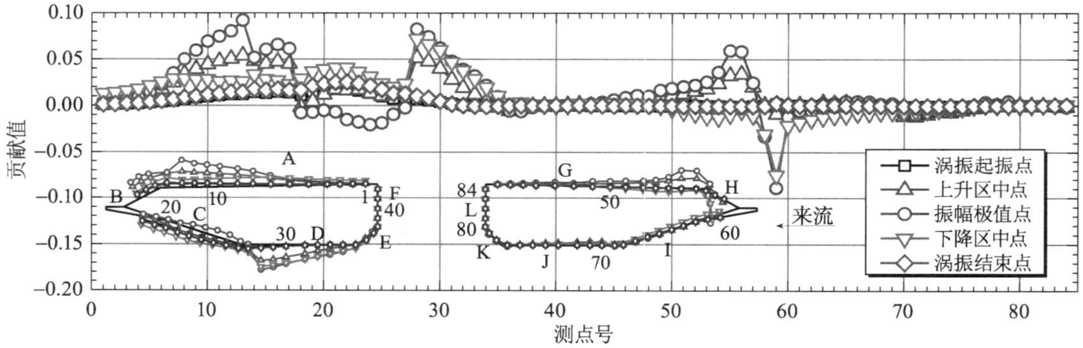

图 6-13　涡振过程贡献值分布特性

中央开槽箱梁与流线型闭口箱梁涡振过程分布气动力对涡激力的贡献有显著差异，参考 Hu[19]提出的流线型闭口箱梁分布气动力对涡激力的贡献值，如图 6-14 所示，正负贡献

值以标识在模型外侧为正、内侧为负。闭口箱梁在涡振前后分布气动力对涡激力的贡献较小，这与开槽箱梁在涡振起振点和涡振结束点的结果类似。进入涡振锁定区后，两种断面部分测点对涡激力的贡献明显增大。闭口箱梁 A 区下游分布气动力对涡激力起增强作用，而 C 区与 D 区转角处分布气动力对涡激力起抑制作用，说明上、下表面气动力反相相关，增大了上、下表面气动力相互抵消的程度，使得整体涡激力减小；开槽箱梁下游箱梁上、下表面分布气动力对涡激力均起增强作用，说明上、下表面气动力同相相关，二者的叠加增大了整体涡激力。下游箱梁上、下表面对涡激力的增强作用是开槽箱梁涡振性能弱于闭口箱梁的重要原因。

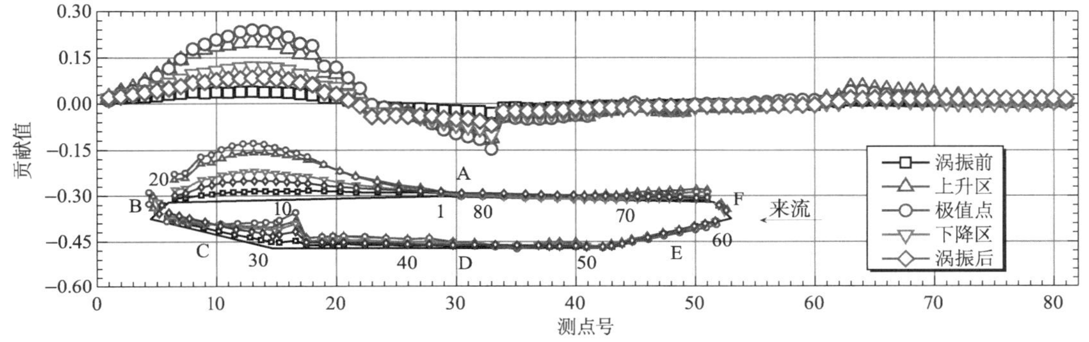

图 6-14　流线型闭口箱梁涡振过程贡献值

为进一步揭示分布气动力对涡激力的贡献值与涡振振幅之间的演化关系，选取 28# 测点、59# 测点作为 D 区下游和 H 区前端的典型测点进行分析，如图 6-15 所示。对涡激力起增强作用的 28# 测点和起抑制作用的 59# 测点对涡激力贡献的变化规律一致，均在涡振振幅极值点处达到极值，并且这些区域分布气动力对涡激力的贡献与涡振振幅呈同相相关关系。

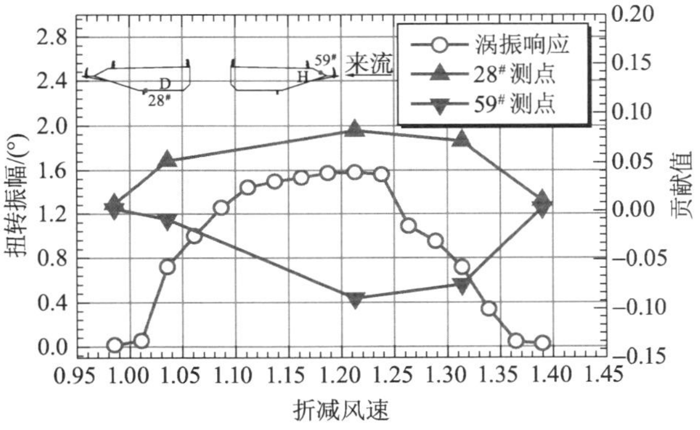

图 6-15　涡振过程测点气动力对涡激力的贡献与振幅之间的关系

6.6　本章小结

本章利用风洞测压、测振试验，研究了中央开槽箱梁断面的涡振性能，分析了该断面在扭转涡振过程中不同阶段的气动力特性，从中央开槽箱梁表面分布压力与整体涡激力演化特性及分布气动力与整体涡激力的关系等方面分析了涡振过程中气动力的发展变化规律，基于分布气动力脉动强度及其与整体气动力相关性组合的思路，突出强调了开槽箱梁表面气动力对涡振效应贡献率的影响，量化了涡振发生过程有效的气动力致振机理。主要结论如下：

（1）气动力特性与涡振振幅有明显的同步演化关系，分布气动力对涡激力的贡献与涡振振幅呈同相相关关系，均在涡振锁定区间振幅极值点达到最大值。在涡振锁定区内，涡激力二次谐波成分随涡振振幅显著变化，在上升区和下降区分别总体呈现同步递增和递减变化。

（2）箱梁表面分布气动力对整体涡激力的贡献大小取决于测点压力脉动值及分布气动力与涡激力的相关性。在涡振起振点和终止点，分布气动力对涡激力的贡献较小；在涡振锁定区间内，下游箱梁上、下表面后部区域对涡激力起增强作用，上游箱梁上表面前部区域对涡激力起抑制作用，这些区域的气动力是引起中央开槽箱梁扭转涡振的主要原因。

（3）流线型闭口箱梁上、下表面下游分布气动力对整体涡激力的贡献相互抵消，而中央开槽下游箱梁上、下表面对涡激力均起增强作用，这是中央开槽箱梁涡振效应强于闭口箱梁的重要原因。

参考文献

[1] 葛耀君.大跨度桥梁抗风的技术挑战与精细化研究[J].工程力学，2011，28(增刊Ⅱ)：11-23.

[2] YANG Y X, ZHOU R, GE Y J, et al. Aerodynamic instability performance of twin box girders for long-span bridges[J]. Journal of Wind Engineering and Industrial Aerodynamics, 2015, 145:196-208.

[3] 杨詠昕，葛耀君，项海帆.大跨度桥梁中央开槽颤振控制效果和机理研究[J].土木工程学报，2006，39(7)：74-80.

[4] YANG Y X, ZHOU R, GE Y J, et al. Experimental studies on VIV performance and countermeasures for twin-box girder bridges with various slot width ratios[J]. Journal of Fluids and Structures, 2016, 66:476-489.

[5] 杨詠昕，周锐，罗东伟，等.不同槽宽分体箱梁桥梁的涡振及其控制措施[J].工程力学，2017，34(7)：30-40.

[6] MATSUMOTO M, SHIRAISHI N, SHIRATO H, et al. Mechanism of, and turbulence effect on vortex-induced oscillations for bridge box girders[J]. Journal of Wind Engineering and Industrial Aerodynamics, 1993, 49:467-476.

[7] MATSUMOTO M. Vortex shedding of bluff bodies: A review[J]. Journal of Fluids and Structures, 1999, 13(7-8):791-811.

[8] YUAN W Y, LAIMA S J, CHEN W L, et al. Investigation on the vortex-and-wake-induced vibration of a separated-box bridge girder[J]. Journal of Fluids and Structures, 2017, 70:145-161.

[9] 方根深，杨詠昕，葛耀君，等.半开口分离双箱梁涡振性能及其气动控制措施研究[J].土木工程学报，2017，50(3)：74-82.

[10] LI H, LAIMA S J, OU J P, et al. Investigation of vortex-induced vibration of a suspension bridge with two separated steel box girders based on field measurements[J]. Engineering Structures, 2011, 33(6):1894-1907.

[11] LI H, LAIMA S J, ZHANG Q Q, et al. Field monitoring and validation of vortex-induced vibrations

of a long-span suspension bridge[J]. Journal of Wind Engineering and Industrial Aerodynamics, 2014, 124(7):54-67.

[12] LAIMA S J, LI H. Effects of gap width on flow motions around twin-box girders and vortex-induced vibrations[J]. Journal of Wind Engineering and Industrial Aerodynamics, 2015, 139:37-49.

[13] LAIMA S J, LI H, CHEN W L, et al. Effects of attachments on aerodynamic characteristics and vortex-induced vibration of twin-box girder[J]. Journal of Fluids and Structures, 2018, 77:115-133.

[14] KWOK K C S, QIN X R, FOK C H, et al. Wind-induced pressures around a sectional twin-deck bridge model: Effects of gap-width on the aerodynamic forces and vortex shedding mechanisms[J]. Journal of Wind Engineering and Industrial Aerodynamics, 2012, 110:50-61.

[15] LARSEN A, WALL A. Shaping of bridge box girders to avoid vortex shedding response[J]. Journal of Wind Engineering and Industrial Aerodynamics, 2012, 104-106:159-165.

[16] XU K, BI K M, HAN Q, et al. Using tuned mass damper inerter to mitigate vortex-induced vibration of long-span bridges: Analytical study[J]. Engineering Structures, 2019, 182:101-111.

[17] XU F Y, YING X Y, LI Y N, et al. Experimental explorations of the torsional vortex-induced vibrations of a bridge deck[J]. Journal of Bridge Engineering, 2016, 21(12):04016093.

[18] 许福友,林志兴,李永宁,等.气动措施抑制桥梁涡振机理研究[J].振动与冲击,2010,29(1):73-76.

[19] HU C X, ZHAO L, GE Y J. Time-frequency evolutionary characteristics of aerodynamic forces around a streamlined closed-box girder during vortex-induced vibration [J]. Journal of Wind Engineering and Industrial Aerodynamics, 2018, 182:330-343.

[20] HU C X, ZHAO L, GE Y J. Mechanism of suppression of vortex-induced vibrations of a streamlined closed-box girder using additional small-scale components [J]. Journal of Wind Engineering and Industrial Aerodynamics, 2019, 189:314-331.

[21] 郭增伟,赵林,葛耀君,等.基于桥梁断面压力分布统计特性的抑流板抑制涡振机理研究[J].振动与冲击,2012,31(7):89-94.

第 7 章

桥塔自立状态涡振理论与试验研究

本章针对缆索承重桥梁桥塔自立状态下涡致振动问题，通过典型桥塔涡振风洞试验，对桥塔外形、塔柱截面、结构阻尼等涡振影响因素进行了系统的研究；对桥塔涡振机械阻尼控制措施进行了风洞试验的验证；对桥塔涡振气动控制措施从 CFD 数值计算和风洞试验两方面进行了研究与探讨；并以简谐涡激力模型为原型，提出了一种计算桥塔涡振位移幅值的思路。

7.1 桥塔风致振动

对缆索承重桥梁，桥塔在整个结构体系中扮演着十分重要的角色。随着缆索桥梁跨径的不断增大，主塔高度随之增高。表 7-1 和表 7-2 分别列出了世界上已建成的部分悬索桥和斜拉桥跨径及主塔高度信息，表中所列桥梁主塔高度均超过 145 m，有的更是接近 300 m。除了高度的不断变化，塔柱在纵向和横向的基本形式以及塔柱截面形式多样，典型代表如图 7-1～图 7-3 所示，桥梁跨径及主塔高度都会影响桥塔的抗风性能。

表 7-1　部分悬索桥跨径及主塔高度

序号	桥名	主跨跨径/m	主塔高度/m	国家及地区	建成时间
1	明石海峡大桥	1 991	297(钢)	日本	1998 年
2	大海带桥	1 624	254(混凝土)	丹麦	1998 年
3	润扬大桥	1 490	216(混凝土)	中国	2005 年
4	亨伯大桥	1 410	155(混凝土)	英国	1981 年
5	江阴长江大桥	1 385	197(混凝土)	中国	1999 年
6	青马大桥	1 377	206(混凝土)	中国香港	1997 年
7	韦拉扎诺桥	1 298	207(钢)	美国	1964 年
8	金门大桥	1 280	210(钢)	美国	1937 年
9	滨海高大桥	1 210	180(混凝土)	瑞典	1997 年
10	麦基纳克桥	1 158	157(钢)	美国	1957 年

表 7-2　部分斜拉桥跨径及主塔高度

序号	桥名	主跨跨径/m	主塔高度/m	国家及地区	建成时间
1	多多罗大桥	890	220(钢)	日本	1999 年
2	诺曼底大桥	856	202.7(混凝土)	法国	1995 年
3	南京长江三桥	648	215(钢)	中国	2005 年
4	南京长江二桥	628	195.4(混凝土)	中国	2001 年
5	武汉长江三桥	618	175(混凝土)	中国	2002 年
6	青州闽江大桥	605	171.5(混凝土)	中国	1999 年
7	杨浦大桥	602	204(混凝土)	中国	1993 年
8	徐浦大桥	590	210(混凝土)	中国	1997 年
9	名港中央大桥	590	190(钢)	日本	1998 年
10	Roin-Antirion 桥	560	163(混凝土)	希腊	2004 年

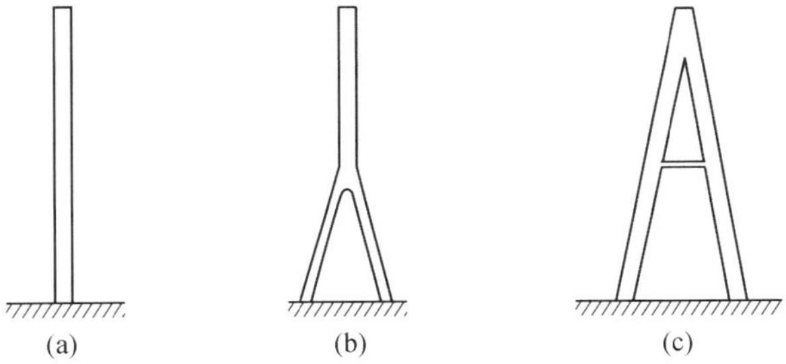

图 7-1　塔柱纵向基本形式

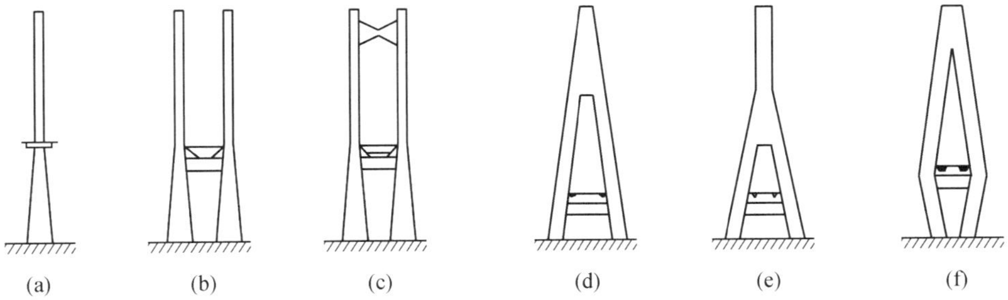

图 7-2　塔柱横向基本形式

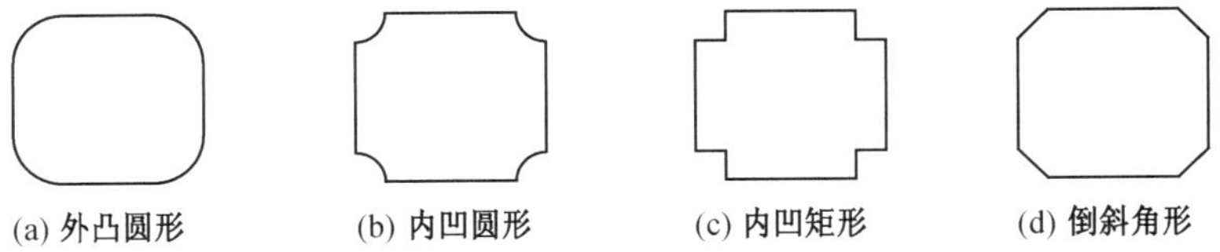

图 7-3　塔柱截面基本形式

由于现代桥梁的跨度越来越大，桥塔作为桥梁的主要承重结构，其高度随之显著增大。桥塔是一种轻柔结构，风是作用在其上的主要荷载，日益增加的高度势必会加大其对风荷载的敏感程度[1-4]。在成桥状态，桥塔有主缆或拉索约束，桥塔结构自身的刚度、阻尼比都满足了预定要求，桥塔的风致振动问题并不突出。与成桥状态相对应，在现代大跨度桥梁的建设过程中，桥塔有相当长的一段时间处于独塔施工状态；主塔竣工后，主缆或拉索的布设也不是短期内能完成的，上述两种状态统称为桥塔自立状态。在这一阶段，桥塔缺少缆索支承和约束，结构刚度及阻尼明显低于成桥状态，对风比较敏感，因此桥塔自立状态下风致振动问题是桥塔风致振动研究的重要内容。

桥塔风致振动类型主要包括抖振、驰振和涡致振动。桥塔抖振在桥塔施工阶段几乎是不可避免的，但是它对桥塔结构的影响较小；桥塔驰振在桥塔方案设计时只要满足经典Glanert-Den Hartog判别准则，基本上就可以避免出现桥塔驰振。与上述两种风致振动类型相比，桥塔涡振更具特殊性和复杂性。

涡致振动产生机理极为复杂，涉及流-固耦合振动理论的很多方面。但是通过大量的风洞试验以及理论研究方面的努力，这种带有某些自激性质（反馈作用）的强迫振动现象可以归纳出以下特征：①是一种在较低风速区发生的有限振幅振动；②只在某一风速区域内发生；③最大振幅对阻尼有很大的依赖性；④对断面形状的微小变化很敏感；⑤可以激起竖弯振动，也可以激起扭转振动。

7.2 典型桥塔涡振风洞试验研究

为了研究桥塔涡振性能，本节对目前较典型的四种形式的桥塔（独柱式、人字形、钻石形、双柱式）进行了风洞试验，观测桥塔涡振位移响应，比较结构阻尼、紊流强度、风偏角对桥塔涡振的影响。试验变量除塔形外，还包括风洞流场特性、桥塔结构阻尼比、来流风偏角以及桥塔塔柱截面形式，如图7-4所示。4种典型桥塔涡振风洞试验的工况如表7-3所示。

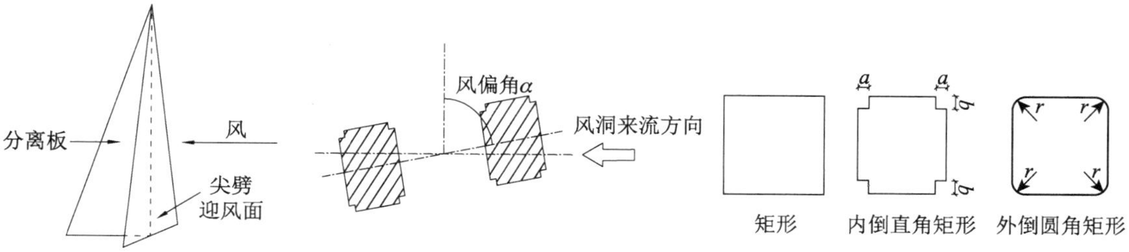

(a) 流场改变措施　(b) 风偏角定义　(c) 桥塔截面形式

图7-4 部分试验变量

表 7-3　桥塔涡振风洞试验工况一览

塔形	流场		阻尼比/%				风偏角/(°)					塔柱截面形状		
	均匀流	紊流场	0.3	0.7	1.0	1.5	90	85	80	75	70	矩形	内倒直角	外倒圆角
独柱式	✓	✓	✓			✓	✓	✓	✓	✓	✓			
人字形	✓	✓	✓			✓	✓	✓	✓	✓	✓			
钻石形	✓	✓	✓			✓	✓	✓	✓	✓	✓			
双柱式	✓	✓	✓	✓	✓		✓	✓	✓	✓	✓	✓	✓	✓

7.2.1　独柱式桥塔

7.2.1.1　模型设计

考虑到风洞尺寸以及风场特性，取几何缩尺比为 1∶90，风速比为 1∶3，频率比为 30∶1。原型尺寸及试验模型分别如图 7-5 和图 7-6 所示。表 7-4 给出了桥塔模型动力特性调试的结果。试验分别在低阻尼比（$\xi=0.3\%$）和高阻尼比（$\xi=1.5\%$）下进行，以考察阻尼对桥塔涡振的影响。

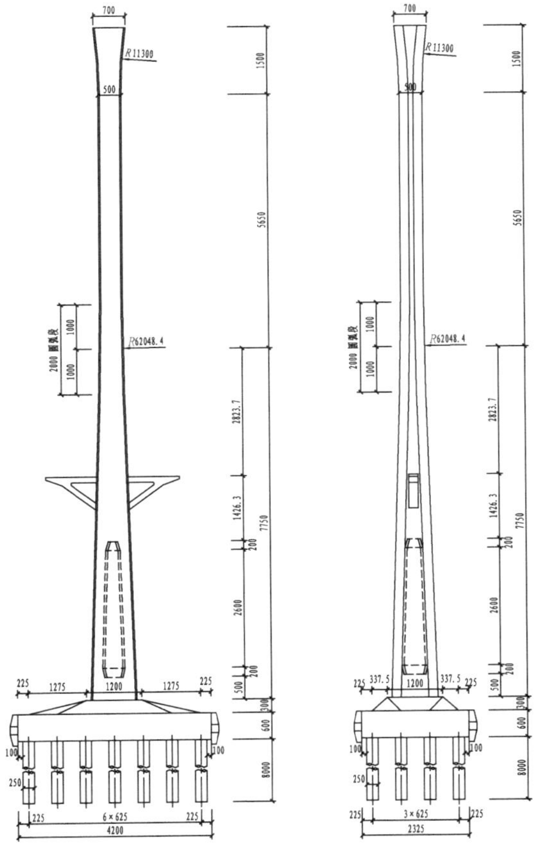

图 7-5　独柱式桥塔原型尺寸(单位：mm)

图 7-6　风洞试验中的桥塔模型

表 7-4　独柱式桥塔模型动力特性

阶序	振型描述	要求值/Hz	实测值/Hz	相对误差/%
1	一阶横桥向弯曲	7.074	7.227	+2.1
2	一阶顺桥向弯曲	7.655	7.520	−1.8

7.2.1.2　试验结果

换算到实桥后的涡振塔顶位移响应随风速的变化如图 7-7 所示。低阻尼、均匀流场下[图 7-7(a)]，当来流沿顺桥向方向时，桥塔发生横桥向一阶弯曲涡振，风速锁定区间为 10～15 m/s；随着风偏角的增大，涡振响应逐渐减小；当风偏角达到 10°时，涡振现象消失。低阻尼、紊流场下，桥塔未观测到明显的涡振现象，在图 7-7(b)中随着风速的增加可以观察到桥塔有抖振振幅增大的趋势。高阻尼状态时，无论在均匀流场下还是在紊流场下，桥塔的风振响应都大大减小——涡振现象未出现，抖振的幅值大大减小。

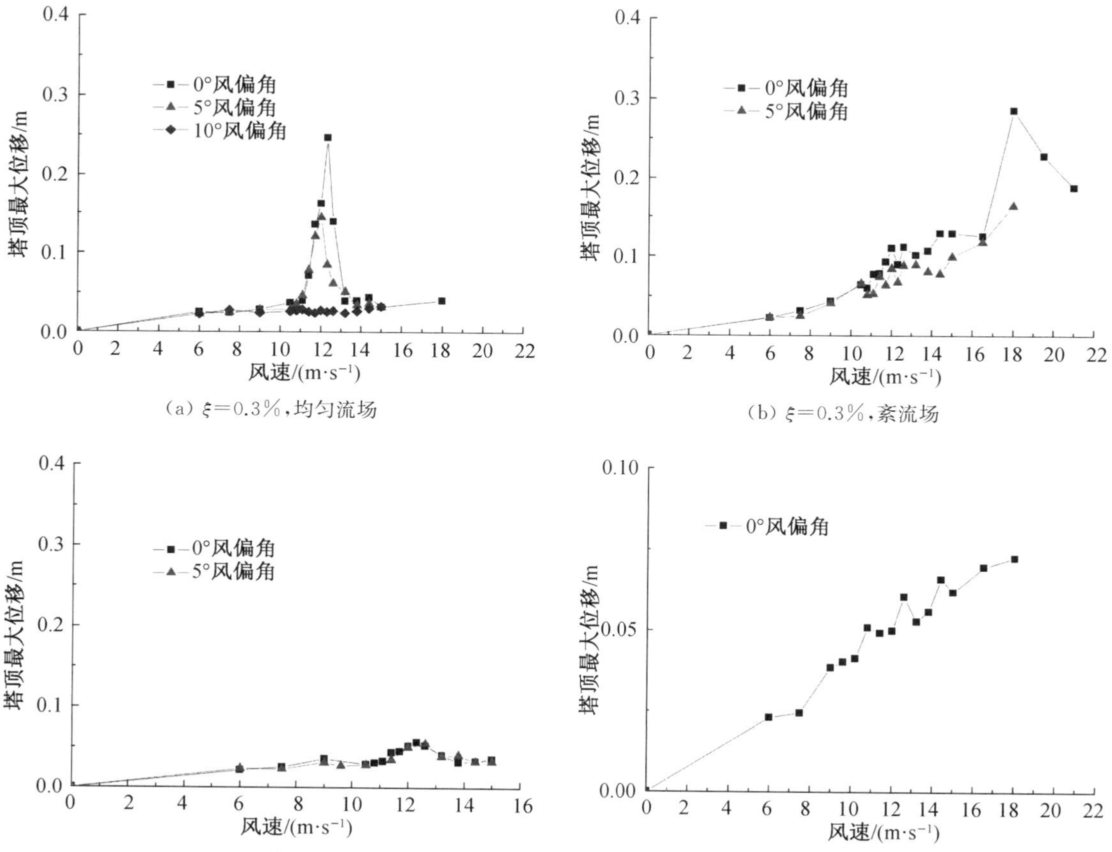

(a) $\xi=0.3\%$，均匀流场　(b) $\xi=0.3\%$，紊流场

(c) $\xi=1.5\%$，均匀流场　(d) $\xi=1.5\%$，紊流场

图 7-7　涡振响应塔顶位移幅值

7.2.2　人字形桥塔

7.2.2.1　模型设计

采用缩尺比为 1：120 的桥塔气弹模型进行了桥塔自立状态涡振试验，风速比为 1：2.5，频率比为 48：1。原型尺寸及试验模型分别如图 7-8 和图 7-9 所示。组装后的桥塔模型经动力特性调试，满足试验要求，见表 7-5。

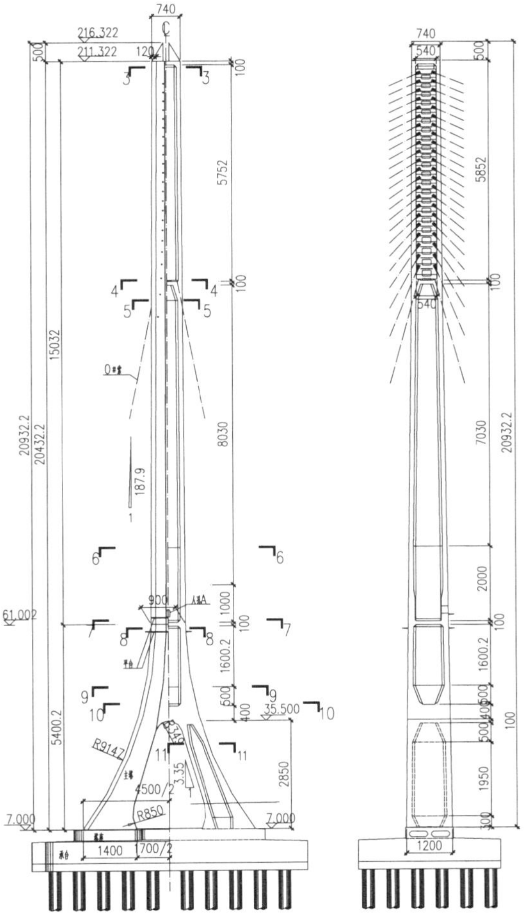

图 7-8　人字形桥塔原型构造(单位：mm)

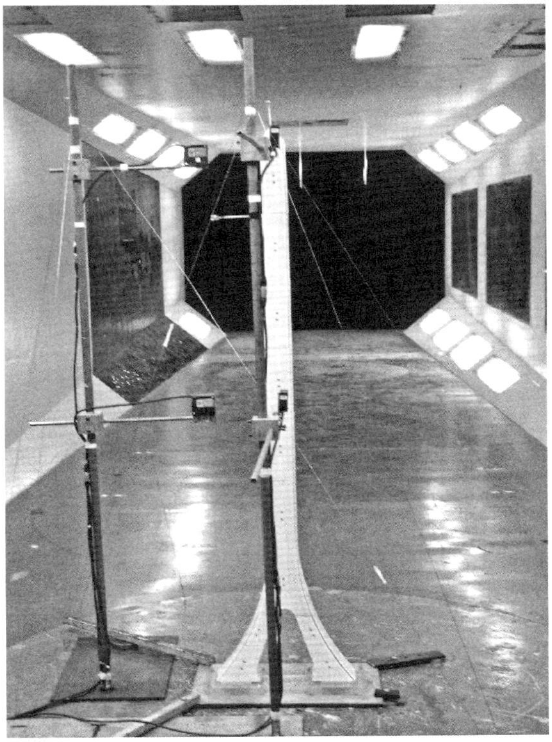

图 7-9　风洞试验中的桥塔模型

表 7-5　桥塔模型动力特性调试

阶序	振型描述	要求值/Hz	实测值/Hz	相对误差/%
1	一阶顺桥向弯曲	9.475 2	9.667 9	+2.03
2	一阶横桥向弯曲	11.788 8	11.232 8	−4.71

7.2.2.2 试验结果

表 7-6～表 7-9 给出了两种阻尼比(0.3%和 1.5%)下，桥塔在均匀流、紊流场各风偏角下的涡振响应，表中的位移均根据相似准则换算成实桥。图 7-10、图 7-11 分别展示了顺桥向弯曲和横桥向弯曲模态涡振最不利工况下塔顶的涡振振幅随风速变化的关系。

该人字柱式桥塔，有较长一段为独柱形式，并且桥塔截面是在正方形基础上进行倒角和凹槽处理的。桥塔在顺桥向、横桥向两个方向上都出现了涡振现象。总体上，当来流风垂直或接近垂直于涡振形态的振动方向时，该形态的涡振现象最为明显，并且随着结构阻尼比的提高，流场紊流度的增强，涡振现象明显减弱乃至消失，如图 7-10 所示。横桥向涡振最大值出现在 75°风偏角下，顺桥向涡振最大值出现在 90°风偏角下，如图 7-11 所示。

表 7-6 均匀流场顺桥向弯曲涡振

风偏角/(°)	阻尼比/%	最大单峰值/m	锁定区间/(m·s^{-1})	最大单峰值对应风速/(m·s^{-1})
90	0.3	0.49	11.50～13.75	12.3
	1.5	0.10	11.75～14.00	12.5
85	0.3	0.11	10.50～13.75	12.3
	1.5	0.08	12.00～13.75	12.5
80	0.3	0.16	8.75～11.50	9.8
	1.5	—	—	—
75	0.3	0.07	10.50～12.25	11.5
	1.5	—	—	—
70	0.3	0.09	13.50～15.00	14.3
	1.5	—	—	—

表 7-7 均匀流场横桥向弯曲涡振

风偏角/(°)	阻尼比/%	最大单峰值/m	锁定区间/(m·s^{-1})	最大单峰值对应风速/(m·s^{-1})
90	0.3	0.15	12.00～14.00	12.5
	1.5	—	—	—
80	0.3	0.09	10.00～12.00	11.0
	1.5	—	—	—
75	0.3	0.22	12.00～15.00	12.5
	1.5	0.08	11.25～13.75	12.5

（续表）

风偏角/(°)	阻尼比/%	最大单峰值/m	锁定区间/(m·s^{-1})	最大单峰值对应风速/(m·s^{-1})
70	0.3	0.22	14.00～16.50	15.3
	1.5	0.11	12.00～15.00	13.3
5	0.3	0.09	12.50～16.50	14.3
	1.5	—	—	—
0	0.3	0.17	12.50～16.50	14.3
	1.5	—	—	—

表 7-8　紊流场顺桥向弯曲涡振

风偏角/(°)	阻尼比/%	最大单峰值/m	锁定区间/(m·s^{-1})	最大单峰值对应风速/(m·s^{-1})
90	0.3	0.12	11.25～15.50	13.0
	1.5	0.11	10.00～13.25	12.3
85	0.3	0.11	11.50～15.00	12.8
	1.5	—	—	—
80	0.3	0.07	10.00～12.50	11.3
	1.5	0.07	10.00～13.25	11.3
75	0.3	0.07	10.00～12.50	11.3
	1.5	—	—	—

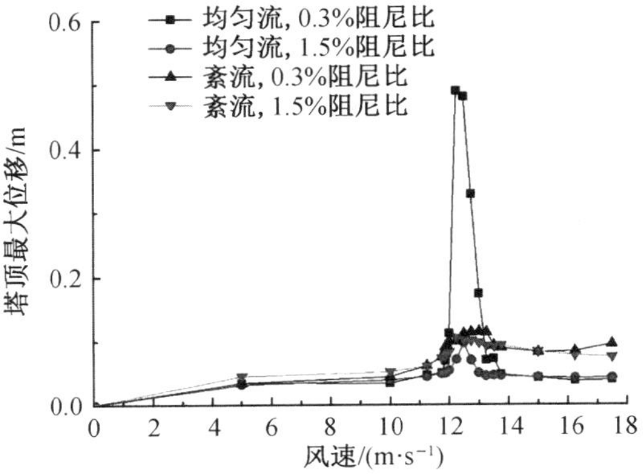

图 7-10　最不利顺桥向涡振(风偏角 $\beta=90°$)

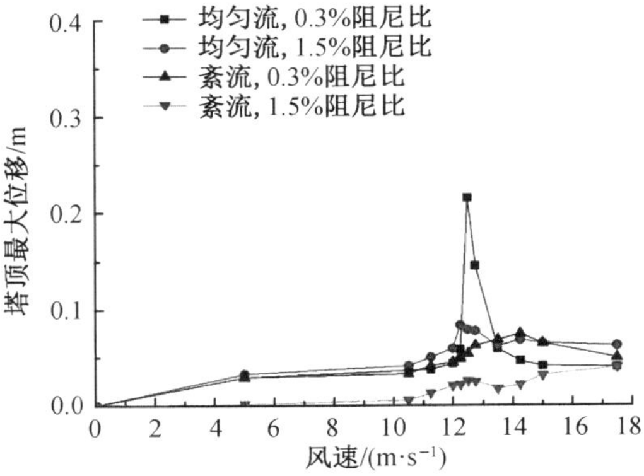

图 7-11　最不利横桥向涡振(风偏角 $\beta=75°$)

表 7-9　紊流场横桥向弯曲涡振

风偏角/(°)	阻尼比/%	最大单峰值/m	锁定区间/(m·s^{-1})	最大单峰值对应风速/(m·s^{-1})
80	0.3	0.08	11.25～13.75	12.5
	1.5	—	—	—

7.2.3　钻石形桥塔

7.2.3.1　模型设计

考虑到风洞尺寸以及风场特性，桥塔模型缩尺比为 1∶120，风速比为 1∶3，频率比为 40∶1。组装好的桥塔模型经过动力特性调试，实测频率与要求频率如表 7-10 所示，满足风洞试验要求。

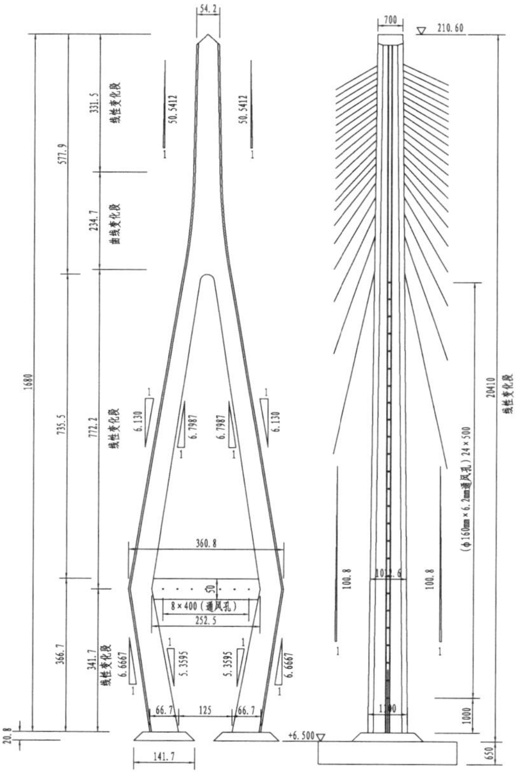

图 7-12　钻石形桥塔原型尺寸(单位：mm)

图 7-13　风洞试验桥塔模型

表 7-10　风洞试验桥塔模型动力特性调试

阶序	振型描述	要求值/Hz	实测值/Hz	相对误差/%
1	一阶顺桥向弯曲	7.829	7.938	+1.39
2	一阶横桥向弯曲	21.907	20.897	−4.61

7.2.3.2　试验结果

桥塔不添加阻尼件时的初始阻尼为 0.3%，通过添加阻尼棒的方法将桥塔结构阻尼提高到 1.5%（比较接近混凝土桥塔实测频率）。试验观测到明显的一阶顺桥向涡振。不同阻尼比、不同风偏角和不同流场特性下的塔顶涡振振幅如图 7-14、图 7-15 所示。

当来流垂直顺桥向方向时，桥塔会发生一阶顺桥向弯曲涡振，涡振锁定区间为 10～16 m/s。桥塔涡振响应的最大值发生在低阻尼、均匀流场下。随着风偏角的增加，桥塔涡振响应幅值逐渐减小，涡振锁定区间发生一定的偏移。和前两种形式的桥塔不同，钻石形桥塔在紊流场下也观测到明显的涡激振动。紊流场下，随着风偏角的增加，由于桥塔气动外形的改变，桥塔发生涡振的风偏角工况要少于均匀流状态时的工况。阻尼比增加，桥塔涡振响应减小，并且涡振锁定区间变窄，紊流场下基本上不出现明显的涡致振动。

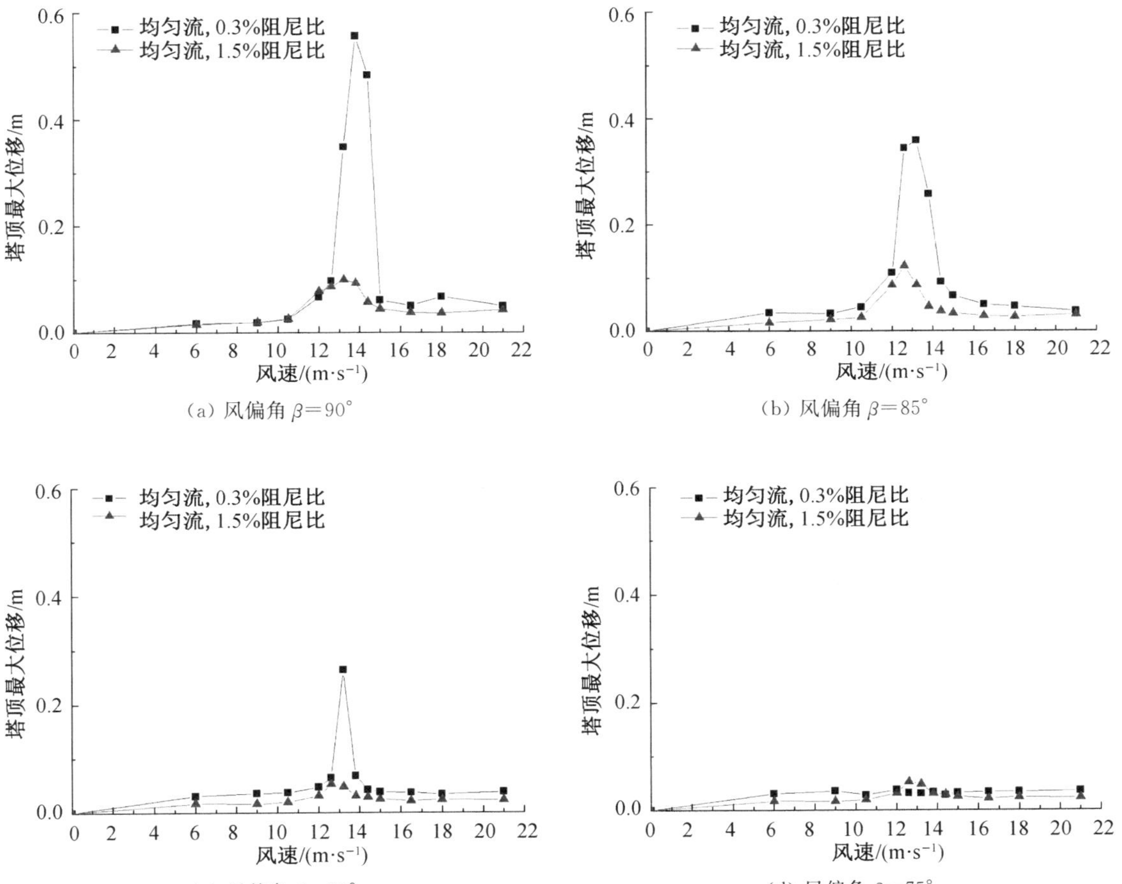

(a) 风偏角 $\beta=90°$
(b) 风偏角 $\beta=85°$
(c) 风偏角 $\beta=80°$
(d) 风偏角 $\beta=75°$

图 7-14　均匀流场下桥塔涡振响应曲线

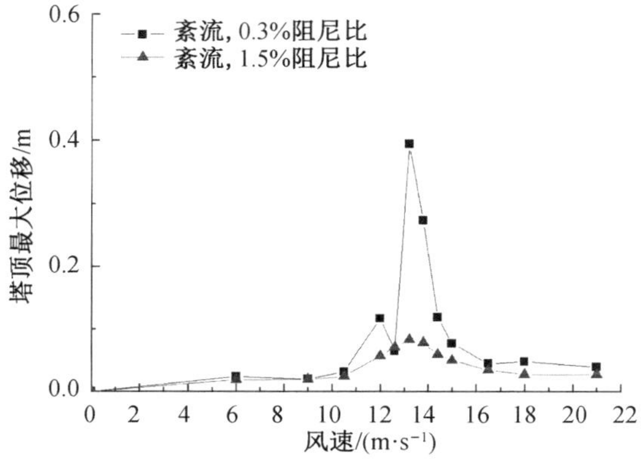

(a) 风偏角 $\beta=90°$

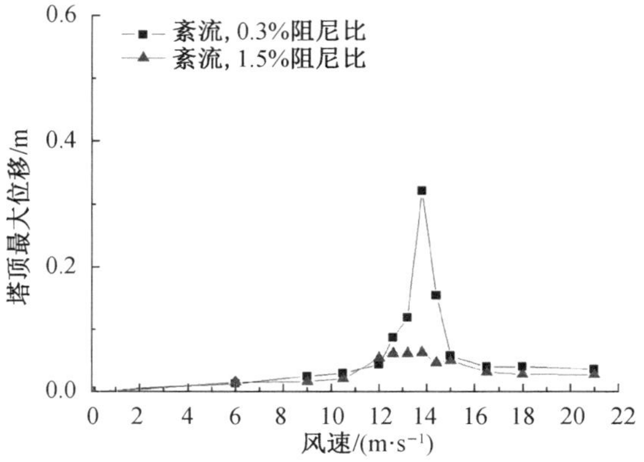

(b) 风偏角 $\beta=85°$

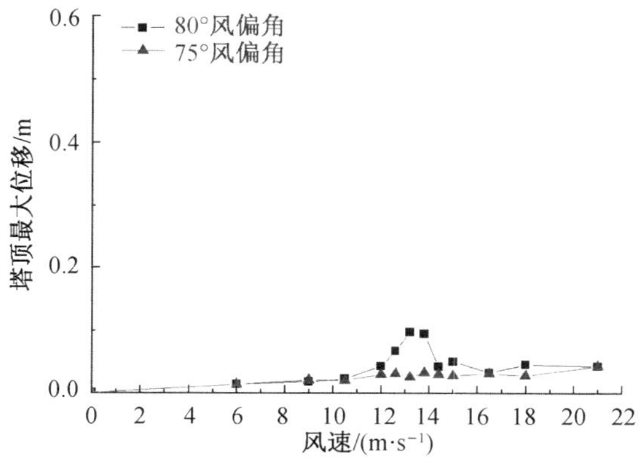

(c) $\xi=0.3\%$

图 7-15　紊流场下桥塔涡振响应曲线

7.2.4　双柱式桥塔

7.2.4.1　模型设计

选定几何缩尺比为 1∶140，第一阶段模拟 Froude 数，则风速比为 $1:\sqrt{140}$，此时气弹模型一阶顺桥向弯曲涡振锁定风速低于 2 m/s，处于风洞试验的不稳定风速区间，难以再现一阶涡振现象，以下将该模型称之为常刚度模型。为此在保证几何缩尺比不变的前提下，在试验的第二阶段放弃 Froude 数模拟，风速比调整为 1∶3，以下将该模型称为变刚度模型。在试验中，采用低阻尼比钢骨架作为初始状态，然后根据不同的阻尼比要求改变桥塔阻尼比。组装好的模型经过模态试验，动力特性满足相似准则，如表 7-11 所示。

表 7-11 桥塔模型动力特性及其相似比

模型	振型描述	实桥频率/Hz	频率比	模型频率/Hz		误差/%	风速比
				要求值	实测值		
常刚度	一阶顺桥向弯曲	0.156 0	11.83	1.846	1.904	+3.17	1 : 11.47
	一阶横桥向弯曲	0.418 2	11.83	4.947	4.883	−1.30	1 : 11.99
	一阶双塔柱扭转	0.817 7	11.83	9.673	8.940	−7.58	1 : 12.81
变刚度	一阶顺桥向弯曲	0.156 0	46.67	7.281	7.350	+0.95	1 : 3
	一阶横桥向弯曲	0.418 2	46.67	19.52	19.53	+0.07	1 : 3
	一阶双塔柱扭转	0.817 7	46.67	38.16	37.11	−2.76	1 : 3

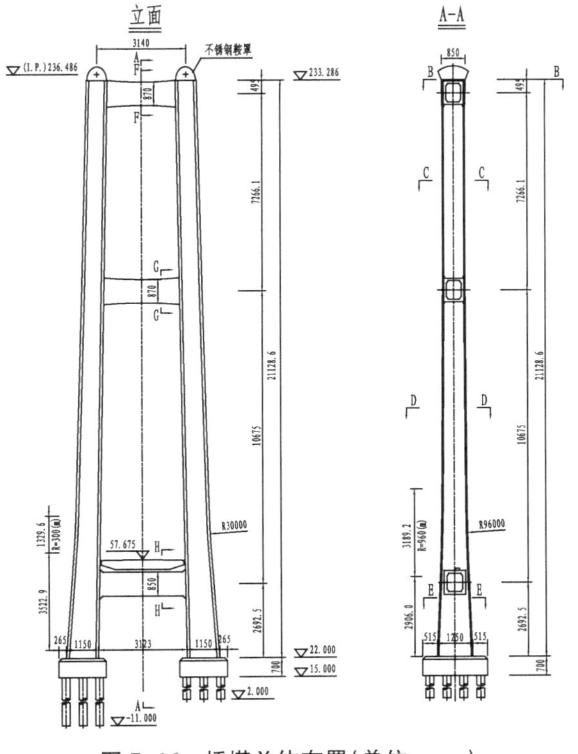

图 7-16 桥塔总体布置(单位：mm)

图 7-17 风洞中的桥塔模型

7.2.4.2 试验结果

试验模拟了桥塔常刚度和变刚度状态两种结构形式，在桥塔初始阻尼状态下($\xi=0.3\%$)，进行了包括不同风偏角、不同流场在内的多工况风洞试验。在均匀流场下，试验观测到的桥塔涡振现象如表 7-12 所示，表中的桥塔涡振响应为实桥响应。均匀流场中，对于常刚度小阻尼比($\xi<1\%$)桥塔模型，在 90°风偏角下，出现明显的二阶顺桥向弯曲和一阶双塔柱扭转涡振，塔顶最大的涡振响应分别为 10.044 m 和 0.655°。对于变刚度桥塔模型，当风

偏角为 80°～90°时，存在明显的一阶顺桥向弯曲涡振；在均匀流场 85°风偏角、0.34%阻尼比下，塔顶涡振位移响应影响达到最大值 0.70 m；出现一阶顺桥向弯曲涡振峰值相应的风速为 10 m/s 左右。基于常刚度模型的试验结果，在变刚度模型的试验中，未进行二阶和扭转模态的模拟。将变刚度模拟的低风速桥塔一阶顺桥向弯曲涡振各工况塔顶位移幅值换算成实桥，结果如图 7-18、图 7-19 所示。

表 7-12　均匀流场中桥塔气弹模型涡振参数

模型	振型描述	风偏角/(°)	单峰值	相应风速/($m\cdot s^{-1}$)	锁定风速/($m\cdot s^{-1}$)
常刚度	二阶顺桥向弯曲	90	10.044 m	66.0	54.0～72.0
	一阶双塔柱扭转	90	0.655°	48.0	45.0～54.0
变刚度	一阶顺桥向弯曲	90	0.660 m	10.8	7.5～13.5
		85	0.700 m	10.2	8.0～13.5
		80	0.580 m	9.9	9.0～11.5

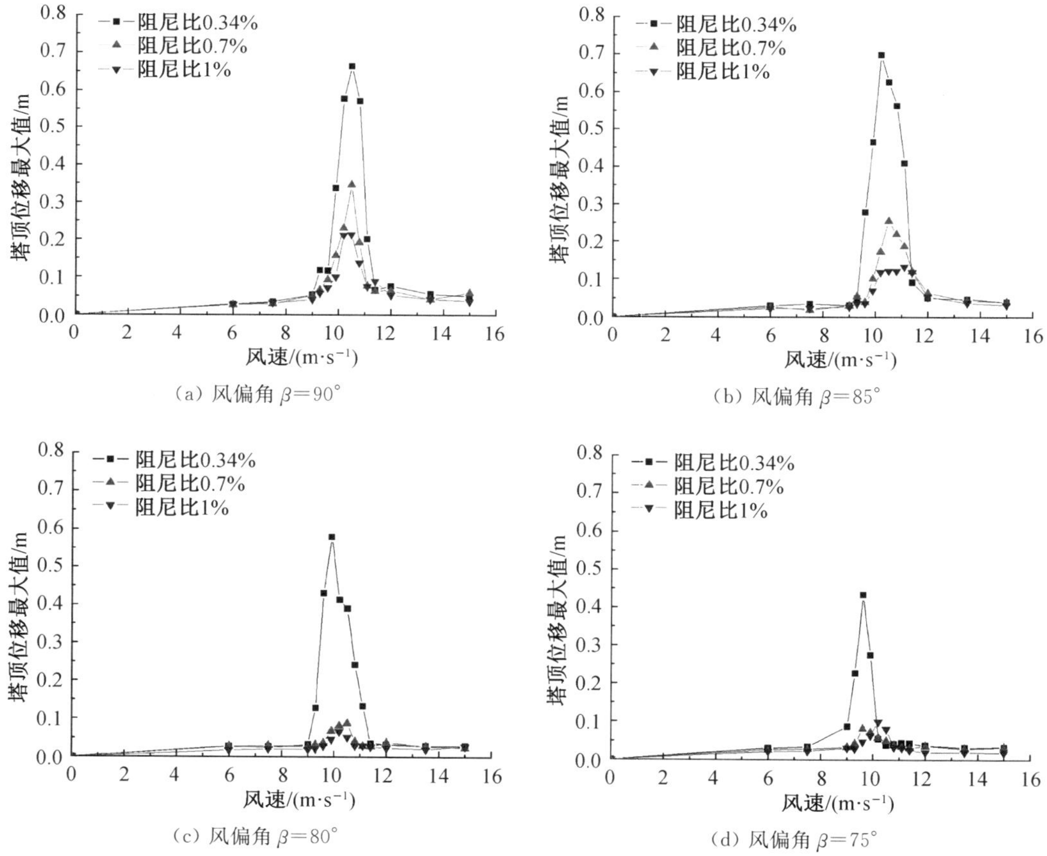

(a) 风偏角 $\beta=90°$　(b) 风偏角 $\beta=85°$

(c) 风偏角 $\beta=80°$　(d) 风偏角 $\beta=75°$

图 7-18　均匀流场，桥塔涡振塔顶位移响应

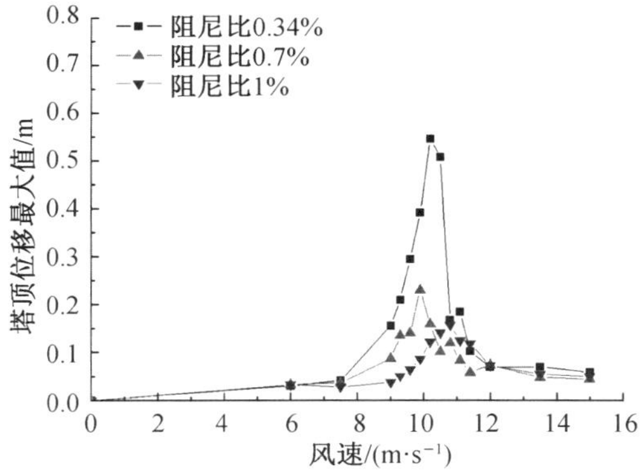

(a) 风偏角 $\beta=90°$

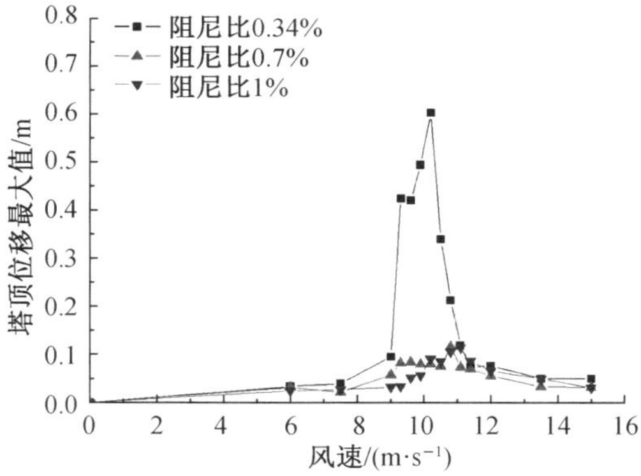

(b) 风偏角 $\beta=85°$

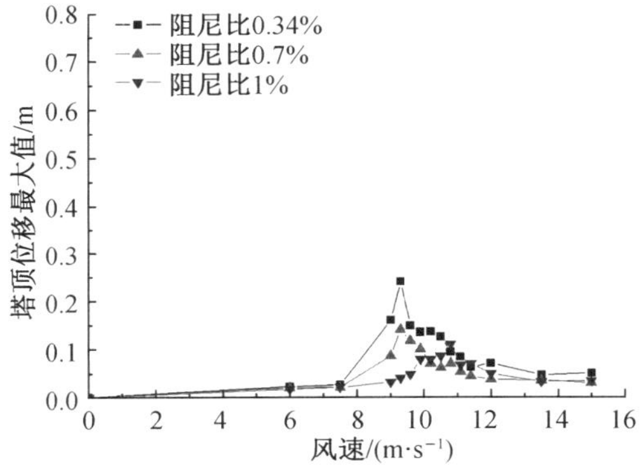

(c) 风偏角 $\beta=80°$

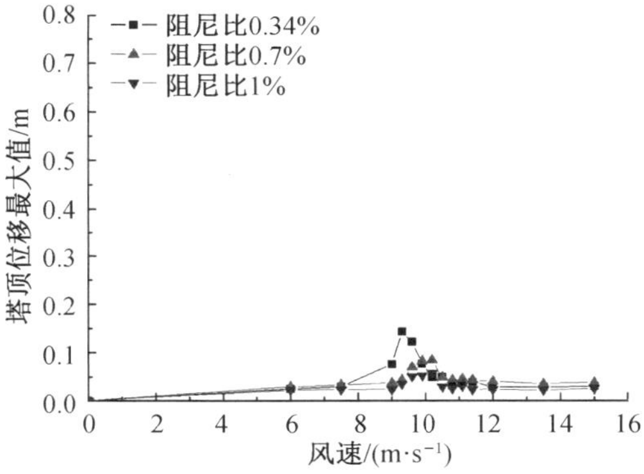

(d) 风偏角 $\beta=75°$

图 7-19　紊流场，桥塔涡振塔顶位移响应

7.3　桥塔涡振控制措施

通过对前一节典型桥塔涡振风洞试验的结果进行桥塔涡振影响因素分析，结合影响因素分析结果，选取涡振响应最大的双柱式桥塔，并对控制桥塔涡振的机械阻尼器措施以及气动措施分别展开进一步的研究。

7.3.1　影响因素分析

基于上述桥塔风洞试验结果，以 4 种典型缆索承重桥梁桥塔为研究对象，对影响桥塔涡振因素进行敏感性分析，比较各因素对桥塔涡振的影响程度，包括桥塔结构阻尼、紊流强度和风偏角等。

7.3.1.1　结构阻尼

将 4 种桥塔涡振塔顶最大位移幅值与阻尼变化的关系进行比较，结果如图 7-20 所示。可知，当阻尼比低于 1%时，阻尼的增加能大大抑制桥塔涡振响应；当阻尼比继续增加时，涡振响应仍将减小，但减小的幅度已经大大削弱；对于能够出现涡振的紊流场工况，这种影响趋势更加明显。结构阻尼的增加还体现为桥塔涡振锁定区间宽度缩小。在桥塔质量参数不变的情况下，随着阻尼比增加，Scruton 数会变大，根据 Scruton 数对桥塔涡振的影响，桥塔涡振发生的可能性会降低，锁定区间也会相应缩小。

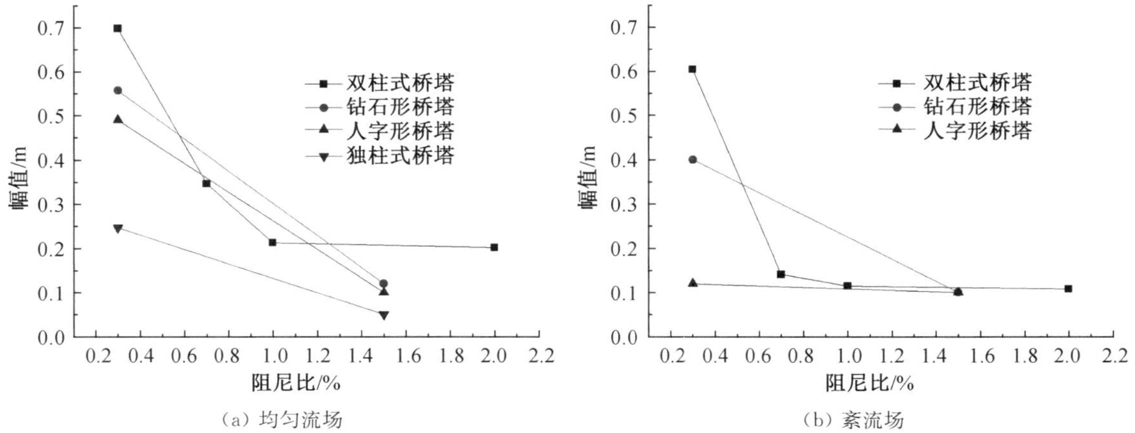

图 7-20　塔顶振幅极值与阻尼关系

7.3.1.2　紊流强度

通过图 7-20 的对比，紊流场对 4 种塔形的桥塔涡振幅值都有不同程度的抑制，尤其体现在高阻尼比的工况下。

7.3.1.3　风偏角

无论是桥塔发生顺桥向涡振还是横桥向涡振，引起涡振的来流往往都是垂直于涡振振动的方向，这也是涡振作为一种横风向风致振动的特征。通过 4 座桥塔的试验，风偏角对桥塔涡振的影响还不能归纳出明显的规律，但是可以发现风偏角对涡振抑制的效果和阻尼有相似的规律，即在垂直于振动方向附近 10°范围内变动时，风偏角带来的涡振抑制效果不如大于 10°范围变动的效果，并且由于塔的截面几何形状的影响，会出现非垂直位置涡振振幅极值大于垂直位置涡振振幅极值的情况。

7.3.1.4　塔形

4 种塔形的桥塔自振频率都介于 0.15～0.25 Hz，将其在两种阻尼比下，桥塔涡振响应幅值与桥塔高度的比值进行对比(图 7-21)，可以发现 4 种塔形的涡振敏感性：双塔柱＞钻石形＞人字形＞独柱式。这可能是由于若桥塔塔柱存在双柱部分，上游塔柱的尾流脱落会对下游塔柱产生干扰，降低桥塔整体的抗风稳定性。需要注意的是，如果桥塔独柱部分比较长或者就是独柱式桥塔，由于其横向刚度较低，在低阻尼状态下的横向涡振也须引起注意。

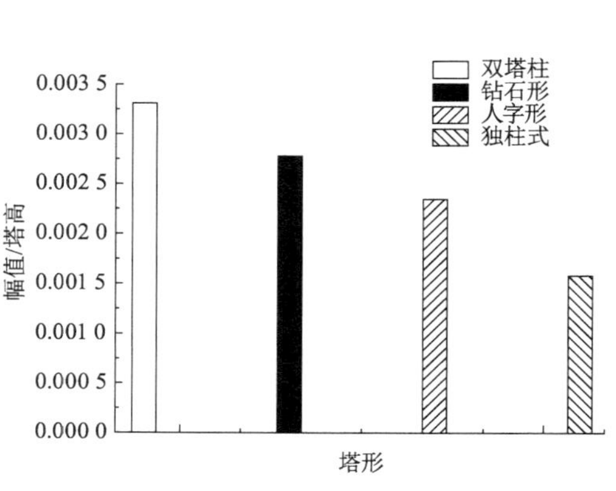

图 7-21　4 种塔形涡振性能对比

7.3.2　阻尼器控制作用

提高结构阻尼除了通过改变桥塔材料外，还可以通过在塔顶布设 TMD 的方法来实现。通过对模型动力特性及其模态质量的计算，算出桥塔顺桥向弯曲的等效质量，按照质量比 $\mu=1.5\%$来确定 TMD 的质量，则阻尼器和桥塔固有频率的比值 f 以及阻尼器的阻尼比 ξ 可以按照以下优化公式[5,6]进行计算。

$$f=\frac{1}{1+\mu}=0.985\,2 \tag{7-1}$$

$$\zeta=\left[\frac{3\mu}{8(1-\mu)^3}\right]^{\frac{1}{2}}=7.67\% \tag{7-2}$$

按要求加工完成的 TMD 如图 7-22 和图 7-23 所示。施加 TMD 前后，桥塔涡振塔顶位移响应如图 7-24 和图 7-25 所示。根据不同工况下的风洞试验，主要结论如下：

(1) 选择合适参数的 TMD，可以有效地控制结构涡振响应。在塔顶布置上述 TMD 后，均匀流场下风偏角为 90°时，桥塔塔顶最大位移减小到 0.2 m，远小于桥塔自立状态下的涡振响应。当风偏角超过 85°后，桥塔一阶顺桥向弯曲涡振已经消失。

(2) 紊流场对桥塔涡振有一定的抑制作用，主要是由于气流紊乱运动，破坏有规律的旋涡脱落；紊流对桥塔涡振抑制作用在桥塔结构阻尼比较高时比较明显，当结构阻尼比较低(如钢桥塔)时，涡振振幅减小幅度不大，但涡振可能发生的风偏角范围缩小。

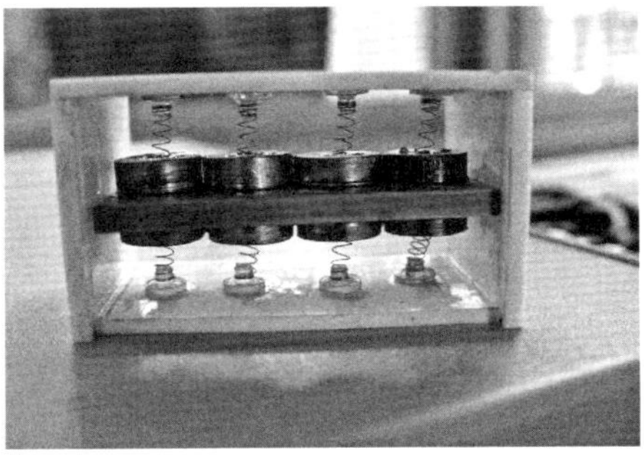

图 7-22　试验中的 TMD

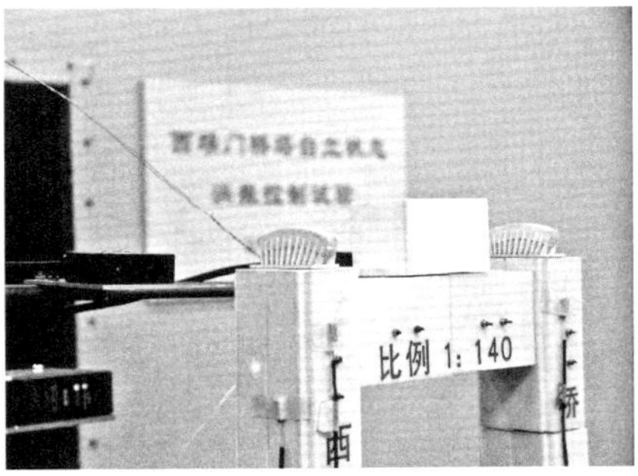

图 7-23　TMD 在桥塔上的布设

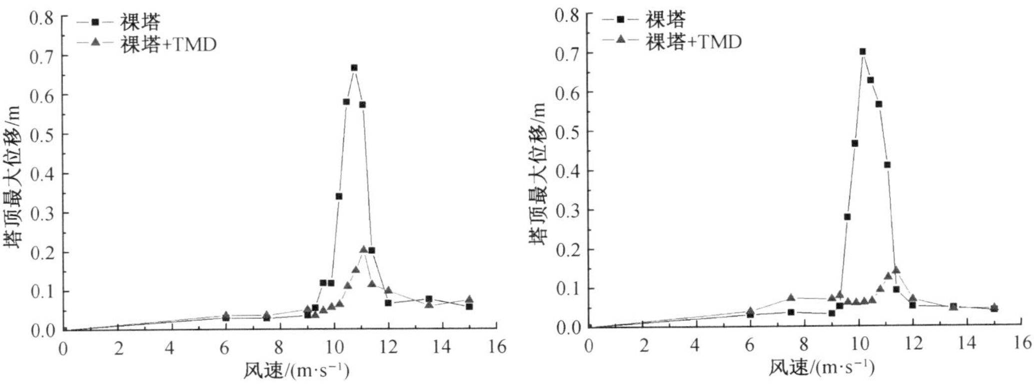

(a) 风偏角 $\beta=90°$　　(b) 风偏角 $\beta=85°$

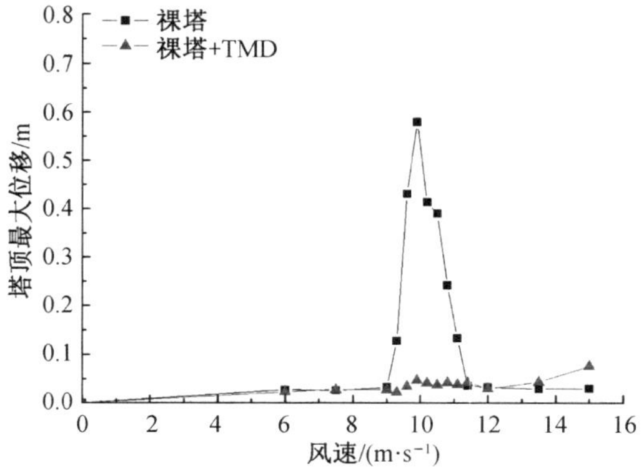

(c) 风偏角 $\beta=80°$

图 7-24　施加 TMD 前后,均匀流中桥塔涡振塔顶位移响应对比

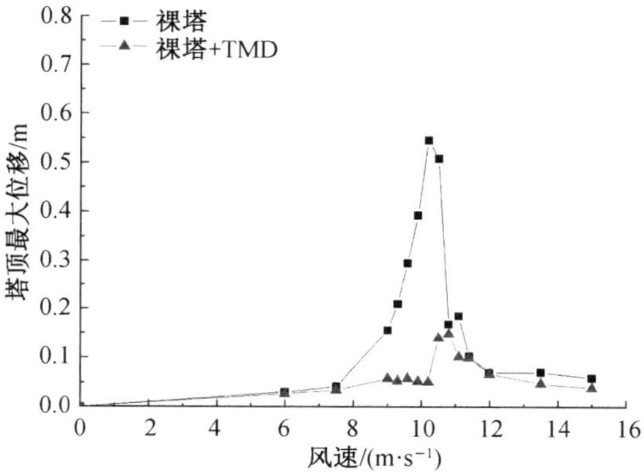

(a) 风偏角 $\beta=90°$

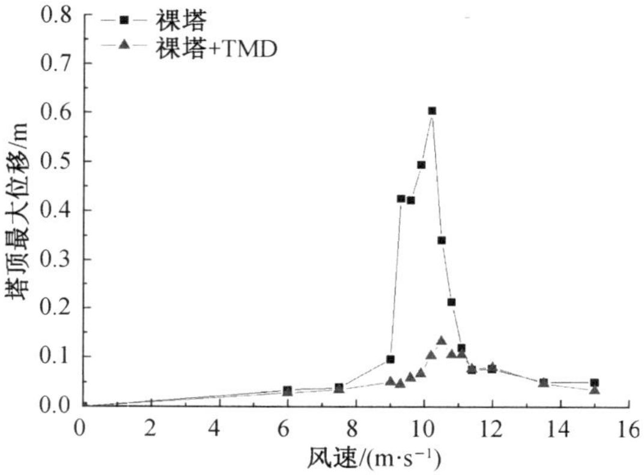

(b) 风偏角 $\beta=85°$

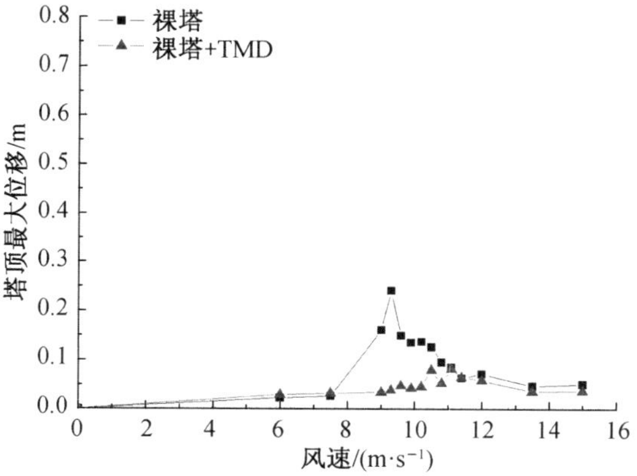

(c) 风偏角 $\beta=80°$

图 7-25　施加 TMD 前后,紊流场中塔顶位移响应对比

7.3.3　气动选型数值计算

通过对桥塔塔柱截面进行切角处理，有可能改善桥塔涡振性能。桥塔截面气动选型数值计算的主要目的就是在一定范围内根据气动性能的优劣来确定桥塔断面的外形。以双柱式桥塔为例，采用计算流体动力学（CFD）方法及 FEM2D 软件、Fluent 软件，对不同桥塔断面进行气动选型数值计算，根据阻力系数、升力系数和斯特劳哈尔数的取值，最终确定出抗风性能比较合理同时满足其他要求的桥塔断面形式。气动选型数值计算在倒角形式和倒角尺寸两个方面逐步深化。

7.3.3.1　倒角形式

双柱式桥塔断面初始外形为矩形，从建筑外形和结构受力角度来看，需对简单矩形截面的 4 个直角进行处理，增加外凸圆形、内凹圆形和内凹矩形 3 种形式（图 7-26）。

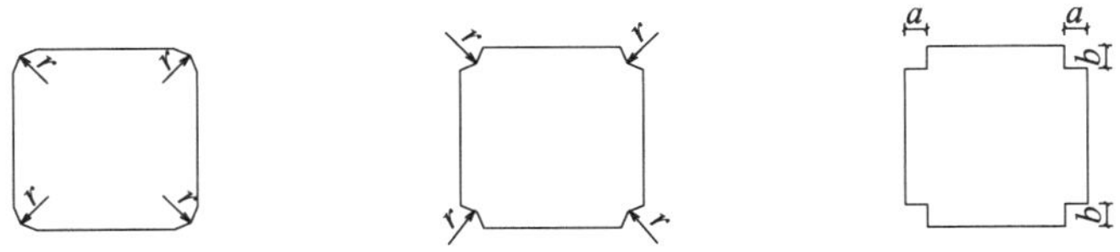

(a) 外凸圆形　(b) 内凹圆形　(c) 内凹矩形

图 7-26　矩形截面倒角形式

第一组倒角形式比较数值计算，采用如图 7-27 所示的矩形双塔柱断面。其中，顺桥方向柱宽为 8 m，横桥方向柱高为 7.5 m，两柱中心距为 31.4 m。定义塔柱断面阻力系数、升力系数[7]和斯特劳哈尔数如下：

$$C_X = \frac{F_X}{0.5\rho V^2 BL} \tag{7-3}$$

$$C_Y = \frac{F_Y}{0.5\rho V^2 BL} \tag{7-4}$$

$$Sr = \frac{fB}{V} \tag{7-5}$$

式中，F_X 和 F_Y 分别为横桥方向和顺桥方向的气动力；ρ 为空气密度，取 $\rho = 1.225\ \text{kg/m}^3$；$V$ 为来流平均速度；L 为塔柱长度，取 $L = 1$ m；B 为桥塔截面宽度；f 为频率。

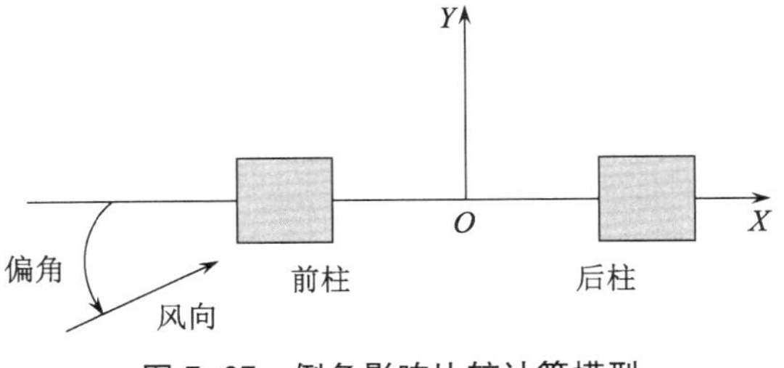

图 7-27　倒角影响比较计算模型

简单矩形(不倒角)、外凸圆形(圆半径为 1 m)、内凹圆形(圆半径为 1 m)和内凹矩形(边长为 1 m×1 m)4 种断面形式采用 Fluent 软件计算得到的阻力系数、升力系数和斯特劳哈尔数分别如表 7-13、表 7-14 和表 7-15 所示。可知,不倒角的简单矩形断面阻力系数最大(两塔柱平均为 1.665),外凸圆形断面阻力系数最小(两塔柱平均为 0.355),内凹圆形和内凹矩形断面阻力系数比较接近且介于二者之间(两塔柱平均分别为 0.775 和 0.765);不倒角的简单矩形断面升力系数最大(两塔柱平均为 1.930),外凸圆形断面升力系数最小(两塔柱平均为 0.540),内凹圆形和内凹矩形断面升力系数比较接近且介于二者之间(两塔柱平均分别为 1.390 和 1.365);不倒角的简单矩形断面斯特劳哈尔数最小(两塔柱平均为 0.109),外凸圆形断面斯特劳哈尔数最大(两塔柱平均为 0.195),内凹圆形和内凹矩形断面斯特劳哈尔数比较接近且介于二者之间(两塔柱平均为 0.119)。综上所述,外凸圆形断面对桥塔静风荷载作用比较有利,而内凹圆形和内凹矩形断面涡振风速会比较高,二者各有利弊。

表 7-13 第一组不同倒角形式断面的阻力系数 C_X

偏角/(°)	简单矩形		外凸圆形		内凹圆形		内凹矩形	
	前柱	后柱	前柱	后柱	前柱	后柱	前柱	后柱
0	1.45	1.88	0.37	0.34	1.06	0.49	1.03	0.50
5	1.39	1.04	0.37	0.36	0.97	0.32	1.02	0.87
10	1.17	0.61	0.38	0.35	1.30	0.75	1.18	0.77
20	1.22	1.10	0.73	1.02	0.99	1.20	0.95	1.02
45	1.19	1.65	0.98	0.79	1.27	1.28	1.23	1.34
70	0.44	0.80	0.33	0.07	0.43	0.60	0.52	0.66
80	−0.28	0.12	0.27	0.31	−0.07	0.26	−0.19	0.12
85	−0.14	−0.09	0.12	0.20	−0.09	−0.05	−0.07	−0.01
90	0.10	−0.11	−0.04	0.05	0.10	−0.15	0.10	−0.08

表 7-14 第一组不同倒角形式断面的升力系数 C_Y

偏角/(°)	简单矩形		外凸圆形		内凹圆形		内凹矩形	
	前柱	后柱	前柱	后柱	前柱	后柱	前柱	后柱
0	0.01	0.01	0.01	−0.01	−0.10	0.00	0.00	0.03
5	−0.16	−0.14	0.17	0.03	−0.27	0.29	−0.10	0.05
10	−0.41	0.28	0.34	0.31	0.07	0.15	0.12	0.22
20	0.19	0.40	0.08	0.22	0.33	0.52	0.31	0.36
45	1.49	1.71	1.21	0.95	1.49	1.36	1.58	1.41
70	2.06	2.01	0.66	0.86	1.65	1.67	1.72	1.52

(续表)

偏角/(°)	简单矩形		外凸圆形		内凹圆形		内凹矩形	
	前柱	后柱	前柱	后柱	前柱	后柱	前柱	后柱
80	1.73	1.98	0.55	0.53	1.47	1.71	1.27	1.39
85	1.88	1.87	0.55	0.53	1.34	1.54	1.30	1.52
90	1.95	1.91	0.54	0.54	1.40	1.38	1.36	1.37

表 7-15　第一组不同倒角形式断面的斯特劳哈尔数

偏角/(°)	简单矩形		外凸圆形		内凹圆形		内凹矩形	
	前柱	后柱	前柱	后柱	前柱	后柱	前柱	后柱
0	0.109	0.109	0.195	0.195	0.119	0.119	0.120	0.120
5	0.109	0.109	0.152	0.152	0.130	0.130	0.130	0.130
10	0.098	0.087	0.141	0.141	0.130	0.130	0.130	0.130
20	0.109	0.109	0.174	0.174	0.109	0.109	0.130	0.087
45	0.130	0.109	0.174	0.174	0.130	0.130	0.152	0.130
70	0.130	0.130	0.174	0.130	0.152	0.152	0.174	0.152
80	0.130	0.130	0.152	0.152	0.152	0.152	0.152	0.152
85	0.120	0.130	0.152	0.152	0.130	0.152	0.130	0.152
90	0.130	0.130	0.217	0.217	0.130	0.130	0.130	0.152

第二组倒角形式比较数值计算，仍然采用如图 7-27 所示的矩形双塔柱断面，顺桥方向柱宽和横桥方向柱高均为 9 m，两柱中心距为 37 m，模拟的是桥面高度的桥塔截面。相应的塔柱断面阻力系数、升力系数和斯特劳哈尔数分别如表 7-16、表 7-17 和表 7-18 所示。可知，不倒角的简单矩形断面阻力系数最大（两塔柱平均为 1.770），外凸圆形断面阻力系数最小（两塔柱平均为 0.420），内凹圆形和内凹矩形断面阻力系数比较接近且介于二者之间（两塔柱平均分别为 0.815 和 1.180）；不倒角的简单矩形断面升力系数最大（两塔柱平均为 1.850），外凸圆形断面升力系数最小（两塔柱平均为 0.525），内凹圆形和内凹矩形断面升力系数比较接近且介于二者之间（两塔柱平均分别为 1.260 和 1.295）；不倒角的简单矩形断面斯特劳哈尔数最小（两塔柱平均为 0.098），外凸圆形断面斯特劳哈尔数最大（两塔柱平均为 0.195），内凹圆形和内凹矩形断面斯特劳哈尔数比较接近且介于二者之间（两塔柱平均分别为 0.146 和 0.122）。综上所述，外凸圆形断面对桥塔静风荷载作用比较有利，而内凹圆形和内凹矩形断面涡振风速会比较高，二者各有利弊。

考虑到建筑造型上外凸圆形断面已经相当普遍，为了突出个性、避免雷同，在对抗风性能影响不大的前提下，第 7.3.3.2 节采用内凹矩形断面作为进一步研究的对象。

表 7-16 第二组不同倒角形式断面的阻力系数 C_X

偏角/(°)	简单矩形		外凸圆形		内凹圆形		内凹矩形	
	前柱	后柱	前柱	后柱	前柱	后柱	前柱	后柱
0	1.67	1.87	0.42	0.42	0.86	0.26	1.23	1.13
5	1.65	1.41	0.41	0.37	0.90	0.73	1.08	0.26
10	1.44	1.02	0.45	0.41	0.84	0.71	1.00	0.73
20	1.36	1.54	0.85	1.09	0.89	1.26	1.13	1.09
45	1.52	1.56	1.03	1.27	1.11	1.16	1.50	1.34
70	0.64	0.65	0.17	0.13	0.43	0.59	0.59	0.44
80	−0.24	0.04	0.36	0.35	0.01	0.23	−0.10	−0.03
85	−0.15	0.04	0.17	0.22	−0.08	0.00	−0.07	−0.08
90	−0.07	0.06	−0.04	0.03	0.06	−0.05	0.10	−0.09

表 7-17 第二组不同倒角形式断面的升力系数 C_Y

偏角/(°)	简单矩形		外凸圆形		内凹圆形		内凹矩形	
	前柱	后柱	前柱	后柱	前柱	后柱	前柱	后柱
0	0.00	0.00	−0.03	−0.02	0.01	0.01	0.00	0.00
5	−0.07	−0.20	0.12	0.05	−0.14	0.06	−0.14	0.30
10	−0.33	0.29	0.23	0.26	−0.17	0.28	−0.18	0.24
20	0.16	0.52	−0.05	0.11	0.26	0.49	0.33	0.61
45	1.73	1.58	1.24	1.27	1.38	1.37	1.63	1.33
70	2.21	1.82	0.79	1.04	1.59	1.58	1.82	1.27
80	1.76	1.87	0.53	0.52	1.31	1.54	1.38	1.26
85	1.85	1.88	0.53	0.52	1.20	1.32	1.31	1.39
90	1.86	1.84	0.52	0.53	1.28	1.24	1.30	1.29

表 7-18 第二组不同倒角形式断面的斯特劳哈尔数

偏角/(°)	简单矩形		外凸圆形		内凹圆形		内凹矩形	
	前柱	后柱	前柱	后柱	前柱	后柱	前柱	后柱
0	0.098	0.098	0.195	0.195	0.146	0.146	0.122	0.122
5	0.098	0.098	0.171	0.171	0.146	0.146	0.122	0.122
10	0.098	0.098	0.146	0.146	0.134	0.122	0.122	0.110
20	0.110	0.085	0.146	0.122	0.122	0.122	0.122	0.098

（续表）

偏角/(°)	简单矩形		外凸圆形		内凹圆形		内凹矩形	
	前柱	后柱	前柱	后柱	前柱	后柱	前柱	后柱
45	0.098	0.098	0.146	0.146	0.171	0.171	0.146	0.146
70	0.146	0.122	0.146	0.146	0.171	0.171	0.146	0.146
80	0.122	0.122	0.146	0.146	0.171	0.171	0.146	0.146
85	0.122	0.122	0.158	0.158	0.171	0.171	0.146	0.146
90	0.122	0.122	0.158	0.158	0.171	0.171	0.134	0.134

7.3.3.2　内凹矩形尺寸

双柱式桥塔柱断面决定采用内凹矩形断面后，从空气动力学的角度还需要比较不同的内凹矩形尺寸。这也是第二轮桥塔断面气动选型数值计算主要解决的问题。选用 3 种内凹矩形面积基本相等的形式，即 0.7 m×0.7 m 正方形、1.0 m(顺桥向)×0.5 m(横桥向)矩形和 0.5 m(顺桥向)×1.0 m(横桥向)矩形。

仍采用如图 7-27 所示的矩形双塔柱断面进行数值计算，顺桥方向柱宽和横桥方向柱高均为 7 m，两柱中心距为 31.4 m。相应的塔柱断面阻力系数、升力系数和斯特劳哈尔数分别如表 7-19、表 7-20 和表 7-21 所示。可知，不倒角的简单矩形断面最大阻力系数两塔柱平均为 1.655，0.7 m×0.7 m 正方形断面最大阻力系数两塔柱平均为 1.455，1.0 m×0.5 m 矩形和 0.5 m×1.0 m 矩形断面最大阻力系数两塔柱平均分别为 1.700 和 1.565；不倒角的简单矩形断面最大升力系数两塔柱平均为 2.175，0.7 m×0.7 m 正方形断面最大升力系数两塔柱平均为 1.865，1.0 m×0.5 m 矩形断面和 0.5 m×1.0 m 矩形断面最大升力系数两塔柱平均分别为 2.125 和 1.960；不倒角的简单矩形断面最大斯特劳哈尔数两柱平均为 0.133，其余 3 种断面最大斯特劳哈尔数两柱平均均为 0.152。综上所述，内凹 0.7 m×0.7 m 正方形倒角对桥塔静风荷载作用最有利，而 3 种断面的涡振风速区间相差不大。

表 7-19　矩形断面不同倒角尺寸的阻力系数 C_X

偏角/(°)	简单矩形		0.7 m×0.7 m 正方形		1.0 m×0.5 m 矩形		0.5 m×1.0 m 矩形	
	前柱	后柱	前柱	后柱	前柱	后柱	前柱	后柱
0	1.64	1.67	1.12	0.56	0.91	0.55	1.56	1.57
5	1.62	1.33	1.15	0.88	1.01	0.83	1.54	1.19
10	1.32	0.66	1.36	0.87	1.37	1.18	1.23	0.74
20	1.90	1.21	1.72	1.01	1.67	1.16	1.86	1.05
45	1.66	1.27	1.46	1.45	1.67	1.73	1.19	1.33
70	0.59	0.92	0.60	0.76	0.48	0.77	0.45	0.46

（续表）

偏角/(°)	简单矩形		0.7 m×0.7 m 正方形		1.0 m×0.5 m 矩形		0.5 m×1.0 m 矩形	
	前柱	后柱	前柱	后柱	前柱	后柱	前柱	后柱
80	−0.38	0.20	−0.02	0.36	−0.29	0.17	−0.07	0.20
85	−0.10	0.08	−0.09	−0.05	−0.17	−0.14	−0.16	−0.15
90	−0.01	0.01	0.13	−0.13	0.01	−0.01	0.11	−0.10

表 7-20　矩形断面不同倒角尺寸的升力系数 C_Y

偏角/(°)	简单矩形		0.7 m×0.7 m 正方形		1.0 m×0.5 m 矩形		0.5 m×1.0 m 矩形	
	前柱	后柱	前柱	后柱	前柱	后柱	前柱	后柱
0	0.05	−0.04	−0.04	−0.01	−0.01	0.02	−0.03	−0.05
5	0.02	0.16	−0.13	0.22	−0.22	−0.05	−0.09	0.11
10	−0.30	0.35	0.21	0.28	−0.01	−0.10	−0.27	0.40
20	0.55	0.50	0.58	0.53	0.30	0.38	0.49	0.54
45	1.74	1.35	1.72	1.45	1.36	1.46	1.77	1.63
70	2.19	2.16	1.81	1.92	2.11	2.14	1.97	1.95
80	1.75	2.08	1.34	1.63	1.65	2.00	1.28	1.66
85	1.83	1.89	1.22	1.38	1.70	1.80	1.03	1.21
90	1.82	1.86	1.25	1.22	1.72	1.74	1.04	1.01

表 7-21　矩形断面不同倒角尺寸的斯特劳哈尔数

偏角/(°)	简单矩形		0.7 m×0.7 m 正方形		1.0 m×0.5 m 矩形		0.5 m×1.0 m 矩形	
	前柱	后柱	前柱	后柱	前柱	后柱	前柱	后柱
0	0.114	0.114	0.114	0.114	0.133	0.133	0.114	0.114
5	0.105	0.105	0.123	0.123	0.133	0.133	0.114	0.114
10	0.095	0.085	0.133	0.133	0.133	0.133	0.114	0.114
20	0.114	0.114	0.133	0.133	0.133	0.133	0.133	0.133
45	0.114	0.114	0.133	0.133	0.133	0.133	0.133	0.123
70	0.133	0.133	0.152	0.152	0.152	0.152	0.152	0.133
80	0.133	0.133	0.152	0.152	0.133	0.152	0.152	0.152
85	0.114	0.133	0.152	0.152	0.133	0.133	0.152	0.152
90	0.114	0.114	0.133	0.133	0.133	0.133	0.152	0.152

7.3.4　气动选型风洞试验

以上 CFD 模拟数值计算结果表明，对于桥塔涡振性能而言，内凹正方形倒角截面涡振性能最好，外凸圆角截面发生涡振的风速最低，简单矩形截面的涡振性能介于二者之间。为了更加直观地比较三种截面对桥塔涡振性能的影响以及 CFD 中未考虑的施工设备对桥塔涡振性能的影响，本节采用风洞试验方法对桥塔涡振性能作进一步的研究。

7.3.4.1　模型设计

为了研究桥塔截面对桥塔涡振性能的影响，在改变桥塔断面外形的前提下，需保持桥塔结构基本动力特性（如阻尼比、振型和频率特性）不变。本试验设计了 3 种桥塔外衣，通过外衣的更换来改变桥塔断面的形状，并在模型组装时保持模型基本动力特性一致。由于外衣可能存在质量上的差别，故需对桥塔配重进行相应的调节，使得 3 种截面桥塔模型的动力特性保持一致。试验中实测 3 种截面桥塔模型的动力特性如表 7-22 所示。

表 7-22　3 种截面桥塔模型动力特性实测值

桥塔截面形状	频率/Hz	阻尼比/%
简单矩形	7.287	0.36
外凸圆形倒角	7.277	0.40
内凹矩形倒角	7.350	0.34

施工设备会带来桥塔断面气动特性的改变，其影响程度需通过风洞试验进行评估。在这里，假定施工塔架主要影响桥塔附近气流绕流形态，对于桥塔刚度及阻尼特性影响较小。故施工塔架模型采用刚体模型，几何缩尺比取为 1∶140，如图 7-28、图 7-29 所示。

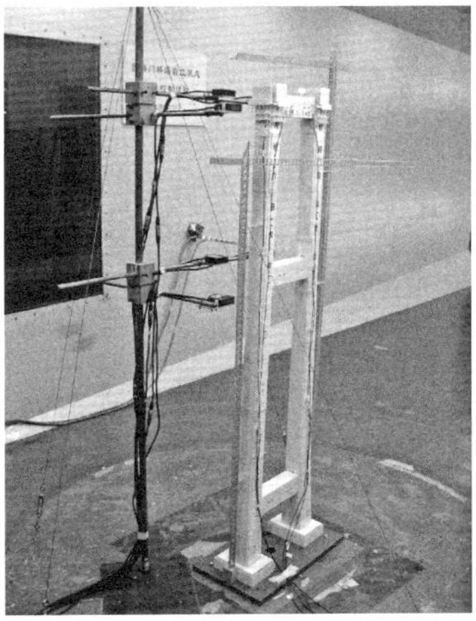

图 7-28　带施工塔吊和升模的桥塔型

图 7-29　施工塔吊和升模的细部构造

由于高阻尼下桥塔涡振并不明显，为了比较截面影响效果，只进行低阻尼（0.3%）状态下的风洞试验研究。

7.3.4.2 试验结果与分析

试验的第一阶段是比较 3 种截面的桥塔模型在均匀流中的涡振响应。不同风偏角工况下，桥塔塔顶最大位移与风速的关系曲线如图 7-30 所示。下面分别从锁定区间长度、最大涡振响应、涡振出现的风偏角 3 个方面来进行 3 种截面涡振性能的对比。

(1) 锁定区间长度：发生明显涡振工况下，外凸圆角断面和简单矩形断面的锁定区间要长于内凹矩形断面的；简单矩形截面锁定区间往往偏后，外凸圆角断面锁定区间偏前，内凹矩形断面锁定区间居中。

(2) 最大涡振响应：所有工况中，桥塔涡振响应的极值从大到小排列依次为矩形不倒角断面、外凸圆角断面和内凹矩形断面，这种规律并不是在各个风偏角下都是一致的，如在风偏角 80°和 75°时，反而是内凹矩形断面情况下的塔顶位移最大。

(3) 涡振出现的风偏角：随着风偏角的变化，涡振最先消失的是简单矩形断面桥塔，其次是内凹矩形断面桥塔，外凸圆角断面桥塔出现涡振的风偏角范围最宽。

断面边缘进行过倒角措施的桥塔，其涡振位移响应曲线相对较稳定，而简单矩形断面的桥塔，在达到涡振临界风速前，位移响应比较缓和，然后出现突变，如图 7-30(a)和(b)所示。

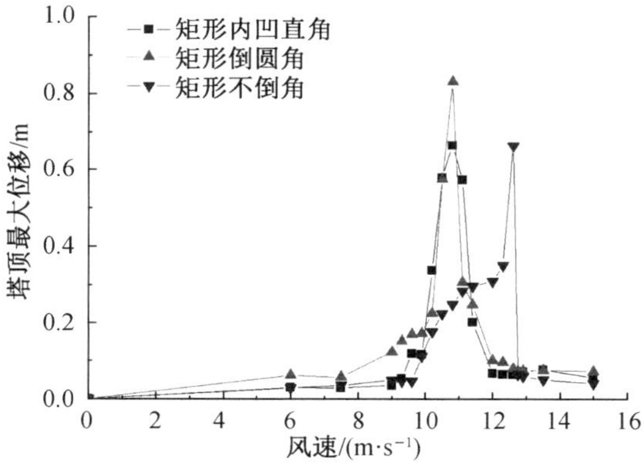

(a) 风偏角 $\beta=90°$

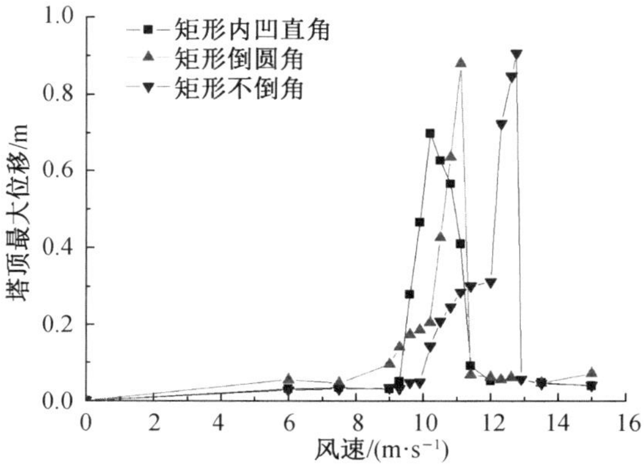

(b) 风偏角 $\beta=85°$

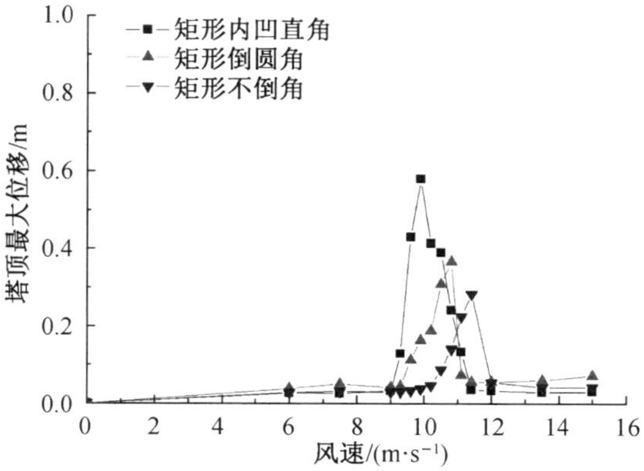

(c) 风偏角 $\beta=80°$

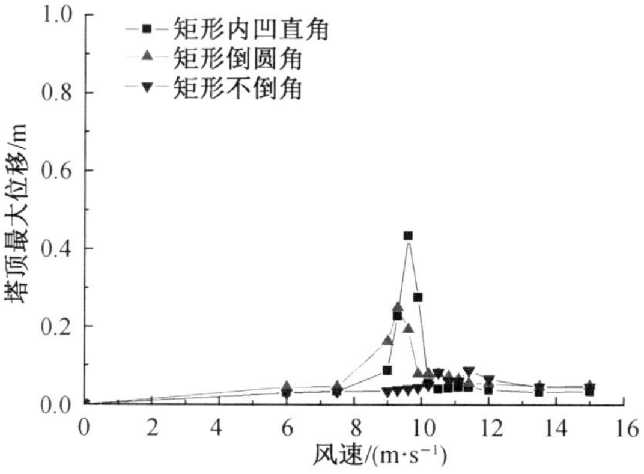

(d) 风偏角 $\beta=75°$

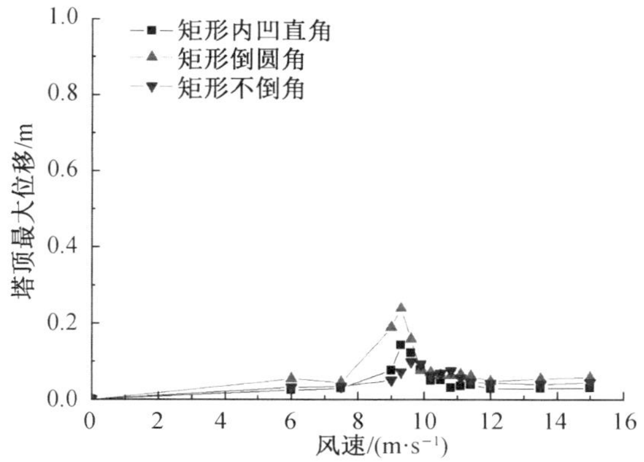

(e) 风偏角 $\beta=70°$

图 7-30　均匀流场桥塔塔顶最大位移

试验的第二阶段是考察施工塔吊及浇筑模板能否改善桥塔涡振性能，进行了 3 种阻尼比模型在不同流场、不同风偏角下的桥塔涡振风洞试验，试验结果如图 7-31 所示。由于施工机械对于桥塔周围流场的影响，塔顶涡振响应明显减小。此时，在风偏角 80°、阻尼比

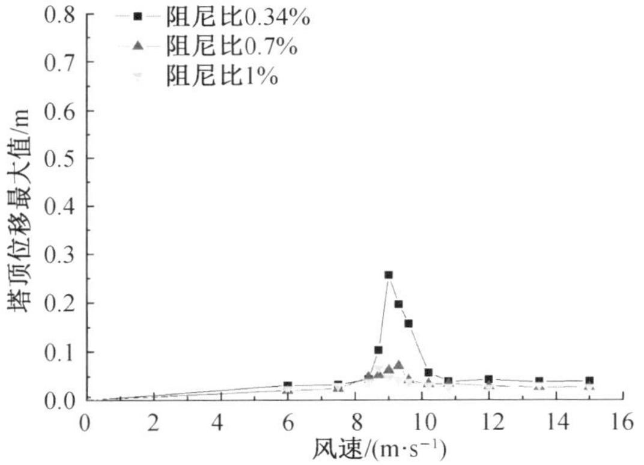

(a) 均匀流场，风偏角 $\beta=90°$

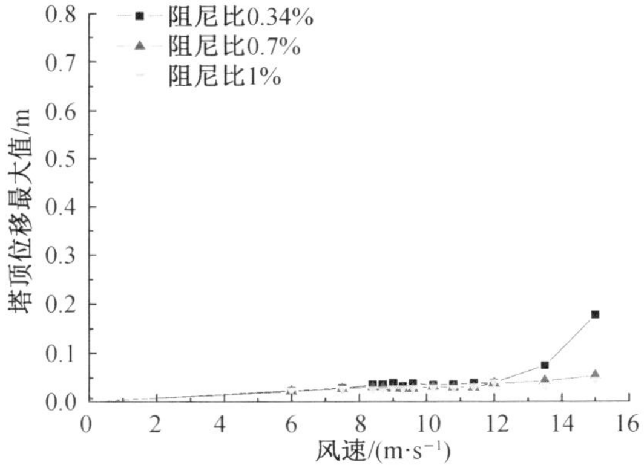

(b) 均匀流场，风偏角 $\beta=85°$

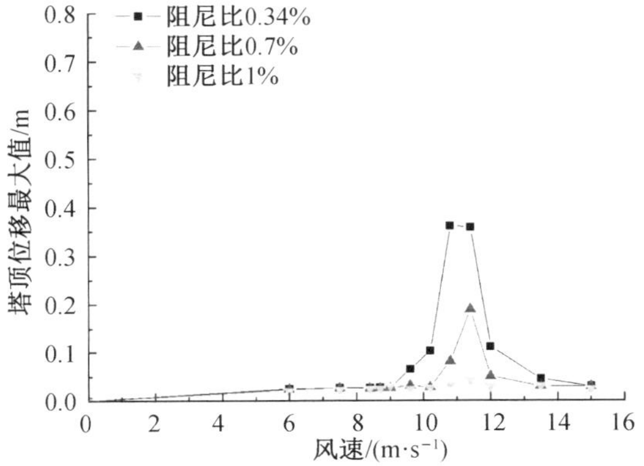

(c) 均匀流场，风偏角 $\beta=80°$

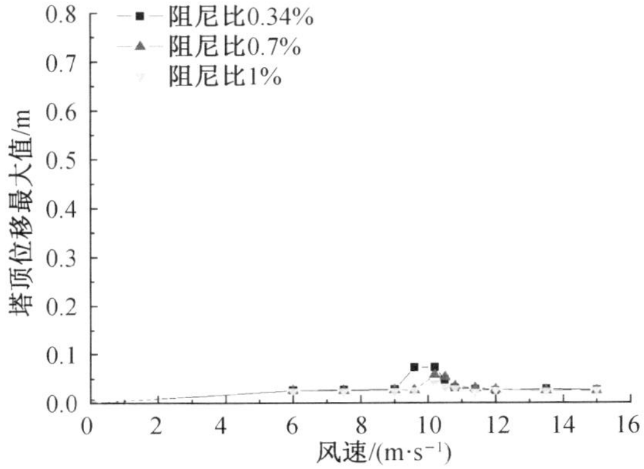

(d) 均匀流场，风偏角 $\beta=75°$

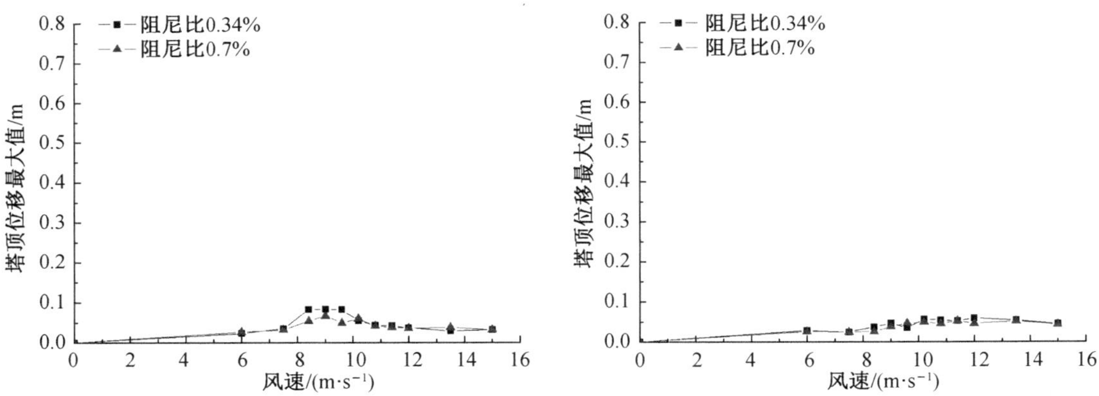

(e) 紊流场,风偏角 $\beta=90°$　　(f) 紊流场,风偏角 $\beta=85°$

图 7-31　有施工设施时的塔顶位移

0.34%情况下,塔顶涡振位移响应降为 0.36 m,比未采取措施的桥塔涡振位移响应降低了大约 50%。因此,适当延迟施工塔架拆卸的时间亦不失为一种巧妙的抑制涡振策略。

7.4　桥塔涡振振幅简化计算

由于 CFD 技术的发展,根据斯特劳哈尔数推算的涡振锁定区间越来越可靠,桥塔涡振的理论计算更侧重于涡振振幅的计算。涡致振动振幅估算重点在于涡激力的表达。由于旋涡产生、脱落机理的复杂性,即使对于最为简单的圆柱形截面,涡激力的表达式也尚未研究清楚。经典涡激力理论(简谐涡激力模型[6]、升力振子模型[2]、经验线性模型[2]、经验非线性模型[2]等)大多是采用半理论半试验的方法进行处理,这些涡激力模型有不少参数都需要通过试验来测得;除简谐力涡激力模型外,其他几种涡激力模型的计算结果虽然比较接近试验值,但表达式都非常复杂,不适合工程应用。本节在简谐涡激力模型的基础上,结合 CFD 数值模拟计算以及风洞试验结果,进行桥塔涡振振幅的简化计算。

7.4.1　计算基本假定

根据经典简谐涡激力模型,涡激力近似地表示为一个简谐力

$$F=F_{v0}\cdot\sin\omega_v t \tag{7-6}$$

式中,ω_v 为涡频,$\omega_v=2\pi f_v(Sr,\ Re)$;$F_{v0}$ 为涡激力的幅值,可写成类似空气静力的形式:

$$F_{v0}=\frac{1}{2}\rho v^2\cdot C_{AW}\cdot d \tag{7-7}$$

其中,ρ 为空气密度;v 为来流平均风速;C_{AW} 为涡流的空气动力系数,要通过节段试验,由实测振幅与阻尼值反求;d 为截面在气流方向的投影高度。

涡致振动的振幅可按强迫振动共振的一般形式,写成

$$A = \frac{F_{v0}}{k} \cdot \left(\frac{1}{2\xi}\right) = \frac{\frac{1}{2}\rho v_c^2 \cdot C_{AW} \cdot d}{m\omega_s^2}\left(\frac{\pi}{\delta}\right) \tag{7-8}$$

式中，k 为体系刚度，$k = m\omega_s^2$；ξ 和 δ 分别为体系的阻尼比和对数衰减率；$v_c = \frac{f_s d}{Sr}$ 为临界风速。

根据经典简谐涡激力模型的表达式，涡激力幅值 F_{v0} 主要由以下几个参数决定：涡流空气动力系数 C_{AW}、涡振临界风速 v_c、截面迎风投影高度 d。对应于桥塔涡振计算，截面迎风投影高度即塔柱截面迎风侧的宽度 B，涡振临界风速即桥塔涡振位移峰值对应的风速 U_c。原模型中 C_{AW} 通过节段试验由实测振幅及阻尼值反算；而桥塔模型节段试验研究较少，缺乏相应的试验数据，C_{AW} 难以确定。要将该模型用于桥塔涡振振幅估算，必须作进一步简化与假定。下面参考日本学者的研究成果[7]，提出估算桥塔涡激力幅值的假定。

根据文献[7]中关于圆截面建筑物涡致振动风荷载的计算公式，假定桥塔涡激力幅值为

$$F_z = \frac{1}{2}\rho U_c^2 \cdot \frac{z}{H} \cdot C_r \cdot B_z \tag{7-9}$$

式中，F_z 为高度 z 的涡激力幅值；U_c 为涡振临界风速；ρ 为空气密度；H 为桥塔高度；C_r 为涡激力系数；B_z 为高度 z 的塔柱截面迎风侧宽度。

桥塔结构通常是变截面的，但决定桥塔涡振响应主要是桥塔中上部，即桥面以上部分，可以采用桥面高度以上塔柱截面的平均值作为 CFD 数值模拟计算断面。通过桥塔断面的数值计算，可以得到塔柱截面的斯特劳哈尔数。根据涡振基本原理，当桥塔出现涡振现象时，认为来流涡脱的频率 f_s 近似为桥塔该阶振动的固有频率 f，由斯特劳哈尔数关系式，即可估算出涡振临界风速 U_c。这样桥塔涡激力幅值表达式中需要确定的仅有共振风力系数 C_r。文献[7]中给出的风力系数仅适用于圆形截面建筑，需要结合前文中的风洞试验数据，进行拟合计算，探寻 C_r 的一般规律。

7.4.2　涡激力系数拟合

桥塔涡振关注的是位移响应最大值，本节涡激力系数的拟合也是基于桥塔最大涡振幅值进行的。

7.4.2.1　参数确定

对每一种桥塔，以试验观测到的涡振最大位移对应的风速为临界风速。按照简谐涡激力模型原理，桥塔涡激力可以表示为

$$F = F_z \cdot \sin \omega_s t = F_z \cdot \sin \omega t \tag{7-10}$$

式中，ω_s 和 ω 分别为涡脱频率和桥塔固有频率。

为了便于计算，把桥塔离散成 m 个质点，将分布荷载用多质点的集中荷载代替（图 7-32），每个离散后的 m 点对应高度 z 处的桥塔截面决定公式（7-9）中的 B_z；设图 7-32 中

相邻两节点之间的单元长度为 L_i，则每个单元上的合力 f_i 可以表示为

$$f_i = F \cdot L_i \tag{7-11}$$

将这些合力等效到各个节点，得到节点上集中力 F_i：

$$F_i = \begin{cases} \frac{1}{2} f_1 \\ \frac{1}{2}(f_{i-1} + f_i) \quad (i = 2,\ 3,\ \cdots,\ m-1) \\ \frac{1}{2} f_m \end{cases} \tag{7-12}$$

这种荷载等效及加载方式可以在进行桥塔动力特性的有限元模型上进行，适合工程运算。

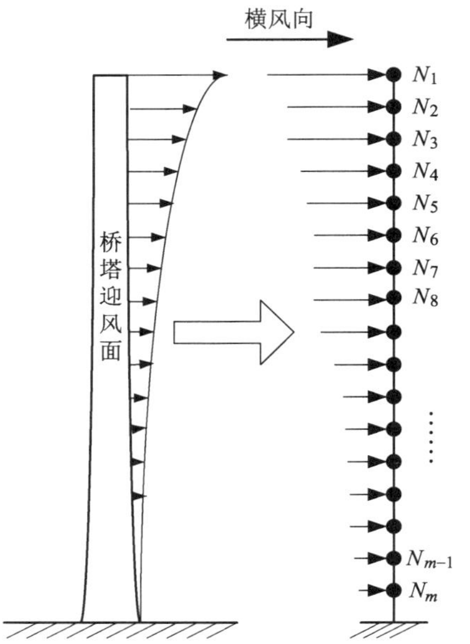

图 7-32 分布风荷载等效

7.4.2.2 参数拟合

以风洞试验桥塔涡振最大位移为目标，拟合各种桥塔的涡激力系数 C_r。采用有限元软件 ANSYS 中的谐响应分析模块进行计算。设定谐荷载的频宽，给定桥塔结构阻尼比，参考桥塔结构动力特性计算结果，将桥塔低风速下涡振模态的频率包容在内，设定一定的荷载步，使得频率的间隔满足精度要求。经过计算拟合，求得各工况下共振时的涡激力系数如表 7-23 所示。

表 7-23 拟合出的各工况涡致振动时的涡激力系数 C_r

工况	均匀流				紊流			
	0.3%	0.7%	1%	1.5%	0.3%	0.7%	1%	1.5%
独柱式桥塔	0.80	—	—	0.80	—	—	—	—
人字形桥塔	0.90	—	—	0.90	—	—	—	—
钻石形桥塔	1.20	—	—	1.20	0.80	—	0.80	—
双塔式桥塔(内凹矩形)	1.00	1.00	1.00	—	0.70	0.70	0.70	—
双塔式桥塔(外凸圆形)	1.22	—	—	—	—	—	—	—
双塔式桥塔(简单矩形)	1.30	—	—	—	—	—	—	—

注：表中“—”代表试验没有该工况或未出现明显涡振。

7.4.2.3 涡激力系数分析

根据表 7-23，对于同一座桥塔，紊流场下的涡激力系数低于均匀流场下的值；在相同流场条件下，随着桥塔结构阻尼的增加，涡振振幅减小，但涡激力系数保持不变。对于这种现象，作出如下解释：本节简化后的涡激力模型，实际上是用简谐强迫外力代替了兼有自激成

分的涡激力，而文中的涡激力系数实际上是基于最大振幅的等效比例系数，不等同于涡流空气动力系数；在同一流场条件下，对于相同的截面气流的涡脱频率保持不变，而阻尼变化引起的结构固有频率变化也很小，涡激力系数保持一致。

由上面的分析，简化模型中共振时的涡激力系数忽略了与结构振动的关联，仅与桥塔固有频率、桥塔截面形状有关。桥塔断面形状与斯特劳哈尔数息息相关，而当桥塔出现涡致振动时，固有频率近似于涡脱频率。以上述 5 种工况桥塔桥面高度以上塔柱迎风侧的平均宽度 $\bar{B}$ 、涡振临界风速 U_c 来计算各桥塔的斯特劳哈尔数，见表 7-24。

表 7-24　各工况下桥塔斯特劳哈尔数与涡激力系数

工况	斯特劳哈尔数 Sr	涡激力系数 C_r
独柱式桥塔	0.137 4	0.80
人字形桥塔	0.128 4	0.90
钻石形桥塔	0.111 4	1.20
双塔式桥塔(内凹矩形)	0.125 1	1.00
双塔式桥塔(外凸圆形)	0.110 2	1.22
双塔式桥塔(简单矩形)	0.106 1	1.30

图 7-33 给出了涡激力系数和斯特劳哈尔数的关系，进行线性拟合后，涡致振动时的涡激力系数 C_r和 Sr 的关系可以用下式表示：

$$C_r = aSr + b \tag{7-13}$$

式中，$a=-16.095$，$b=2.998$。

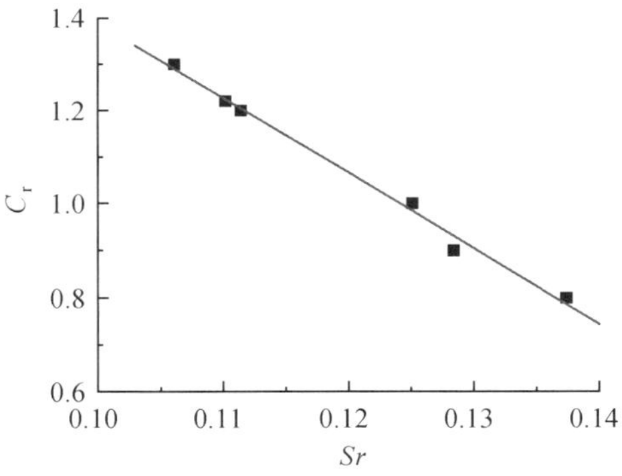

图 7-33　斯特劳哈尔数 Sr 和涡激力系数 C_r的关系

7.4.3　涡振振幅验算

得到涡激力系数 C_r和 Sr 的关系后，将由风洞试验或 CFD 计算得到的 6 种桥塔塔柱截面斯特劳哈尔数代入式(7-13)中，分别计算出涡激力系数，按照第 6.2.2 节中提出的计算涡振单峰值的方法进行计算并和试验值进行比较，结果见表7-25。经对比，6 种桥塔类型涡振单峰值的计算值与试验值比较接近。

表 7-25　涡振单峰值计算值与试验值对比

桥塔类型	斯特劳哈尔数 Sr	涡激力系数 C_r		涡振单峰值/m	
		拟合值	计算值	试验值	计算值
独柱式桥塔	0.137 4	0.80	0.79	0.251	0.248

（续表）

桥塔类型	斯特劳哈尔数 Sr	涡激力系数 C_r		涡振单峰值/m	
		拟合值	计算值	试验值	计算值
人字形桥塔	0.128 4	0.90	0.93	0.491	0.523
钻石形桥塔	0.111 4	1.20	1.21	0.557	0.563
双塔式桥塔（内凹矩形）	0.125 1	1.00	0.98	0.701	0.667
双塔式桥塔（外凸圆形）	0.110 2	1.22	1.22	0.903	1.039
双塔式桥塔（简单矩形）	0.106 1	1.30	1.29	0.904	1.139

7.5 本章小结

本章以 4 种典型塔形（独柱式、人字形、钻石形、双柱式）为研究对象，进行桥塔涡振风洞试验，通过桥塔涡振位移响应对影响桥塔涡振性能的因素（结构阻尼、来流偏角、流场环境等）进行系统化的评估；通过风洞试验，对 TMD 的抑制效果进行验证；通过 CFD 数值计算和风洞试验，进行了气动选型优化分析；以简谐涡激力简化模型为基础，提出了桥塔涡振响应幅值简化计算方法，并与试验结果进行比较。主要结论如下：

（1）自立状态下的桥塔在低风速下会出现横风向的低阶涡致振动；对于横向刚度较大的桥塔形式（双柱式、钻石形）主要表现为顺桥向一阶弯曲涡振，对于横向刚度较小的桥塔形式（人字形、独柱式），顺桥向和横桥向一阶弯曲涡振均可能发生。

（2）桥塔结构阻尼、气动外形、来流风偏角以及流场状态是影响桥塔涡振性能的主要因素，其中结构阻尼对桥塔涡振影响最大。

（3）双塔柱形式的桥塔上游塔柱尾流脱落给桥塔整体涡振性能带来不利影响，桥塔涡振位移响应程度由大到小依次为双柱式桥塔、钻石形桥塔、人字形桥塔和独柱式桥塔。

（4）通过合适参数的阻尼器以及桥塔气动外形的改变，可以有效地控制桥塔涡振。

（5）施工阶段桥塔周围的临时设备对桥塔涡振有一定的抑制作用。

（6）以简谐涡激力模型为基础，对计算模型进行修正和简化，在已知桥塔断面斯特劳哈尔数时，可以进行涡振振幅估算。

参考文献

[1] SACHS P. Wind Forces in Engineering[M]. Oxford: Pergamon Press, 1972.

[2] SIMIU E, SCANLAN R H. Wind effects on structures[J]. Proceedings of the Institution of Mechanical Engineers, 1996. 185(92): 301-317.

[3] 周亚栋，孙延国，李明.大跨度斜拉桥桥塔自立状态抗风性能试验研究[J].桥梁建设，2020，50(3)：52-57.

[4] 胡传新，周志勇，秦鹏.港珠澳大桥青州航道桥抗风性能研究[J].桥梁建设，2018，48(2)：1-6.
[5] 徐刚.施工中大桥桥塔的 TMD 减振研究[J].工程力学，2003，20(6)：106-110.
[6] 李国豪.桥梁结构稳定与振动[M].北京：中国铁道出版社，1992.
[7] AIJ Recommendations for Loads on Buildings[S]. Architecture Institute of Japan，1996.

第 8 章

桥梁涡振现场实测及与风洞试验比较

风洞试验为桥梁及建筑结构的抗风设计提供了强有力的保障，但由于风洞试验是一项十分复杂的空气动力试验，试验数据的准确度受到多种因素的影响，如雷诺数及风特性模拟缺陷等。这些因素会导致大跨度桥梁涡振特性真实情况与风洞试验结果存在不可忽视的差异。故建立了桥梁健康监测系统，可为桥梁实测风环境和风致振动研究提供极大便利。本章基于浙江舟山西堠门大桥健康监测系统采集获得的现场实测数据，研究了该桥的涡振响应与现场风特性之间的关系，并将桥梁现场实测涡振与风洞试验进行比较，分析了涡振响应产生差异的原因。

8.1 桥梁风致效应的现场实测

8.1.1 现场实测发展现状

目前结构风工程的研究方法主要有风洞试验、理论分析、数值模拟和现场实测。伴随着科学技术进步及对风工程问题的深入研究，风洞试验技术以及数值模拟得到了迅速发展。然而，由于存在现场实测难度大、费用高等不可避免的缺点，其发展相对滞后。

大跨度桥梁的风致振动受到许多方面因素的影响，其中风场特性的影响尤为突出。风场特性主要包括平均风速、紊流强度、脉动风谱、脉动风的空间相关性以及紊流积分尺度等。国内外重要的大跨度桥梁大多设置了包括风速风向仪和结构响应（应变、振动、位移等）测量仪器设备在内的结构健康监测系统（SHMS），如表 8-1 所示。如英国的 Foyle 桥、Flintshire 独塔斜拉桥、挪威的 Skam-sundet 斜拉桥、美国的 Sunshine Skyway Bridge 斜拉桥、加拿大的 Confederation Bridge 斜拉桥，我国的润扬长江公路大桥、江阴长江公路大桥、苏通长江公路大桥、上海徐浦大桥、滨州黄河公路大桥、香港青马大桥等均安装了风-桥健康监测系统[1,2]，在进行健康监测的同时同步进行风场实测。青马大桥上安装了 6 个风速仪、24 个单向伺服式加速度传感器用于风场实测和抖振加速度响应实测，朱乐东等[3-5]对此进行了相关研究。王浩等[6,7]和谢静[8]对润扬长江公路大桥和苏通长江公路大桥开展了风特性现场实测工作，取得了一些研究成果。陈政清教授的科研组先后在南京长江大桥、岳阳洞庭湖大桥等桥上建立了长期健康监测系统并进行了长期的现场实测，在斜拉桥风雨场实测和风雨振动控制方面取得了大量研究成果。基于现场同步风场实测和风致振动响应的比较分析，是对理论分析进行可靠性验证的有效手段。

表 8-1　国内外安装健康监测系统桥梁

序号	国家	桥名	桥型	序号	国家	桥名	桥型
1	英国	Foyle 桥	连续梁桥	14	中国	青马大桥	悬索桥
2	英国	Flintshire 桥	斜拉桥	15	中国	苏通长江公路大桥	斜拉桥
3	挪威	Skam-sundet 桥	斜拉桥	16	中国	东海大桥	斜拉桥
4	挪威	Skarn 桥	斜拉桥	17	中国	江阴长江公路大桥	悬索桥
5	加拿大	Confederation 桥	连续刚构桥	18	中国	西堠门大桥	悬索桥
6	美国	Sunshine Skyway 桥	斜拉桥	19	中国	昂船洲大桥	斜拉桥
7	美国	金门大桥	悬索桥	20	中国	润扬长江公路大桥	悬索桥
8	丹麦	大海带桥	悬索桥	21	中国	芜湖长江大桥	斜拉桥
9	日本	明石海峡大桥	悬索桥	22	中国	南京长江大桥	钢桁架桥
10	日本	大鸣门桥	悬索桥	23	中国	南京长江第二大桥	斜拉桥
11	法国	诺曼底大桥	斜拉桥	24	中国	厦漳大桥	斜拉桥
12	泰国	拉玛大桥	斜拉桥	25	中国	洞庭湖大桥	斜拉桥
13	中国	广东虎门大桥	悬索桥	26	中国	坝陵河大桥	悬索桥

但在这方面进行的研究工作显然还很不够。因此，研究分析处理 SHMS 实测桥址区风特性以及与之对应的结构振动响应数据的方法，为大跨度桥梁抖振响应提供更多的实测案例，是桥梁风工程领域具有重要意义的课题。

建立桥梁 SHMS，即应用现代化的传感技术、测试技术、计算机技术、现代网络通信技术对桥梁的工作环境、桥梁的结构状态以及在车载、风载等各类外部荷载因素作用下的结构响应进行实时监测和研究，及时掌握桥梁的结构状态，全面了解桥梁的运营条件及质量退化状况，以便为桥梁的运营管理、养护维修、可靠性评估以及科学研究提供依据。因此，桥梁 SHMS 对确保其运营安全、及早发现桥梁病害、延长桥梁的使用寿命起着积极的作用。与传统的检测加固技术不同，大型桥梁健康监测与评估不仅要求在测试上具有快速大容量的信息采集与通信能力，而且力求对结构整体行为进行实时监控、对结构工作状态进行智能化预测与评价。

大跨度桥梁 SHMS 的基本组成部分及其原理大致相同，以润扬悬索桥 SHMS 为例进行介绍。

润扬悬索桥 SHMS 包括 4 个集成模块：

(1) 传感器子系统(Sensory Subsystem)。以技术先进、经济合理、性能可靠适用、长期稳定、满足监测目标为原则确定大桥传感器的选型，并进行传感器及其测点优化布置。该桥安装的传感器包括风速仪、温度传感器、几何测量系统(位移计、水平仪、倾角仪、GPS)、应变计、测力传感器、车轴车速仪、加速度传感器，以及信号放大器、调理器等附件。

(2) 数据采集子系统(Data Acquisition Subsystem，DAS)。包括安装在大桥箱梁内的

数个由微电脑控制的数据采集站。每个采集站是基于PC机的数据采集和分站，主要功能是收集由传感器传来的数据，进行读数的信号调理、采集数据的初步处理和储存，然后通过光缆传到监测中心的数据处理和分析系统。

(3) 数据通信与传输子系统(Data Communication and Transmitting Subsystem, DCTS)。将处理过的数据传输到监控中心。包括网络操作系统平台、站点的设立、安全监测局域网的网络协议，以及与其他局域网或主干网的连接。

(4) 数据分析与处理子系统(Data Processing and Analysis Subsystem, DPAS)。用数台高性能工作站连接桥上数台DAS(根据传感器布置具体情况确定)形成一个计算机网络。工作站安装在大桥监控管理中心，并配置所需的数据显示软件。工作站分别实现采集数据处理、结构监测图形显示、系统控制管理与维护、结构分析评估及专家诊断。

由于大跨度桥梁本身的规模、重要性、投资、服役环境以及服役期内性能退化情况等的不同，不同桥梁的监控内容会存在一定的差别。通常情况下，大跨度桥梁SHMS主要对以下几方面进行监控：

(1) 桥梁结构的振动模态及其相对应的结构阻尼。

(2) 桥梁在正常车辆荷载及风载作用下的结构响应(如内力、位移、振动响应等)和力学状态。

(3) 桥梁结构在突发事件(如强烈地震、意外大风、超重车过桥、桥墩或桥塔被撞击等严重事故)之后的损伤情况。

(4) 桥梁结构构件的真实疲劳状况。

(5) 桥梁重要非结构构件(如支座)和附属设施(如斜拉桥振动控制装置)的工作状态。

(6) 大桥桥址区的环境条件，如风速、温度和地面运动等。

桥梁SHMS绝不仅仅只是为了对结构工作状态进行简单的监控与预测。通常桥梁设计所依据的理论以及有限元计算模型本身都隐含了多种理想化假定或简化，有限元分析所得桥梁结构力学特性和响应与实际之间不可避免地存在着一定的误差。桥梁SHMS所实时监测的实际结构动静力响应可用于对结构有限元模型进行修正和验证，以建立能够更真实地代表实际结构系统的有限元基准模型，并进一步检验大桥设计理论和计算模型中的各种假定。因此，SHMS实测数据为结构有限元模型高效精确地预测和评估大型桥梁各种复杂动静力行为提供了前提条件。

桥梁健康监测信息反馈于结构设计的更深远意义在于：结构设计方法与相应的规范标准等可能得以改进，并且对桥梁在各种交通条件和自然环境下的真实行为的理解以及对环境荷载的合理建模是将来实现桥梁“虚拟设计”的基础。另外，桥梁SHMS带来的将不仅是对某特定桥梁设计的反思，还可能成为桥梁研究的“现场实验室”。由营运中的桥梁结构及其环境所获得的信息不仅是理论研究和实验室调查的补充，而且可以提供有关结构行为与环境规律的最真实的信息。因此，大型桥梁SHMS被赋予了结构监控与评估、设计验证以及研究与发展三方面的意义。

由前所述，这方面的研究工作至今还不多，这主要是由于：①测试所需的仪器设备费用昂贵，需要获得足够多的研究经费资助；②实测案例研究有其明显的地域特征，只涉及那些可能发生强台风区域的大跨度桥梁，而并非只要安装了 SHMS 就有条件进行此项研究；③斜风作用下大跨度桥梁结构抖振响应分析方法的研究较少，现有的少量研究方法大都是平均风分解法。然而这套方法需要进行专门的斜风下桥梁构件气动导数和气动系数测试的风洞试验，这限制了其在工程领域的广泛普及与应用。

对于大跨度桥梁结构而言，其抖振响应虽然已经建立了一套可用于解决工程抗风设计的方法，但在精细化研究领域还有很多工作要做。气动导纳识别以及桥梁断面雷诺数响应等问题的存在，使得抖振响应分析结果与现场实测数据还不能取得一致，需要通过更多的现场实测案例研究加以对比和验证，以对现行的抖振分析理论进行精细化的改进。可以说，要更好地解决桥梁抖振的分析和控制问题，还有许多工作要做。

王浩等[9]利用润扬悬索桥 SHMS 中加速度传感器实时采集的数据，结合台风期间专门增设的三维超声风速仪实测数据，对"韦帕"台风本身的特性及其作用下大桥部分关键部位的实测抖振响应特性进行了较为深入的分析，并且与"麦莎"台风期间的实测结果进行了对比，分析结果不仅为该桥基于 SHMS 的风致抖振安全性评估奠定了基础，而且可用于进行现有抖振分析理论的精细化研究，为其他同类型大跨缆索承重桥梁的抗风设计提供参考。

润扬悬索桥 SHMS 中，主梁的振动监测综合考虑了遗传算法优化理论的分析结果以及实现在线模态分析的要求，选择了 9 个截面(分别为 ZLZD1～ZLZD9 截面)，共布置了 29 个低频单向加速度传感器，具体布置如图 8-1 所示。

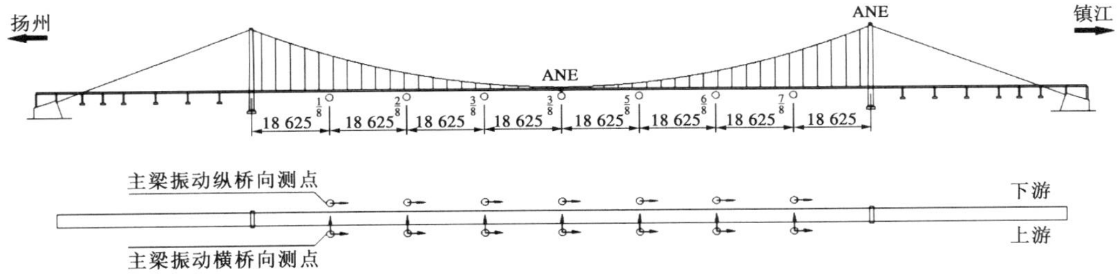

图 8-1　主梁振动监测传感器布置(单位：cm)

考虑到主缆对悬索桥结构整体安全至关重要，且不可更换，在润扬悬索桥 SHMS 中采用了 12 个低频单向加速度传感器分别对其竖向和横向振动进行监测，缆索上传感器的具体布置如图 8-2 所示。

结合与"麦莎"台风期间实测结果的对比，他们得到如下结论：

(1) 风向对主梁抖振响应的影响非常明显。为了在研究抖振响应与风速的关系时能够获得良好的相关性，有必要对实测斜风进行分解，将斜风转化为正风再进行相关性分析。

(2) 随着风速的增大，主梁横向、竖向和扭转横向加速度总体上均明显增大，但相对于竖向和扭转加速度 RMS 响应而言，横向加速度 RMS 响应与正风风速之间的相关性更为紧密，离散性更小。主梁加速度 RMS 响应的最大值均出现在跨中截面，往南、北两岸均呈现出

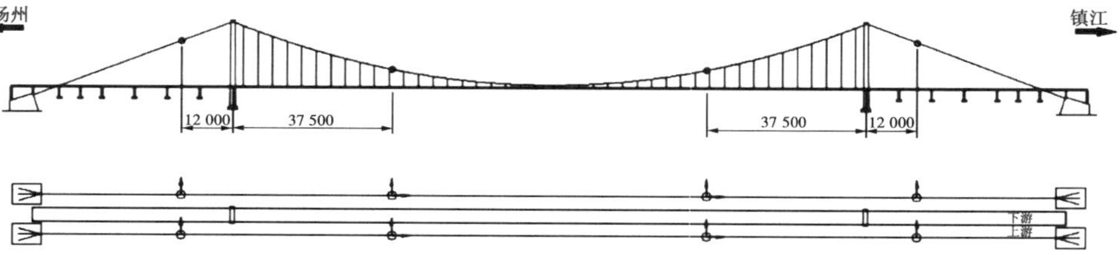

图 8-2 缆索振动监测传感器布置(单位：cm)

递减的趋势，但从跨中到 1/8 跨的变化都不大，到两梁端截面则大幅度下降。

(3) 主缆横向、竖向加速度 RMS 响应也呈现出随着风速增大而增大的趋势，且两岸边缆振动响应与风速之间的关系表现得比跨中主缆更为明显；同一截面上、下游缆索加速度响应值相差很小；跨中主缆的横向振动响应比两岸边缆的大。

(4) 频谱分析结果表明，"韦帕"台风期间润扬悬索桥动力特性实测结果、"麦莎"台风期间实测结果以及有限元计算结果三者总体上吻合良好，再次证明了有限元分析模型的有效性，为进一步研究工作提供了可靠的数值计算平台。

2010 年，王浩等[10]又以遭受台风"凤凰"袭击的世界第一大跨斜拉桥——苏通长江公路大桥为工程背景，综合利用现场实测风特性数据和该桥 SHMS 中加速度传感器实时采集的数据，采用频谱分析和统计方法对超大跨度斜拉桥的抖振响应进行了现场实测案例研究，主要研究内容包括桥址区的强风特性分析、主梁和拉索振动响应特性分析、振动与风速的关系、上下游拉索的振动特性对比以及斜拉索阻尼器的减振效果分析等。

实测共有 4 个三维风速风向仪，分别布置在大桥南、北塔塔顶以及主梁跨中截面的上、下游 4 个位置。为了减小数据存储量，风速和风向测量精度分别设为 0.1 m/s 和 0.1°，采样频率为 1 Hz。

表 8-2 苏通长江公路大桥计算及实测动力特性

振型	自振频率/Hz		
	实测值 1	实测值 2	计算值
一阶对称侧弯	0.107	0.112	0.107
一阶对称竖弯	0.186	0.186	0.185
一阶对称扭弯	0.537	0.542	0.544

表 8-2 列出了苏通长江公路大桥计算及实测动力特性，可知：

(1) 主梁跨中截面上、下游两侧的传感器所测竖向加速度的功率谱密度吻合良好，验证了两竖向传感器的可靠性和测试数据的准确性。

(2) 时隔 4 年的 2 次台风期间的实测数据分析所得苏通长江公路大桥自振频率值很接近，且台风"海葵"期间的实测自振频率更接近有限元计算值。

(3) 2 次实测结果均与有限元计算结果非常接近，说明现有的有限元计算手段能够较准确地进行苏通长江公路大桥动力特性相关分析，为后续该桥抖振响应计算与实测结果的对比工作奠定了基础。

需要说明的是，就本次实测而言，随着风速的不断变化，该桥的振动频率值基本保持不变。说明在台风“海葵”这样级别的风速下，气动刚度对大桥结构总体刚度的影响很小，可忽略不计。

目前，在分析大跨度桥梁抖振响应时，通常是假设风的来流方向垂直于桥轴线方向为最不利状态，大多数桥梁的抖振响应都是分析这种正交风作用下的抖振响应。但是，作用在桥梁上的强风并非是完全垂直于桥轴线的正交风，大部分情况下是有一定偏角的斜向风。而一些大跨度桥梁全桥气弹模型试验和抖振响应现场实测结果均显示，在斜向风作用下主梁的抖振响应值可能达到甚至超过同等风速条件正交风作用下的抖振响应值。如 Kimura 和 Ohara[11] 在诺曼底大桥和高屏大桥的全桥气弹模型风洞试验中观察到，斜向风作用下主梁的抖振响应值大于正交风作用下的抖振响应值。Diana 等[12] 在主跨 3 300 m 的墨西拿海峡大桥全桥气弹模型风洞试验中发现，30°风向角时的抖振响应值与正交风时的抖振响应值相近。奚绍中[13] 在淇澳大桥气弹模型试验中发现，风向角为 30°时的横向抖振响应值要大于风向角为 0°时的响应值，风向角为 30°和 15°时的竖向响应值要大于风向角为 0°时的响应值。Xu 和 Zhu[5] 对香港青马大桥的抖振响应现场实测结果也发现了类似现象。王浩等[14,15] 在润扬悬索桥的抖振响应现场实测分析中也考虑了斜风效应。喻梅等[16] 基于现场实测和全桥气弹模型风洞试验，对大跨度桥梁在斜风作用下的抖振响应进行了研究。在西堠门大桥上安装了 GPS 位移测量系统和加速度传感器，对桥梁在施工和成桥阶段的风速、风压和抖振响应进行了同步现场实测。然后设计 1∶124 的全桥气弹模型，进行了该桥在正交风与斜向风作用下的抖振响应风洞试验。对现场实测数据和全桥气弹模型风洞试验结果进行了对比分析，实测数据与风洞试验结果吻合较好。

西堠门大桥 GPS 位移测量系统由 1 个基准站和 3 个监测站组成，GPS 基准站设置在北塔附近的陆地上，周围视野开阔无遮挡物以及产生多路效应的反射物，保证了数据的准确性和可靠性。监测站分别设置在大桥的 1/8 跨、1/4 跨和 1/2 跨，各传感器布置如图 8-3 所示。

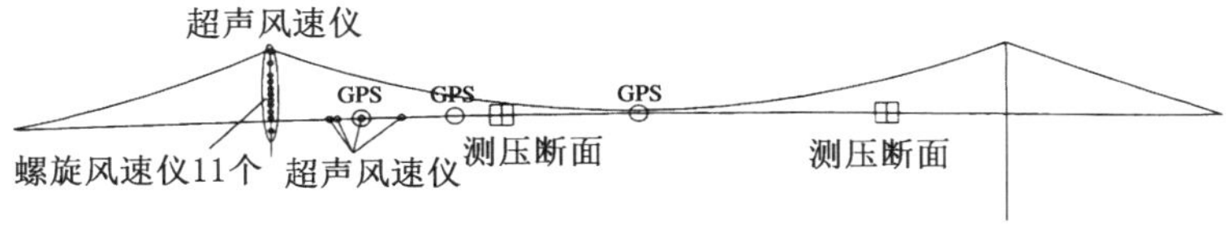

图 8-3　风速、风压和振动同步测量系统传感器布置

通过研究，得到如下结论：

(1) 由频谱分析结果表明，实测结果与有限元计算结果总体上吻合良好，为后续全桥气弹模型试验研究奠定了基础。

(2) 经成桥阶段抖振响应现场实测发现，10°风向角附近主梁横向抖振位移大于其他风向角下的横向抖振位移；主梁 1/8 跨、1/4 跨的竖向抖振位移在 10°风向角附近均大于其他风向角下相应位置处的竖向抖振位移。

(3) 通过加速度响应与平均风速相关性分析可知,随着平均风速的增大,主梁横向和竖向加速度均方根值增大,扭转加速度均方根与平均风速相关性略小。

(4) 全桥气弹模型风洞试验证实,在高风速条件下,10°风向角时的抖振位移值要大于其他风向角下的抖振位移值。在高风速下,随着风速的增大,风向角对抖振响应的影响越明显。

分析结果表明,大跨度桥梁在斜风作用下的抖振响应幅值可能达到甚至超过同等风速正交风作用下的响应值。因此,大跨度桥梁抖振响应分析中考虑斜风的作用是非常有必要的。

胡俊和欧进萍[17,18]结合东海某大跨悬索桥 SHMS,同步实测桥面处风速及加劲梁与吊索风振加速度响应,采用统计方法及频谱分析对结构响应长期实测数据进行分析;探讨结构构件风振响应实际特性;将强风作用下加劲梁响应实测值与抖振分析理论结果进行对比研究。

对桥址区风环境进行现场实测,安装风场监测系统,风速仪布置如图 8-4 所示。其中 AN1,AN2 为螺旋桨式风速仪,UA1～UA6 为三向超声风速仪。

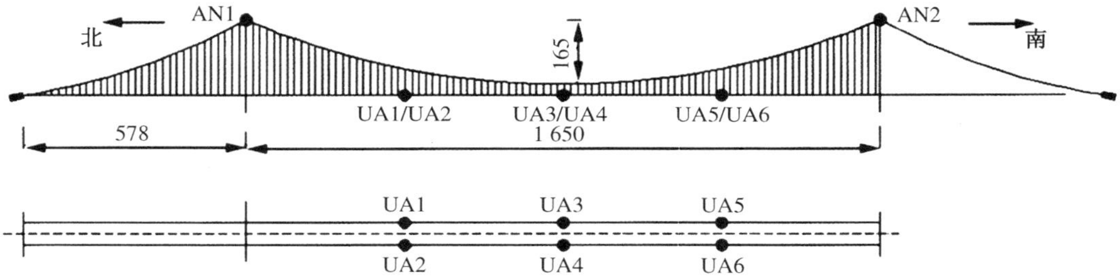

图 8-4　悬索桥风速仪传感器布置(单位: m)

悬索桥加劲梁及吊索构件中分别布设加速度传感器,选择加劲梁边跨跨中、主跨 1/4、主跨跨中及主跨 3/4 截面进行振动监测。每个截面布置 3 个单向加速度传感器(AC4～AC6,AC10～AC18),分别为桥面左侧竖向、右侧横桥向及右侧竖向;吊索振动监测中选择边跨及主跨的 10 对吊索,分别在其中部安装面内索力加速度传感器(CAC1～CAC20)。最高采样频率均为 100 Hz,布置如图 8-5 所示。

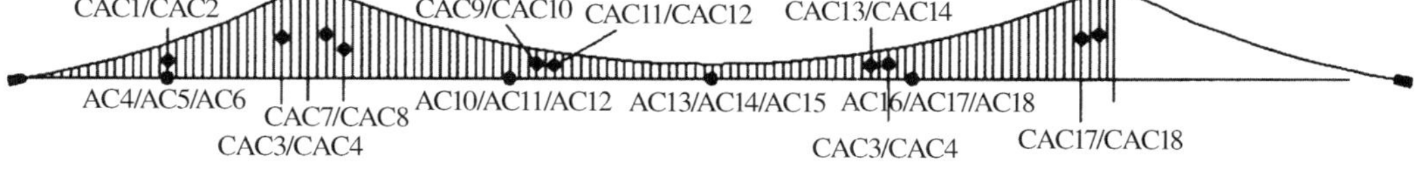

图 8-5　悬索桥加劲梁及吊索振动传感器布置

结果表明：

(1) 垂直桥面平均风速的增大，加劲梁横向、竖向及扭转加速度响应基本呈线性增大趋势，通过对其线性拟合获得结构响应的快速估计公式。主梁振动以 0.5 Hz 内的低阶模态为主，结构动力特性实测结果较稳定，随风速的增大无明显变化趋势，说明在日常环境风荷载作用下，平均风引起的气动刚度效应影响不大。

(2) 随平均风速的增大，吊索加速度响应呈增大趋势，但由于受风向等随机因素影响，结果随机性较强；上游(迎风侧)吊索加速度响应明显高于下游(背风侧)吊索响应；吊索间距较大，无尾流驰振现象发生；吊索振动特性主要是在某一高频范围内共振，其共振频率随风速增大呈线性变化，即吊索振动主要为高频涡致振动。

(3) 通过用该悬索桥桥位处实测风场参数、数值模拟其脉动风场、理论分析结果与实测值对比，发现抖振时域的理论分析方法基本能满足工程应用研究，但由于大跨度悬索桥抖振响应计算及实测过程受大量复杂、不确定因素影响，理论分析结果明显大于实测值。如何能更准确地分析结构风振响应尚待精细化研究。

李杏平等[19]为建立苏通长江公路大桥桥址区风特性数据库，利用 SHMS 通过对现场实测数据的分析，得到 10 min 平均风速年最大值的风玫瑰图、紊流强度、紊流积分尺度以及紊流功率谱函数等风特性。结合与桥梁抗风规范建议值的比较，总结了桥址区的风特性及其规律。研究结论为苏通长江公路大桥的抗风安全性评价提供了实测依据，同时可为该地区其他工程结构的抗风研究提供参考。

李爱群等[20]为了对大桥抗风评估提供可靠依据，利用润扬悬索桥 SHMS 在大桥南塔塔顶和主跨跨中分别安装了风速风向仪。台风“麦莎”突袭江苏时，风速仪记录了经过桥址区的强风样本。经过对实测风速数据的分析，得到了平均风速和风向、风速沿高度变化规律、紊流强度、紊流功率谱密度函数等强风特性。分析结果表明，桥址区实测“麦莎”台风风速沿高度变化规律与规范吻合良好，紊流强度较高；但水平紊流功率谱密度函数与 Kaimal 谱不太吻合，低频段偏低，高频段偏高。

张玥和胡兆同[21]在山西省禹门口黄河公路大桥桥址处建立了一座 60 m 和两座 30 m 的风观测站，利用自行编制的程序对实测风速数据进行了分析，得到了平均风速和风向、风剖面、湍流强度和阵风因子等强风特性。分析结果表明，桥位处的风场比较复杂，风剖面属于山区风速剖面，不完全遵守幂指数分布；桥位处出现 28.3 m/s 大风概率很大，应进行主桥最大双悬臂状态抗风安全性能的风洞试验，以确保主桥悬臂施工期间的安全；还应进行长期观测，得到更多翔实资料，为掌握同类地形处的风场特性提供资料。

8.1.2　现场实测设备

桥梁风环境和桥梁结构风致响应的测量需要通过在桥梁结构上安装传感器实现，常用的测量仪器有风速仪、风压传感器、位移传感器和加速度传感器等。目前，桥梁风工程现场实测主要目的是实时测量桥址位置风场、结构表面风压和风致振动(位移和加速度)。

8.1.2.1　风场监测设备

桥址处风速和风向的测量通常采用风速仪，以分析风场环境并提供风环境下大桥工作状态资料。风速仪主要分为超声波风速仪和螺旋桨风速仪(也称三轴风速仪)。超声波风速仪工作稳定、不易损坏且对风场破坏较小,但价格昂贵;螺旋桨风速仪价格较低,但响应速度慢,测量风速时,测风轴与风向之间存在一定的夹角,因此存在余弦响应特性,尤其是垂直风速测量的误差可达25%以上,因此有必要进行余弦修正[22]。风速仪的测点布置一般根据气象观测资料,选取风速较大、具有代表性的位置,如主跨四分点、跨中和塔顶。

风速仪工作原理如下:

超声波风速仪利用超声波在空气中的传播速度与空气流动之间的关系来测量风速。当超声波在气流中传播时,若超声波的传播方向与风速方向相同,则传播速度加快;若超声波的传播方向与风速方向相反,则传播速度减慢。因此,在固定的检测条件下,可建立超声波的传播速度与风速之间的函数关系,进而可得精确的风速和风向。

螺旋桨风速仪由3片或4片螺旋桨组成感应部分,将其安装在风向标的前端,使其对准来流方向,在风力作用下,螺旋桨绕水平轴以正比于风速的转速旋转,通过风速和螺旋桨转速的比例关系以及风向标角度即可得到风速和风向。

8.1.2.2 风致振动监测设备

大跨度桥梁风致振动监测内容主要包括结构位移、加速度的测量。对于结构位移的测量通常采用GPS传感器,可用于测量主塔和主梁竖向、横向以及扭转振动位移,还可以观测静风响应。GPS测量不受气象条件影响,且测站之间没有通视要求,但设备昂贵且定位精度有限。

对于结构振动加速度的测量通常采用加速度传感器,常用的加速度传感器类型有压电式、压阻式、电容式和力平衡式等。压电式加速度传感器压电元件敏感性高,与电荷放大器匹配可用于状态过程的监测;压阻式加速度传感器的敏感元件是固定在悬臂梁的应变计,与之匹配的放大器是动态应变仪,其适用于底片振动和极高过载的强烈振动;电容式加速度传感器低频响应好、阻尼稳定且过载能力强,适用于低频、微振等振动测量;力平衡式加速度传感器的原理与电容式加速度传感器相似,但是更加小巧,适用于直流与低频振动测量。加速度传感器比较适用于大跨度桥梁风致振动的测量,但受噪声干扰大,且由于测点之间信号传输距离长,当进行集中式采集时,精度会受影响。

加速度传感器工作原理如下:

压电式加速度传感器属于惯性式传感器,其工作原理是利用压电陶瓷或石英晶体的压电效应,在加速度传感器受振时,质量块加在压电元件上的力也会随之发生变化。当被测振动频率远低于加速度传感器的固有频率时,力的变化与被测加速度成正比,因此可根据力和加速度之间的比例关系测得加速度。

压阻式加速度传感器内部结构如图8-6所示,被测物的运动导致与其固连的传感器基座的运动,基座又通过悬臂梁将此运动传递给质量块。由于悬臂梁的刚度很大,所以质量块也会以同样的加速度运动,其产生的惯性力大小正比于加速度大小。而此惯性力作用在悬臂梁的端部使之发生形变,从而引起其上的应变片电阻值变化。在恒定电源的激励下,由应变片组成的电桥就会产生与加速度成比例的电压输出信号。

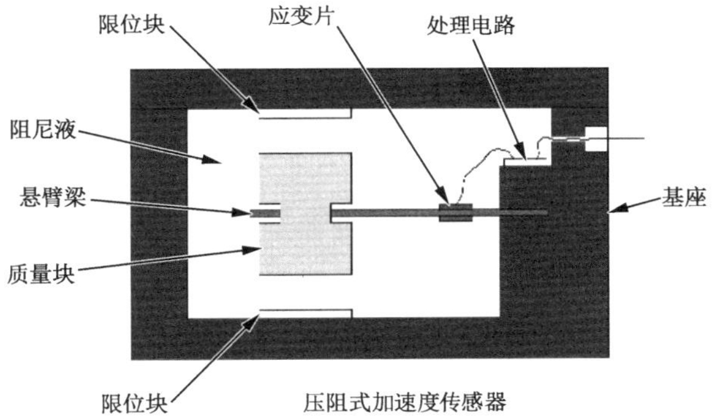

图 8-6　压阻式加速度传感器内部结构

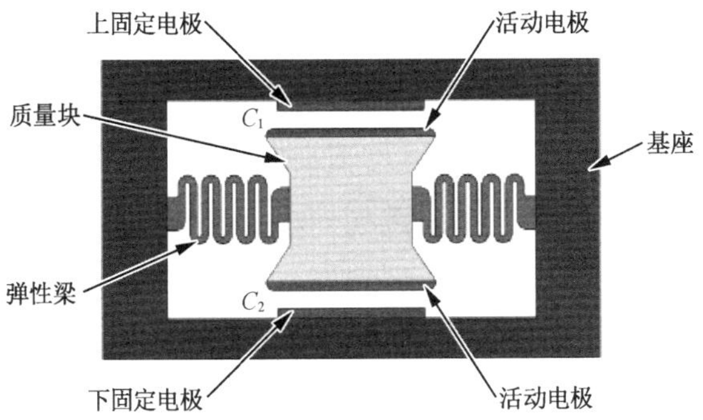

图 8-7　电容式加速度传感器内部结构

电容式加速度传感器内部结构如图 8-7 所示，当被测物的振动导致与其固连的传感器基座振动时，质量块将由于惯性而保持静止，因此上、下固定电极与质量块之间将会产生相对位移。这使得电容 C_1 和 C_2 的值一个变大、另一个变小，从而形成一个与加速度大小成正比的差动输出信号。

力平衡式加速度传感器又称伺服式加速度传感器，由加速度产生的单自由度惯性输入力和反馈力同时作用在弹性支承的敏感元件上，两个力之差使敏感元件产生微小位移，位移变换器将其转换为电信号，经伺服电路放大和幅相校正后，输出电流驱动逆变换器（通常为力矩器）产生一个反向的反馈力作用在敏感元件上。当系统开环增益很高时，反馈力与输入力几乎完全平衡，敏感元件处于相对平衡位置。与反馈力成正比的力矩器的输入电流正比于被测力。此电流在取样电阻上的压降即为传感器的输出。

8.1.3　现场实测缺陷

现场实测是重要的桥梁风工程研究方法，可用于验证风洞试验以及抗风理论的合理性和正确性。但现场实测的精度也容易受到环境噪声、仪器本身精度、风速测量误差和交通干扰等影响。桥梁结构通常位于复杂的外界环境中[23]，因此 SHMS 容易受到各类环境噪声的影响，从而使得结构的大量状态信息淹没在噪声中，因此难以直接准确获得结构的振动响应。

目前，SHMS 存在的不足主要有[24]：

（1）桥梁健康监测系统的寿命短于桥梁结构的寿命，健康监测系统本身的“健康状况”不理想。

（2）传感器检测的信号往往是多效应耦合的结果，这给后期的数据分析带来很大困难。

（3）对传感器的检测、标定、安装、调试关注不够，从而影响了测量数据的准确性。

（4）传感器容易受到噪声的影响，导致其识别精度降低，影响结构的损伤识别。

8.2 桥梁风致效应的风洞试验

8.2.1 风洞试验方法发展现状

由于现场实测受到诸多条件限制，在实际结构中较难开展，特别是在结构设计初期，对实物原型的现场实测更不可能，因此风洞试验技术在桥梁风工程中运用更为普遍。

1871 年，英国人温霍姆建成了世界上第一座风洞。1893 年，澳大利亚人 Kernot 就利用被称为“鼓风机”的设备测试建筑表面的风压分布。1894 年，丹麦人 Irminger 则尝试在烟囱中测量建筑物模型的表面风压。20 世纪 30 年代，英国国家物理试验室（NPL）在低湍流度的航空风洞中进行了风对建筑物和构筑物影响的研究工作，发现在均匀流条件下得到的结果和实际测试有较大差异，同时指出了在风洞中模拟大气边界层湍流结构的重要性。

图 8-8　旧塔科马桥风毁事件

20 世纪中叶，欧美发达国家开始大量修建风洞，其主要应用于航空航天领域。自从旧塔科马大桥发生风毁事件（图 8-8）后，桥梁的风致振动效应开始引起学术界的广泛重视。为了揭示旧塔科马大桥风毁机理，华盛顿大学专门修建了一座风洞对该桥进行试验研究。经过多年的实践总结，桥梁抗风试验逐步形成了刚体节段模型试验、全桥气弹模型试验、拉条模型试验等方法[25]。

1961 年，Davenport 提出抖振理论后，对建筑结构风振响应的研究也越来越多。Davenport 将该理论应用于设计中，并提出阵风荷载因子概念[26]。此后，为正确得到紊流引起的建筑结构风振响应，对平均风剖面及脉动风特性的研究开始盛行。丹麦科技大学 Martin Jensen 提出风洞中的平均风剖面应该与自然界中实际的平均风剖面一致，将边界层流场引入风洞试验[27]，这样便出现了“边界层风洞”。边界层风洞将试验对象周边一定范围内的地形、地貌模型化或量化，得到测量位置处符合实际风环境的风特性参数，再在风洞中通过粗糙元或地形模型形成所需的边界层风场。大气边界层风洞在 20 世纪 60 年代中期出现，加拿大西安大略大学的 Davenport 教授与美国科罗拉多州立大学的 Cermak 教授是这方面的领军人物。目前，绝大多数建筑结构风洞试验在边界层风洞中进行。

自 20 世纪 80 年代初期以来，高频底座动态天平技术就广泛应用于风洞试验中。20 世纪 90 年代初，同步多点测压系统已应用于结构表面风压的测试，由于可以做到多测点同步检测，可通过瞬态积分的方法获得结构的风荷载与风致响应。

随着风洞试验在结构风工程研究方法中重要性的凸显，世界各地的研究机构陆续修建了各种不同尺寸的大气边界层风洞。而随着大跨度桥梁的发展，一些国家开始建造用于桥梁抗风试验研究的大型边界层风洞，具有代表性的有丹麦海洋研究所边界层风洞、意大利米兰理工大学的大型风洞、日本筑波风洞以及国内的同济大学 TJ-3 号风洞（图 8-9）和西南交通大学的大型边界层风洞等。

图 8-9　同济大学 TJ-3 号风洞

8.2.2　风洞试验设备

风洞试验可为大跨径桥梁的抗风设计提供参考，也是桥梁风致振动研究的主要手段。为了研究大跨度桥梁在模拟风场下的振动响应，需配备相应的试验设备。风洞试验测量的风效应主要包括风速、振动响应和结构表面风压等。

8.2.2.1　风速测量仪器

目前风洞试验中进行风速测量的主要仪器设备有皮托静压管、热线（膜）风速仪和眼镜蛇风速测量仪等。其中，皮托管测量精度较低，尤其对脉动风速测量效果较差，往往用于测量风洞平均风速。热线（膜）风速仪和眼镜蛇风速测量仪测量精度较高，对脉动风速测量效果较好，往往用于测量风洞的脉动风速，但成本较高。

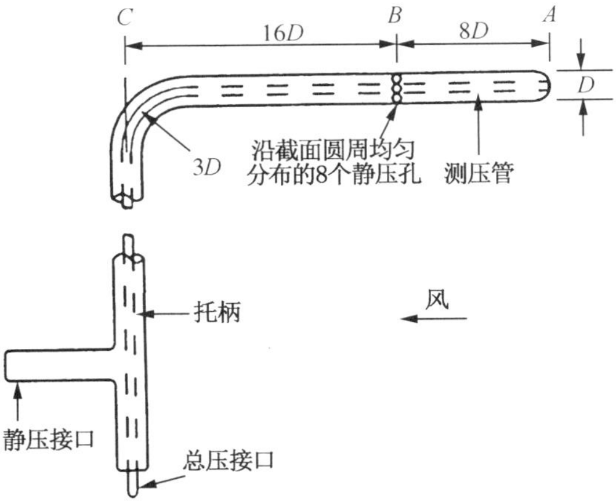

图 8-10　标准皮托静压管

风速仪工作原理如下：

（1）皮托静压管。

在低速（即风速不超过 0.3 倍音速，约 100 m/s）、不可压缩气流中，根据贝努利方程测量出空间某一点气流的总压和静压后，即可确定该点的气流动压，通过气流动压可直接得到气流流速。贝努利方程如下：

$$P = P_0 + \rho U^2/2 \tag{8-1}$$

式中，P 为气流总压；P_0 为气流静压；$\rho U^2/2$ 为气流动压；ρ 为气流密度；U 为气流速度。使皮托管头部 A 位于测点处，并且测压管与来流方向一致，那么测压管头部 A 处中央迎风小孔为气流的驻点，即在此处风速降为 0。由于测压管侧孔与来流风向垂直，因此感受到的只是来流的静压 P_0，这样来流的速度 U 可按式(8-2)计算：

$$U=\sqrt{2(P-P_0)/\rho} \tag{8-2}$$

(2) 热线风速仪。

热线(膜)风速仪是利用热线探头上的热线(膜)在气流流过时散热量增大，热线温度降低，相应热线(膜)的电阻值也降低的原理，从而在热线风速仪的电桥两端有电压信号输出，达到测量风速的目的。常用的热线(膜)探头有一维探头和二维探头。三维探头不常用，主要是因为热线之间相互干扰较严重，误差要大于一维探头和二维探头，如图 8-11 所示。热膜探头尺寸相对较大，一般都是一维的。热线(膜)风速仪对风速变化的响应很快，因此既可以测量平均风速，也可以测量脉动风速。但由于在其计算公式推导中忽略了脉动风速的非线性项，因此，当紊流度超过 10%时测量结果会有明显误差。

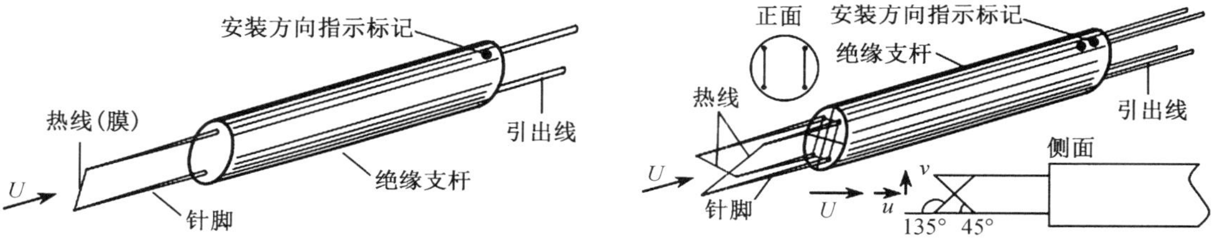

(a) 一维热线(膜)探头　　(b) X 形二维热线探头

图 8-11　热线(膜)探头构造示意

8.2.2.2　风致振动监测设备

在风洞试验中，主要振动测量设备为加速度传感器和激光位移传感器，其中加速度传感器主要用于测量节段模型的加速度响应，而激光位移传感器主要测量节段的振动位移。由于加速度传感器受高频噪声干扰较大，且风致振动结果往往以位移的形式给出，因此风洞试验往往采用激光位移传感器进行风致振动的测量。激光位移传感器测量精度高，稳定性好，抗噪性能强，但成本较高。

激光位移传感器工作原理如下：

激光位移传感器由激光器、激光检测器和测量电路组成。激光位移传感器按照测量原理可分为激光三角测量法和激光回波分析法。激光三角测量法适用于高精度、短距离的测量，风洞试验激光位移传感器一般采用激光三角测量法；激光回波分析法主要用于远距离的测量。激光三角测量法又可分为斜射式三角测量法和直射式三角测量法[28]，这里主要介绍激光三角测量法的基本原理。

(1) 斜射式三角测量法。

对于斜射式三角测量法，其工作原理如图 8-12 所示。斜射式三角测量法是指入射光轴与被测表面法线有一个夹角，而不垂直于被测表面。激光经会聚透镜，会聚后倾斜入射到被测表面上。入射光轴与被测表面法线成 θ_1 角，被测表面位移前接收主光线和被测表面法线成 θ_2 角，接收透镜的焦距为 f，O 点成像与位置检测元件的 O' 点，O 和 O' 物象满足如下关系式：

$$\frac{1}{a}+\frac{1}{b}=\frac{1}{f} \tag{8-3}$$

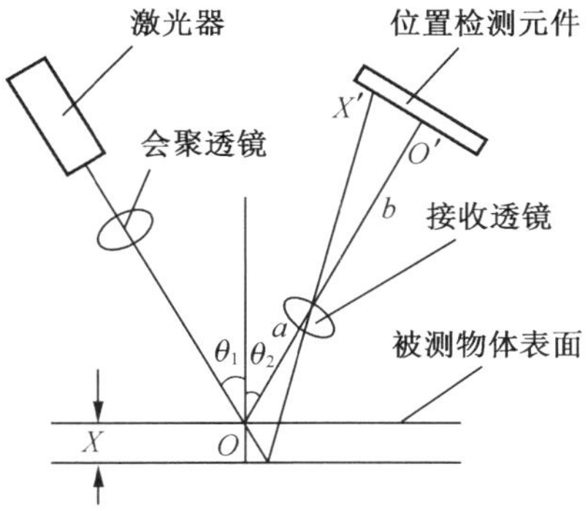

图 8-12 斜射式三角测量法激光位移传感器原理

接收镜接收来自被测物体表面的光，将被测表面上的入射光点成像于位置检测元件的接收表面上，被测物体的位移 X 将引起成像光点距位置检测元件中心的位移 X'。通过测量成像光点的位移即可测出物体的位移。位移 X 和 X' 的关系如下：

$$X=\frac{aX'\cos\theta_1}{b\sin(\theta_1+\theta_2)-X'\cos(\theta_1+\theta_2)} \tag{8-4}$$

（2）直射式三角测量法。

本节风洞试验激光位移传感器即采用直射式三角测量法。直射式三角测量法激光位移传感器工作原理如图 8-13 所示。从激光器发出的入射光线经会聚镜聚焦后垂直入射到被测表面上，物体移动时，入射光点沿入射光轴移动。接收透镜接收来自被测点的激光反射。OO' 垂直于位置检测元件的接收表面。O' 为位置元件的电气零位，O 为位移测量的参考点。接收透镜的焦距设为 f，O 和 O' 仍满足式(8-3)的物象关系，此时被测物体位移 X 与光点在位置检测元件表面上的位移 X' 的关系如图 8-13 所示。

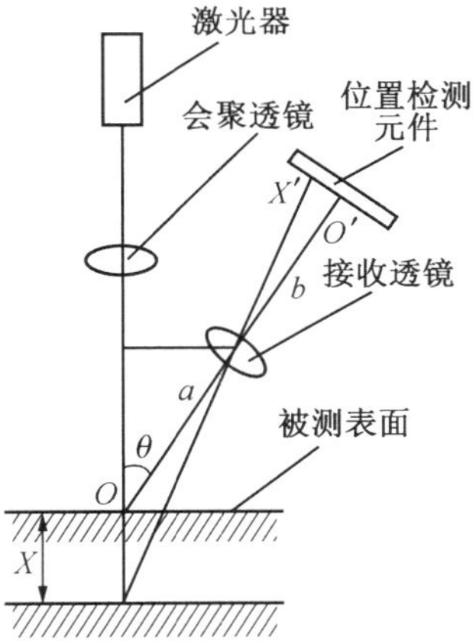

图 8-13 直射式三角测量法激光位移传感器原理

8.2.3 风洞试验缺陷

风洞试验为桥梁及建筑结构的抗风设计提供了强有力的保障，但由于风洞试验是一项十分复杂的空气动力试验，试验数据的准确度受到多种因素的影响。影响因素具体如下：

（1）风洞流场品质，风洞的温度、湿度变化等流场影响。

（2）风洞试验模型的加工质量，缩尺比，模型安装的风攻角、风向角的精度，模型及其支撑系统的动态特性等模型因素。

（3）风洞试验时量测数据的天平、压力传感器、风速仪的灵敏度、滞后与温飘等量测仪器因素。

（4）风洞试验的相似准则很难完全满足等缺点都会给试验数据带来误差，尤其是雷诺数的模拟往往在风洞试验中选择放弃。

（5）无法严格模拟风场特性，如风的紊流特性（紊流积分尺度、风谱密度）和风速的空间相干性。

（6）风洞试验模型堵塞效应和洞壁干扰时对结构周围风场产生影响。

8.3 西堠门大桥涡振现场实测

通过现场观测发现，西堠门大桥在运营期间存在涡振现象。涡振是指当流体绕过桥面在梁体周围产生的旋涡脱落的频率与主梁某阶固有频率相近时发生的一种类似共振的现象，也是一种限幅振动。为了研究现场实测条件下的涡振特性，首先根据现场实测振动数据筛选出涡振样本，然后对发生涡振期间的风场特性和振动响应进行统计和分析，并研究风场特性对涡振响应的影响。最后将桥梁现场实测涡振与风洞试验进行比较，并分析涡振响应产生差异的原因。

8.3.1 健康监测系统

西堠门大桥是连接舟山本岛至宁波的舟山连岛工程5座跨海大桥中技术要求最高的特大型跨海桥梁，主桥为两跨连续钢箱梁悬索桥，主桥设计为578 m＋1 650 mm，主缆垂跨比为1/10。北边跨及中跨加劲梁为悬吊结构，两跨连续长度为2 228 m。加劲梁采用中央开槽的分离式钢箱梁断面，每个单箱均为封闭钢箱。索塔高度为211.286 m；桥面以上高度为175.611 m。桥塔处桥面距离水平面高程约为57 m，跨中距离水平面高程约为62 m。表8-3给出了大桥的基本情况[29]，图8-14为大桥的桥型布置图。

表8-3 西堠门大桥基本情况

<table>
<tr><th>上部结构及桥塔设计</th><th>设计标准</th><th>建设气象条件</th></tr>
<tr><td>主跨：1 650 m</td><td>公路等级：四车道高速公路</td><td>年平均气温：16.5℃</td></tr>
<tr><td>北边跨：578 m；南边跨：485 m</td><td>设计车速：80 km/h</td><td>极端气温：−6.1℃/39.1℃</td></tr>
<tr><td>体系：两跨连续</td><td>设计荷载：公路-Ⅰ级</td><td>1月平均气温：5.8℃</td></tr>
<tr><td>主缆矢跨比：1/10</td><td>桥面宽度：2×11.5 m</td><td>7月平均气温：26.9℃</td></tr>
<tr><td rowspan="3">加劲梁：分离式双箱钢箱梁
南边跨引桥：60 m预应力混凝土连续箱梁</td><td rowspan="3">通航标准：通航等级3万吨
通航净高为最高通航水位以上49.5 m，通航净宽为630 m</td><td>年平均降雨量1 442.5 mm</td></tr>
<tr><td>月最大降雨量：531.8 mm</td></tr>
<tr><td>年最大风速：34.3 m/s</td></tr>
<tr><td>加劲梁：宽36 m，高3.5 m</td><td rowspan="3">设计基准风速：
运营阶段（重现期100年）41.12 m/s
施工阶段（重现期20年）36.19 m/s</td><td>极大风速：>40 m/s</td></tr>
<tr><td>封闭钢箱横向间距：6 m</td><td>台风影响月：5—11月</td></tr>
<tr><td>索塔：钢混门式框架结构</td><td>台风主要影响月：7—9月</td></tr>
<tr><td>塔高：211.286 m</td><td>地震基本烈度：7度</td><td>颤振检验风速：78.74 m/s</td></tr>
</table>

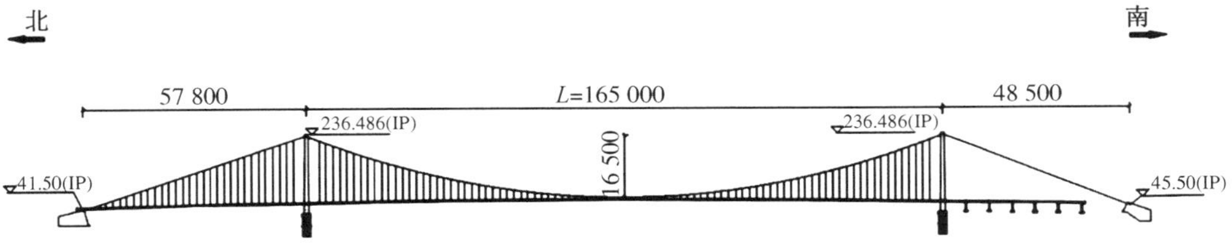

图 8-14　西堠门大桥总体布置(单位：cm)

8.3.1.1　风速监测子系统

该大桥结构健康监测系统的监测内容主要有荷载和结构响应。荷载监测主要包括对风、温湿度、车辆和地震的监测，而结构响应主要包括大桥的空间变位(主缆、索塔和钢箱梁)、应变和加速度[30]。表 8-4 给出了该大桥用于测量风速的风速仪基本参数和具体布置情况。该系统中，风速实测采用了高精度三维超声风速仪，其响应速度快、分辨率高，能准确测量自然风脉动分量的高频成分，实测采样频率设定为 32 Hz。在主跨 1/4、主跨中、主跨 3/4 桥面一定高度处两侧各设置了一个三维超声风速仪，共 6 个。

表 8-4　西堠门大桥传感器(部分)布设基本信息

<table>
<tr><td rowspan="9">风速仪</td><td colspan="4">风速仪布置图</td></tr>
<tr><td colspan="4">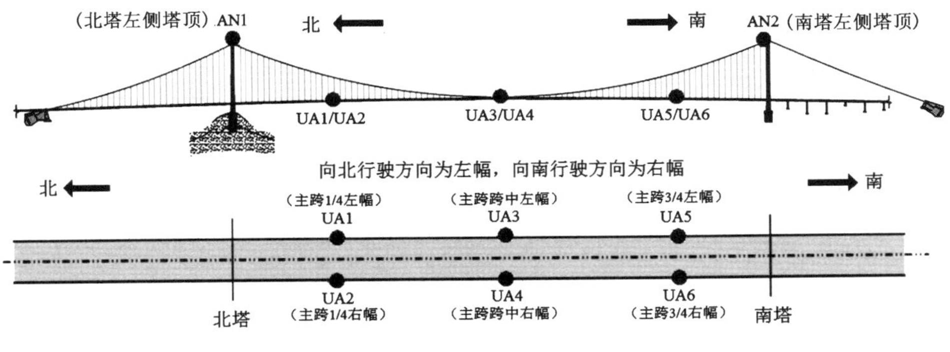
</td></tr>
<tr><td>传感器编号</td><td>传感器类型</td><td>位置</td><td>三向超声风速仪及方向定义</td></tr>
<tr><td>AN1</td><td>螺旋桨风速仪</td><td>北塔左侧塔顶</td><td rowspan="5">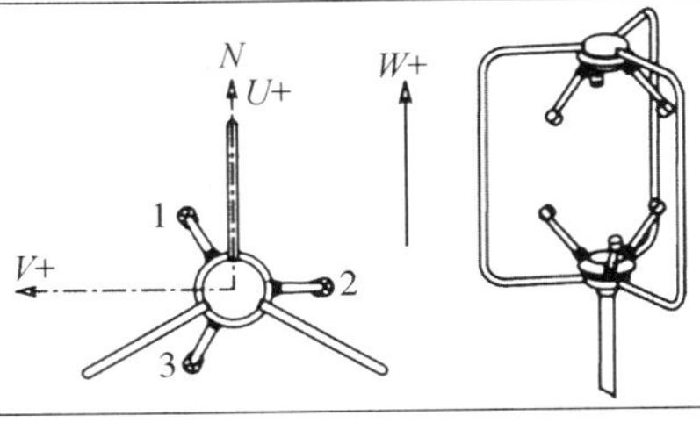
</td></tr>
<tr><td>AN2</td><td>螺旋桨风速仪</td><td>南塔左侧塔顶</td></tr>
<tr><td>UA1/UA2</td><td>三向风速仪</td><td>主跨 1/4(左幅/右幅)</td></tr>
<tr><td>UA3/UA4</td><td>三向风速仪</td><td>主跨中(左幅/右幅)</td></tr>
<tr><td>UA5/UA6</td><td>三向风速仪</td><td>主跨 3/4(左幅/右幅)</td></tr>
<tr><td colspan="4">说明：1.以由北至南为前进方向；2.三向风速仪(共 6 台) $f_s = 32$ Hz，量程 0～65 m/s，螺旋风速仪(共 2 台) $f_s = 1$ Hz，量程 0～100 m/s；3.三向风速仪监测风向标识为 $X = U$，$Y = V$，$Z = W$，螺旋风速仪以 V 标识风向(N-180°，E-270°，S-0°，W-90°)，S 标识风速；4.桥轴与正北成 45°。</td></tr>
</table>

8.3.1.2 振动监测子系统

对于大跨悬索桥而言，主梁为主要受风构件，且结构的风致振动主要表现为主梁的振动，这些都体现了进行主梁振动监测的重要性。西堠门大桥主梁的振动监测选择 4 个截面，共布置了 12 个单向加速度传感器，采样频率 100 Hz。具体布置见表 8-5。

表 8-5 西堠门大桥传感器(部分)布设基本信息

<table>
<tr><td rowspan="7">加速度计</td><td colspan="3">主梁主跨及边跨伺服式加速度计布置图</td></tr>
<tr><td colspan="3">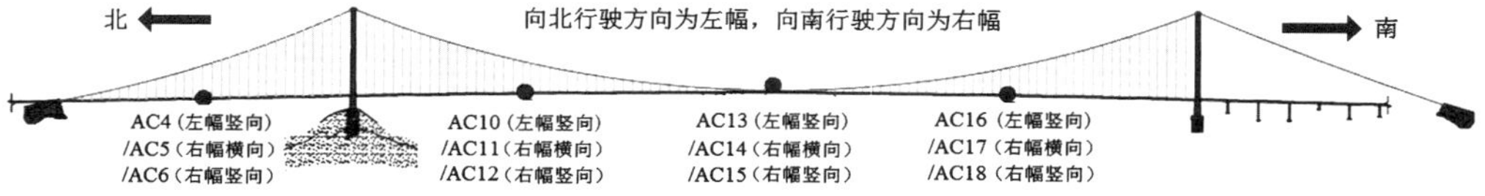
</td></tr>
<tr><td>传感器编号</td><td>传感器类型</td><td>位置</td></tr>
<tr><td>AC4/AC5/AC6</td><td>单向加速度计</td><td>边跨中(左幅竖向/右幅横向/右幅竖向)</td></tr>
<tr><td>AC10/AC11/AC12</td><td>单向加速度计</td><td>主跨 1/4(左幅竖向/右幅横向/右幅竖向)</td></tr>
<tr><td>AC13/AC14/AC15</td><td>单向加速度计</td><td>主跨中(左幅竖向/右幅横向/右幅竖向)</td></tr>
<tr><td>AC16/AC17/AC18</td><td>单向加速度计</td><td>主跨 3/4(左幅竖向/右幅横向/右幅竖向)</td></tr>
<tr><td></td><td colspan="3">说明：主梁上的伺服式加速度计(共 12 台)，采样频率为 100 Hz。</td></tr>
</table>

8.3.2 涡振样本筛选

由于现场实测主梁振动数据量十分庞大，靠人工识别很难实现涡振样本筛选，因此需要借助计算机，结合频域分解法进行算法编程来实现，算法流程如图 8-15 所示。

从实测数据(2013 年 1 月—2016 年 3 月)中一共筛选出了 848 个 10 min 涡振样本，按照时间连续划分，涡振一共发生了 195 次。从监测数据来看，西堠门大桥在监测期间只发生了竖弯涡振，其振动频率主要为 0.183 Hz，0.275 Hz，0.328 Hz 和 0.378 Hz。图 8-16～图 8-19 给出了不同振动频率涡振样本，包括加速度时程以及奇异值曲线。可知，当发生涡振时，某一振动频率下的奇异值远大于其他频率，且振幅在有限范围内，这体现了涡振作为单频限幅振动的特性。

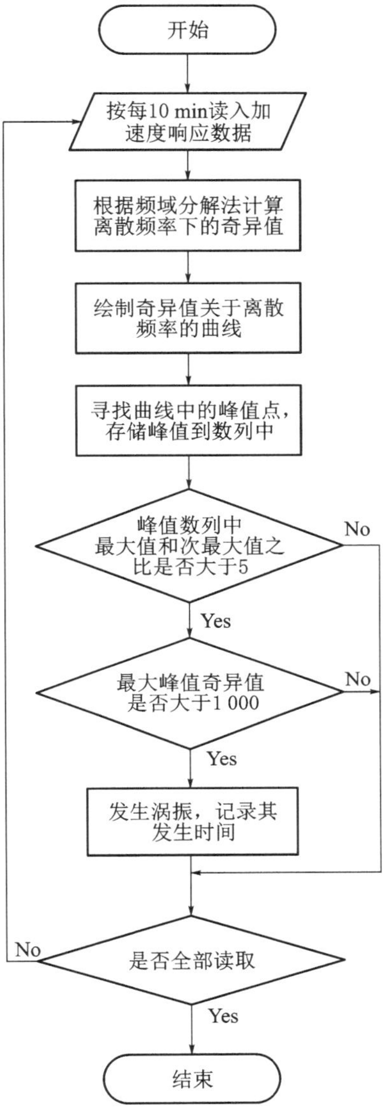

图 8-15 涡振数据识别算法流程

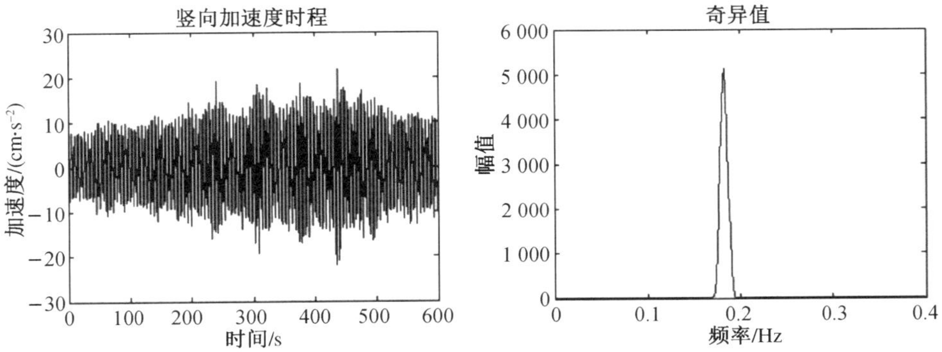

图 8-16 $f=0.183$ Hz 涡振样本

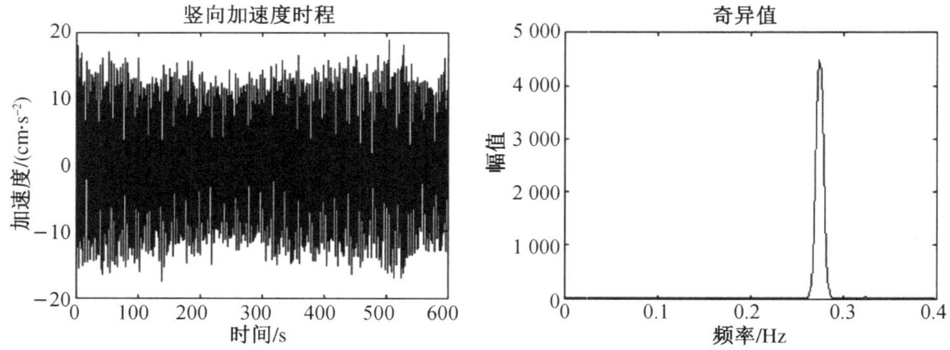

图 8-17　$f=0.275$ Hz 涡振样本

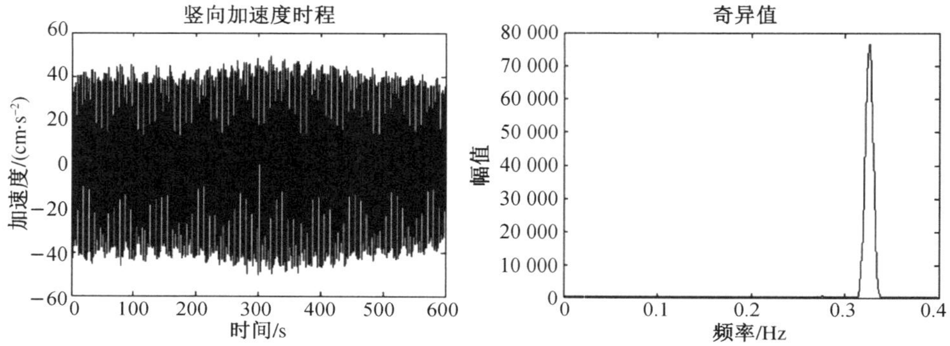

图 8-18　$f=0.328$ Hz 涡振样本

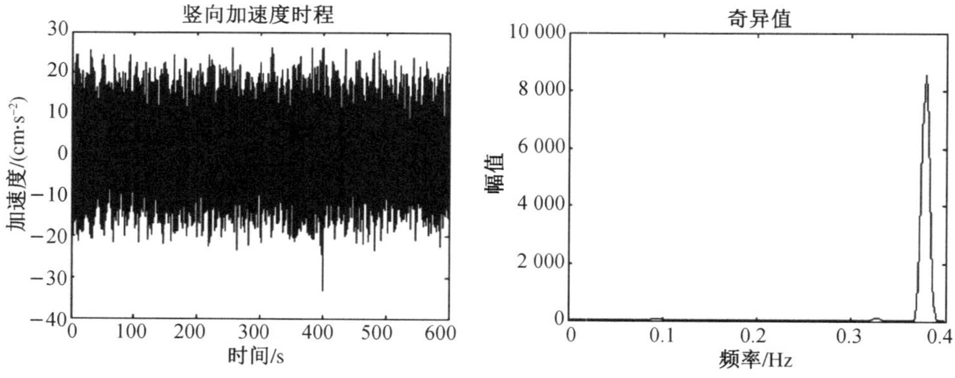

图 8-19　$f=0.378$ Hz 涡振样本

8.3.3　涡振统计

对 2013 年 1 月—2016 年 3 月各个月的涡振累计时间以及涡振竖向位移均方差最大值进行了统计，统计结果如图 8-20～图 8-22 所示。可知，在每年 4—8 月，涡振累计时间明显较长，而且涡振振幅也较大。每年 5 月和 8 月涡振发生最为频繁，也是涡振位移最大的两个月。从季节来看，夏季是涡振发生的高峰期，可能是由于受东南季风或夏季台风登陆影响较大，而冬季涡振发生次数明显减少。从涡振频率来看，振动频率 0.328 Hz 发生次数最多，其涡振总时长为 5 450 min。

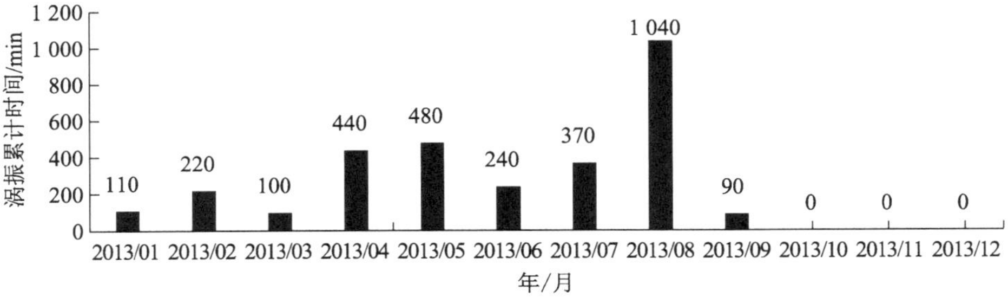

(a) 涡振累计时间统计

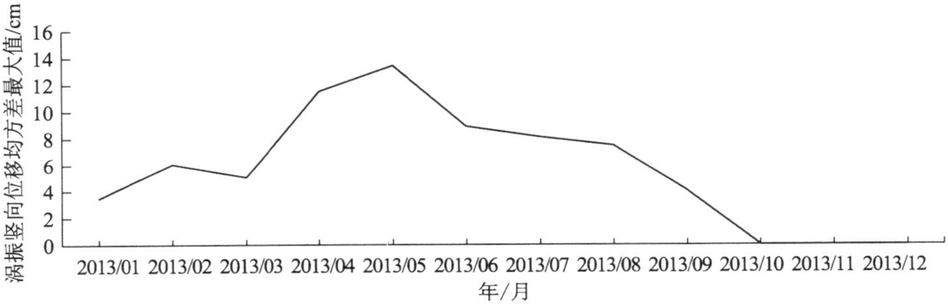

(b) 涡振竖向位移均方差值最大值统计

图 8-20　2013 年涡振情况统计

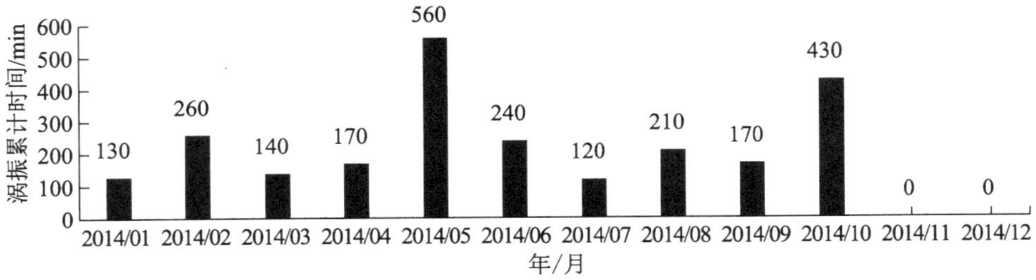

(a) 涡振累计时间统计

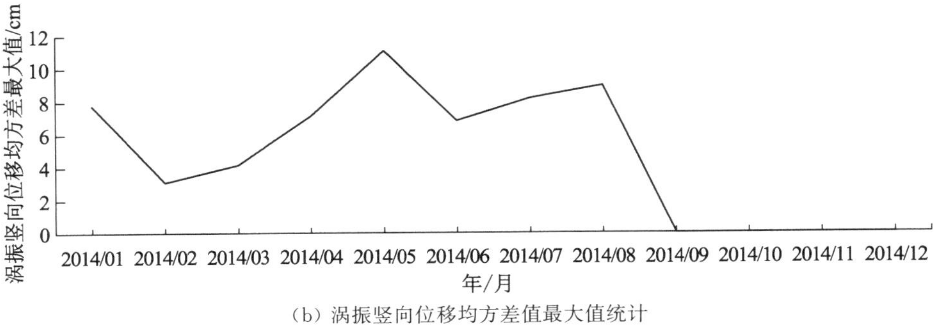

(b) 涡振竖向位移均方差值最大值统计

图 8-21　2014 年涡振样本统计

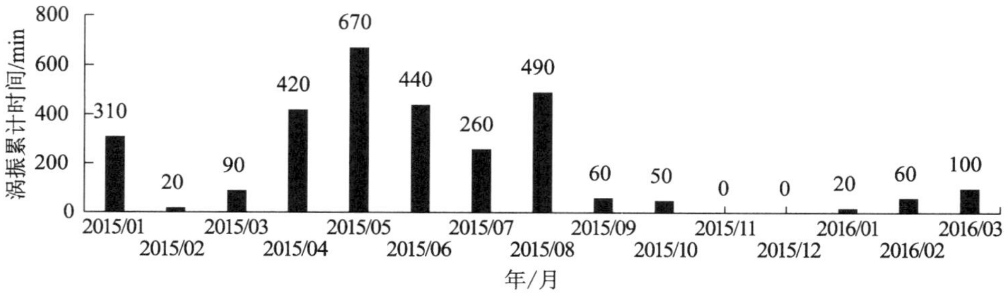

（a）涡振累计时间

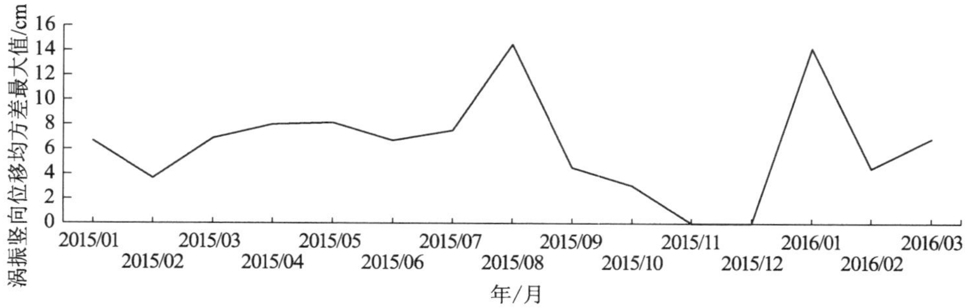

（b）涡振竖向位移均方差值最大值统计

图 8-22　2015—2016 年涡振样本统计

8.3.4　实测涡振随风场特性分布

通过前面的涡振统计可以发现，涡振发生的次数在每个月的分布是不均匀的，因为每个月西堠门大桥的风场特性是不一样的。这说明，涡振只会在特定的风场条件下才能发生，需要进一步研究涡振随风场特性的分布情况，从而了解风场特性对涡振的影响。

8.3.4.1　涡振风速锁定区间

当结构发生涡振时，结构的振动幅度会显著增大，结构运动与气流之间会产生剧烈的相互作用，即气弹效应。这种气弹效应会使旋涡脱落频率被结构机械振动所控制，甚至当风速的变化使名义的斯特劳哈尔数偏离结构机械振动频率百分之几时，旋涡脱落频率仍可被控制，并被“锁定”在结构的固有频率附近，即在一定的风速范围内涡脱频率不再随风速而变化，如图 8-23 所示，这就是所谓的涡致振动锁定现象。而旋涡频率被锁定时的风速区间即涡振风速锁定区间。

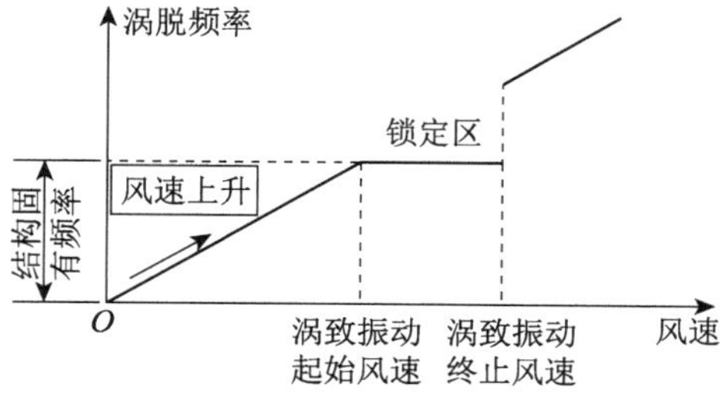

（a）风速上升

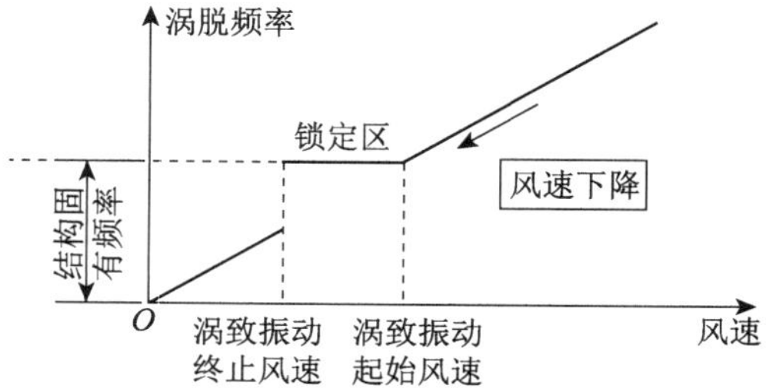

（b）风速下降

图 8-23　涡脱频率随风速变化示意

图 8-24 给出了涡振竖向位移均方差最大值随 10 min 平均风速分布情况。可知，涡振频率 0.183 Hz 下的风速锁定区间为 4.0～7.1 m/s；涡振频率 0.275 Hz 下的风速锁定区间为 5.3～9.6 m/s；涡振频率 0.328 Hz 下的风速锁定区间为 5.3～12.3 m/s；涡振频率 0.378 Hz 下的风速锁定区间为 7.6～14.1 m/s。可以发现，随着涡振频率的增加，其涡振发生风速也在增加。这说明随着风速的增加，较高脱落频率的旋涡能量得到加强，从而更容易引发结构高阶固有频率的共振。

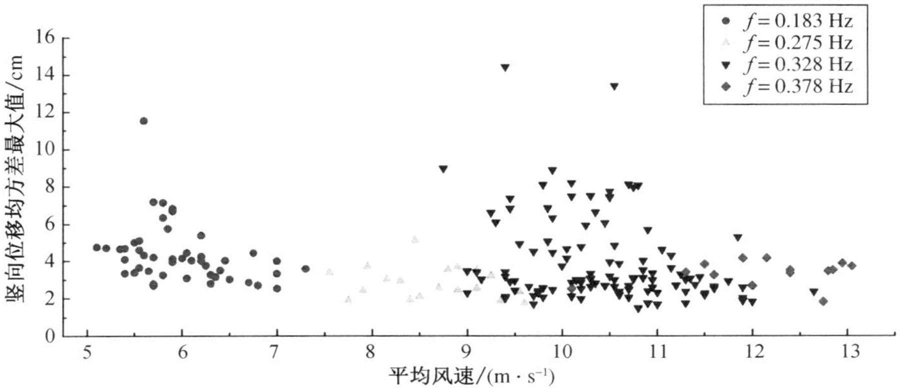

图 8-24 涡振竖向位移均方差最大值随 10 min 平均风速分布

图 8-25 给出了涡振发生频率随平均风速的变化情况，对其进行拟合，得到涡振频率与平均风速之间的拟合线性公式为：$f_v = 0.0287U + 0.0236$，从而可以得到实桥的斯特劳哈尔数为 0.100 5。

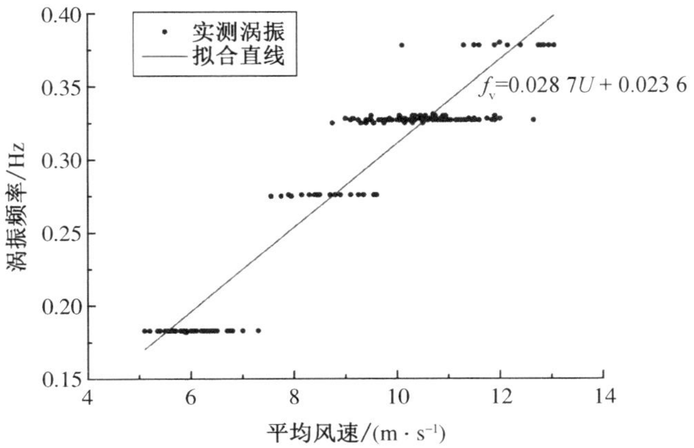

图 8-25 涡振发生频率随平均风速分布

8.3.4.2 涡振响应随风向角分布

陈羽[31]对大跨度独塔斜拉桥进行了全桥气弹模型试验，研究了风向角对涡致振动的影响。通过研究发现，在同一攻角下，各测点的加速度响应随着风向角（来流风向与桥轴法线夹角）的增大而减小，这是由于随着风向角的增大，物体流向长度逐渐增大，使得在上游发生的流体分离在下游发生了附着现象，最后在后缘再次出现分离，导致湍流尾流较窄，减小了涡振响应。

涡振发生期间涡振竖向位移均方差最大值随风向角的分布情况如图 8-26 所示。从图中可以看出，涡振发生时风向角与桥轴线方向基本垂直，这说明正交风有利于涡振的形成。

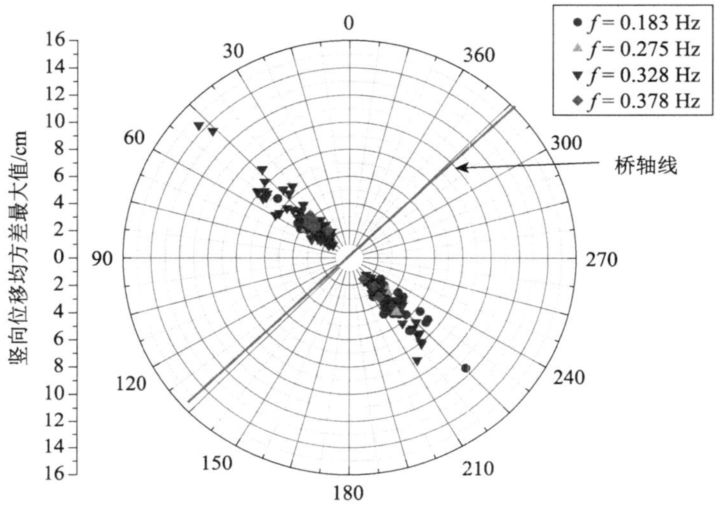

图 8-26　涡振竖向位移均方差随风向角分布

8.3.4.3　涡振响应随风攻角分布

张海东[32]、张胜斌等[33]研究了扁平单箱梁和分离双箱梁在不同攻角下的涡振响应。通过节段模型试验发现，在＋5°、＋4°和＋3°攻角下涡振现象比较明显，且振幅较大，而负攻角下涡振现象并不明显，这说明风攻角对涡振响应有着较大的影响。

图 8-27 给出了实测涡振竖向位移均方差最大值随平均风攻角的分布情况。需要注意的是，在给出的风攻角中已经考虑了主梁气动外形产生的影响并进行了修正。可知，涡振主要发生在风攻角绝对值较小的情况下，主要集中在－6°～＋6°范围内。同时可以发现，在正攻角下涡振发生次数要明显多于负攻角下的涡振发生次数，占发生次数总数的 88.4％，说明正攻角下更易形成涡振。

8.3.4.4　涡振响应随紊流强度分布

紊流强度对大跨度桥梁涡振影响较大。大量的风洞试验表明，一般情况下紊流对涡致振动起到抑制作用，即结构在紊流中的涡振响应较小甚至消失。这可能是由于紊流破坏了气流的相关性，阻止了旋涡的形成，从而抑制了涡振响应。Kawatani 等[34]研究了紊流度对长宽比分别为 4∶1 和 7∶1 的矩形断面以及六边形断面涡致振动特性的影响，试验结果表

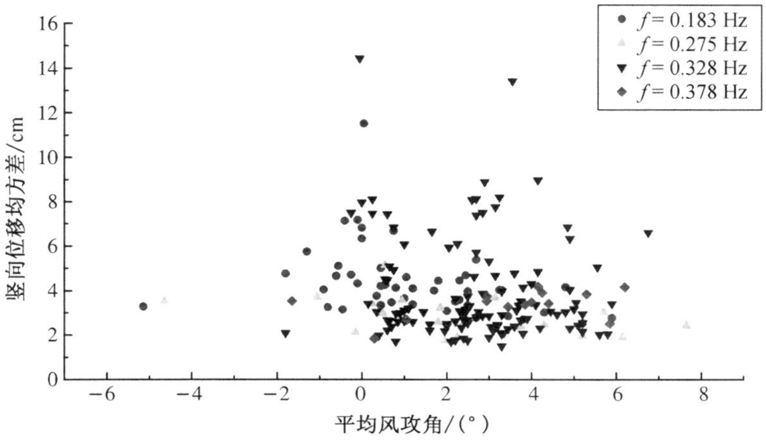

图 8-27　涡振竖向位移均方差最大值随平均风攻角分布

明，紊流度的增大使涡致振动振幅减小，对矩形断面的影响更为明显。但有时也会发生涡致振动不在均匀流场中出现，而在紊流场中出现的情况[35,36]。

Fujino 等[37]对多跨连续钢箱梁进行风致振动的分析，分别采用节段模型和全桥气弹模型，研究发现在湍流下涡激一阶模态振动最大振幅比均匀流小 20%，而现场湍流主要受周围地形的影响，很难在实验中完全模拟。

图 8-28～图 8-30 给出了涡振竖向位移均方差最大值随紊流强度 I_u，I_v，I_w 的分布情况。对于 I_v 和 I_w，其测量精度较低，可能与真实情况有较大差别。可知，涡振大多数发生在紊流强度较低的情况，且涡振竖向位移均方差随着紊流强度增大而呈减弱趋势，其中紊流强度 $I_u < 10\%$ 的次数占总发生次数的 87.4%，当紊流强度 I_u 超出 35%时，涡振基本得到了抑制。

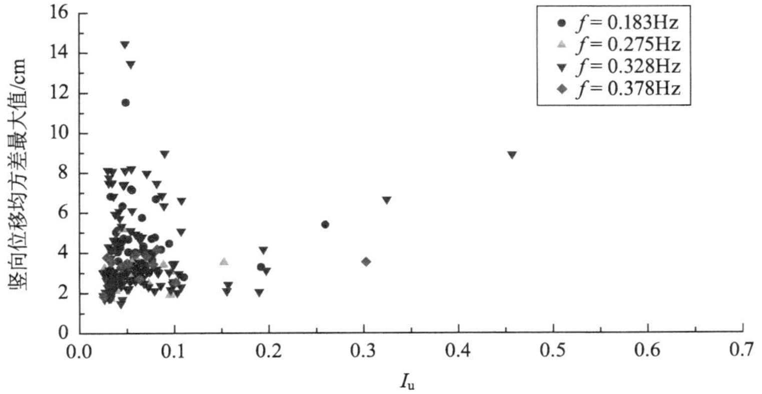

图 8-28　涡振竖向位移均方差最大值随紊流强度 I_u 分布

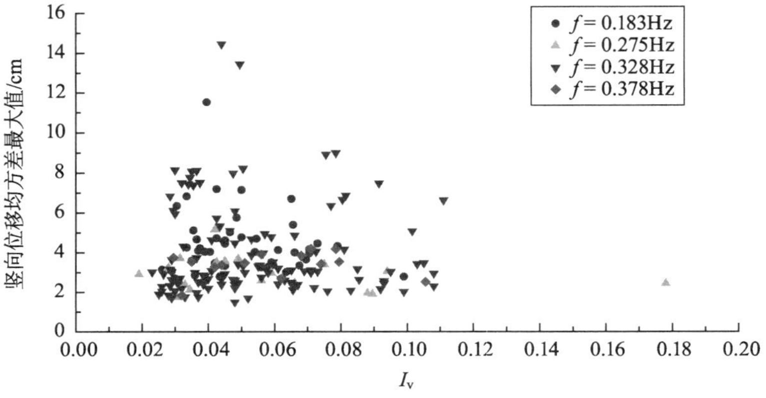

图 8-29　涡振竖向位移均方差最大值随紊流强度 I_v 分布

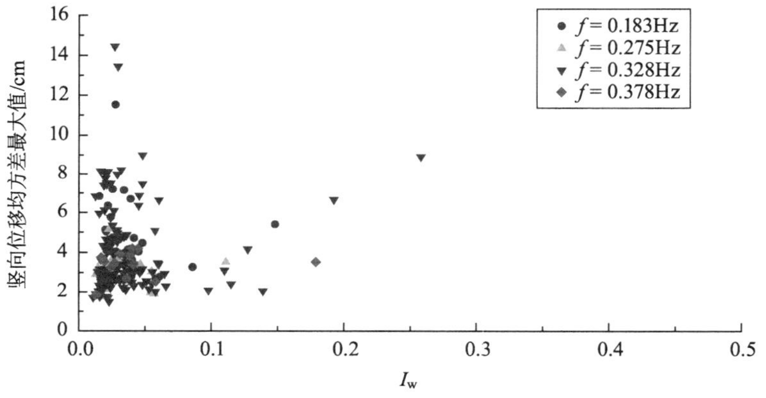

图 8-30　涡振竖向位移均方差最大值随紊流强度 I_w 分布

8.3.4.5　涡振响应随风场不均匀性分布

由前文可知，风场特性如平均风速、风向角和紊流强度沿跨向并不是均匀分布的，通过计算涡振发生时 1/4 跨和 1/2 跨风场参数的绝对值来研究跨向风场不均匀性对涡振响应的影响。由图 8-31 可知，随着 1/2 跨和 1/4 跨平均风速差值增大，涡振响应呈减弱趋势，且较大涡振响应发生在平均风速分布较为均匀的情况。由图 8-32 可知，当 1/2 跨与 1/4 跨风向角差值较小时，涡振响应较大，当差异逐渐增加时，涡振响应呈减弱趋势。由图 8-33 可知，较大的涡振响应发生在紊流强度差异较小的情况下。总体而言，随着跨向风场不均匀性增加，涡振响应会逐渐减小。

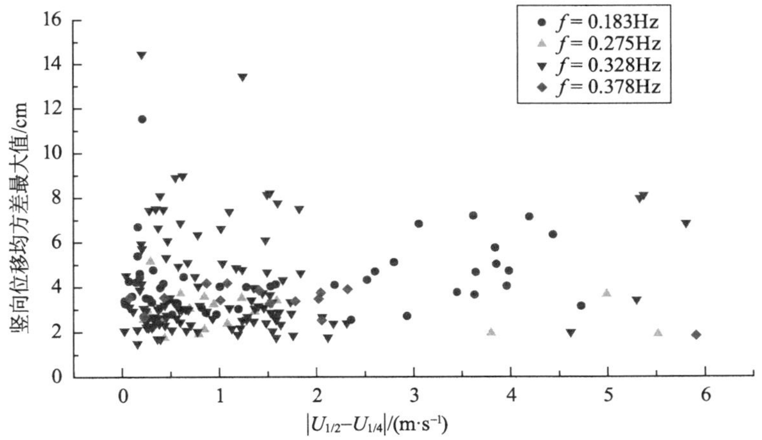

图 8-31　涡振竖向位移均方差最大值随 1/2 跨和 1/4 跨平均风速差值分布

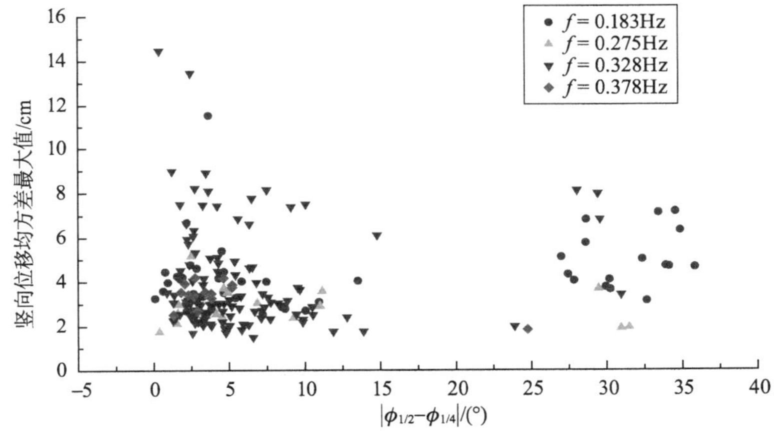

图 8-32　涡振竖向位移均方差最大值随 1/2 跨和 1/4 跨风向角差值分布

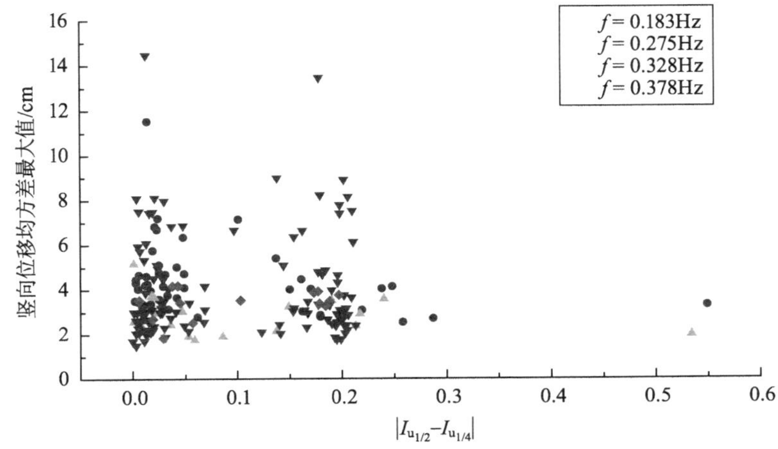

图 8-33　涡振竖向位移均方差最大值随 1/2 跨和 1/4 跨紊流强度差值分布

8.3.5 涡振现场实测与风洞试验比较

通常情况下，由于风洞试验模型比例较小，其雷诺数往往远远小于实际现场条件下的雷诺数，故风洞试验一般放弃对雷诺数的模拟。然而，雷诺数对涡振的影响不可忽视，会导致现场实测与风洞试验涡振的差异。

赖马树金[38]采用节段模型风洞试验研究了不同比例的分离式双箱梁的涡振响应，通过研究发现，对于无附属结构分离式双箱梁，其涡致振动也表现出较明显的雷诺数效应。在一定雷诺数范围内，随着雷诺数的增加，涡致振动峰值逐渐增加。同时，由于旋涡脱落频率也具有雷诺数效应，因此涡致振动锁定区范围也随雷诺数变化。

通过前文分析可知，在现场条件下涡振振幅还是十分明显的，然而节段模型风洞试验中并未发生涡振现象，这可能是因为模型比例较小，其雷诺数远小于现场实测，而涡振对雷诺数比较敏感，旋涡能量不足，难以激起模型的涡致振动。因此，无法进行涡振风洞试验与现场实测的比较。

8.4 本章小结

本章介绍了桥梁风工程研究的重要手段——现场实测。基于西堠门大桥现场实测数据，研究了该桥的涡振响应与现场风特性之间的关系，并将桥梁现场实测涡振与风洞试验比较，还分析了涡振响应产生差异的原因。主要工作和结论如下：

(1) 对现场实测的涡振数据进行了筛选和分析，共筛选出 848 个 10 min 涡振样本，按照时间连续划分，涡振一共发生了 195 次。其振动频率主要为 0.183 Hz，0.275 Hz，0.328 Hz 和 0.378 Hz。

(2) 统计了 2013 年 1 月—2016 年 3 月各个月的涡振发生次数以及涡振竖向位移均方差最大值。在每年 4—8 月，涡振累计时间明显较长，而且涡振振幅也较大，其中 5 月和 8 月往往涡振响应最大且累计时间最长。从季节看，夏季是涡振高发期，可能是因为受到东南季风或者夏季台风影响。

(3) 给出了涡振位移随平均风速的分布情况，可以发现，随着涡振频率增加，其涡振发生风速也在增加。另外，还给出了涡振响应随风向角、风攻角以及紊流强度的分布情况。从分布情况可以看出，涡振发生时风向角与桥轴线方向基本垂直，这说明正交风有利于涡振的形成；正攻角下涡振发生次数要明显多于负攻角下的涡振发生次数，说明正攻角对涡振的形成更有利；涡振竖向位移均方差值随着紊流强度增大而呈减弱趋势；随着跨向风场不均匀性增加，涡振响应会逐渐减小。

(4) 在现场条件下涡振现象比较明显，然而在节段模型试验中并未发生涡振现象，原因可能是风洞试验雷诺数远小于现场实测，导致旋涡能量不足，从而难以激起模型的涡振响应。因此，无法进行涡振风洞试验与现场实测的比较。

参考文献

[1] 李顺龙.基于健康监测技术的桥梁结构状态评估和预警方法研究[D].哈尔滨：哈尔滨工业大学，2009.

[2] 吴春利.基于应变模态桥梁健康监测关键技术研究[D].长春：吉林大学，2012.

[3] ZHU L D. Buffeting response of long span cable-supported bridges under skew winds: field measurement and analysis[D]. Hong Kong: the Hong Kong Polytechnic University, 2005.

[4] XU Y L, ZHU L D, WONG K Y, et a1. Field measurement results of Tsing Ma Suspension Bridge during Typhoon Victor[J]. Structural Engineering and Mechanics, 2000, 10(6): 545-559.

[5] XU Y L, ZHU L D. Buffeting response of long-span cable-supposed bridges under skew winds. Part 2: Case study[J]. Journal of Sound and Vibration, 2005, 281: 675-687.

[6] 王浩，王龙花，樊星辰，等.基于健康监测的苏通大桥风速风向联合分布研究[J].桥梁建设，2013，43(5)：55-61.

[7] 王浩.基于 SHMS 的大跨度悬索桥风致抖振响应实测研究[D].南京：东南大学，2012.

[8] 谢静.基于现场实测的大跨斜拉桥时域抖振响应分析[D].南京：东南大学，2010.

[9] 王浩，李爱群，谢以顺.台风"麦莎"作用下润扬悬索桥抖振响应实测研究[J].空气动力学学报，2008，26(3)：297-303.

[10] 王浩，李爱群，谢静，等.台风作用下超大跨度斜拉桥抖振响应现场实测研究[J].土木工程学报，2010，43(7)：71-78.

[11] KIMURA K, OHARA T. Lateral sway buffeting of bridge decks due to yawed wind[C]//Proc. of the Tenth International Conference on Wind Engineering: Wind Engineering in to 21st Century, Copenhagen, Denmark, 1999.

[12] DIANA G, FALCO M, CHELI F, et al. Experience gained in the Messina bridge aeroelastic project [M]//MIYATA T, FUJISAWA N, YAMADA H. Long-span Bridges and Aerodynamics, 1999.

[13] 奚绍中.大跨度桥梁和高层建筑抗风研究[M].成都：西南交通大学出版社，1995.

[14] 王浩，李爱群，谢静，等.基于斜风分解的台风"韦帕"作用下润扬悬索桥抖振响应现场实测研究[J].振动工程学报，2009，22(4)：430-437.

[15] 王浩，李爱群.斜风作用下大跨度桥梁抖振响应时域分析(Ⅱ)：现场实测验证[J].土木工程学报，2009，42(10)：81-87.

[16] 喻梅，廖海黎，李明水，等.大跨度桥梁斜风作用下抖振响应现场实测及风洞试验研究[J].实验流体力学，2013，27(3)：51-55.

[17] 胡俊，欧进萍.大跨度悬索桥抖振时变动力可靠性分析[J].武汉理工大学学报，2010，32(9)：26-30.

[18] 胡俊，欧进萍.某大跨悬索桥风振响应现场实测与理论对比分析[J].振动与冲击，2013，32(11)：18-23.

[19] 李杏平，李爱群，王浩，等.基于长期监测数据的苏通大桥桥址区风特性研究[J].振动与冲击，2010，29(10)：82-85，251.

[20] 李爱群，王浩，谢以顺.基于 SHMS 的润扬悬索桥桥址区强风特性[J].东南大学学报(自然科学版)，2007(3)：508-511.

[21] 张玥，胡兆同.山西禹门口黄河大桥实测风特性分析[J].公路，2008(11)：77-82.

[22] 刘艳华，李富余，张宏升，等.超声风速仪与三轴风速仪测风的比较研究[J].气象水文海洋仪器，2003(3)：7-16.

[23] 严鹏.基于信号理论的桥梁健康监测降噪处理和损伤识别研究[D].成都：西南交通大学，2012.
[24] 任美龙，王旭，梁鹏.桥梁健康监测传感器系统的现状及发展趋势[J].公路，2013，58(11)：93-99.
[25] 项海帆，葛耀君.现代桥梁抗风理论及其应用[J].力学与实践，2007，29(1)：1-13.
[26] DAVENPORT A G. Gust Loading Factors[J]. Journal of the Structural Division，1967：11-35.
[27] JENSEN M. The model-law for phenomena in natural wind[J]. Ingenioren (International Edition)，1958(2)：121-128.
[28] 张国顺，郭健美，陈丽，等.激光位移传感器技术应用研究[C]//全国振动与噪声高技术及应用会议，1999.
[29] 宋晖，王晓冬.舟山大陆连岛工程西堠门大桥总体设计[J].公路，2009(1)：8-16.
[30] 刘志强，李娜，郭建，等.西堠门大桥结构监测系统的设计与实现(Ⅱ)：系统实现[J].中国工程科学，2010，12(7)：101-106.
[31] 陈羽.大跨度斜拉桥涡激振动试验研究[D].重庆：重庆大学，2010.
[32] 张海东.间距和风攻角对分离双扁平箱梁涡振特性的影响[D].石家庄：石家庄铁道大学，2016.
[33] 张胜斌，刘小兵，杨群，等.风攻角对分离双扁平箱梁涡振特性的影响[C]//全国结构工程学术会议，2016.
[34] KAWATANI M，TODA N，SATO M，et al. Vortex-induced Torsional oscillations of bridge girders with basic sections in turbulent flows[J]. Journal of Wind Engineering and Industrial Aerodynamics，1999，83(1)：327-336.
[35] WARDLAW R L，TANAKA H，UTSUNOMIYA H. Wind tunnel experiments on the effects of turbulence on the aerodynamic behavior of bridge road decks[J]. Journal of Wind Engineering and Industrial Aerodynamics，1983，14：247-257.
[36] FUJINO Y，ITO M，IWAMOTO M，et al. Wind tunnel study of long-span suspension bridge under smooth and turbulent flow[J]. Journal of Wind Engineering and Industrial Aerodynamic，1990，33(2)：313-322.
[37] FUJINO Y，YOSHIDA Y. Wind-induced vibration and control of trans-Tokyo bay crossing bridge[J]. Journal of Structural Engineering，2002，128(8)：1012-1025.
[38] 赖马树金.大跨度悬索桥分离式双箱梁涡激振动研究[D].哈尔滨：哈尔滨工业大学，2013.

第 9 章

非线性涡激力分析与涡激力模型参数识别

桥梁断面外形复杂、形式多样，不同断面形状及栏杆样式形成的流场形态之间往往有较大差别，很难通过对流场形态的定性描述形成桥梁断面涡振机理的统一表述。可将主梁涡振系统看作一个动力系统，从动力系统本身特性方面对其进行研究。本章针对传统主梁涡激力模型只关注结构自限幅振动这一单一非线性动力行为，对附加气弹效应展开研究。在此基础上，提出一种新的单自由度非线性涡激力数学模型，该模型通过直接拟合识别获得的随振幅变化的气动阻尼来模拟涡振系统的非线性特性，突破了现有方法受模型质量-阻尼系数条件的限制，以较小的工作量实现对结构各阶模态涡振性能的完全掌握。首先进行了涡振系统总体特性识别，并提出了气动非线性模型表达式及其参数识别方法；其次，利用实际风洞试验数据对该模型的实用性进行验证；最后，基于气动非线性涡激力模型提出考虑振型及展向相干性影响的节段至实桥涡振振幅转换方法。

9.1 非线性气弹效应特性

涡振系统具有非线性动力系统的典型特征，其非线性行为是由涡振过程中作用于主梁的附加气弹效应引起的。本节针对桥梁断面涡振过程中的附加气弹效应开展研究。由于涡振系统特性既包含了流场作用又包含了结构系统本身特性，为得到主梁附加气弹效应，需首先获得系统总体特性。

9.1.1 系统总体特性识别

涡致振动具有自限幅振动(Limit Cycle Oscillation, LCO)特征，自涡振起始至稳定振动状态，涡振系统的特性会不断变化，为探究涡振过程系统特性变化规律，可采用瞬时特性识别方法获取系统瞬时振幅及瞬时振动频率。瞬时振动频率概念最初用于具有解析式的窄带(单组分)振动信号[1-3]。对于一个窄带系统，假设其振动位移时程为 $x(t)$，对其进行希尔伯特变换，可得到振动位移的希尔伯特变换对 $\tilde{x}(t)$：

$$\tilde{x}(t)=\frac{1}{\pi}P\int_{-\infty}^{\infty}\frac{x(\tau)}{t-\tau}\mathrm{d}\tau \tag{9-1}$$

式中，P 为柯西主值。利用 $x(t)$ 和 $\tilde{x}(t)$ 的关系，可得到系统瞬时频率：

$$\omega(t)=\frac{x(t)\dot{\tilde{x}}(t)-\dot{x}(t)\tilde{x}(t)}{A^2(t)} \tag{9-2}$$

式中，$A(t)$ 为系统振动位移 $x(t)$ 的包络(即瞬时振幅)；$\dot{x}(t)$ 和$\dot{\tilde{x}}(t)$ 分别为系统振动位移 $x(t)$ 及其希尔伯特变换 $\tilde{x}(t)$ 的导数(关于时间 t 求导)。

上述解析方法用于处理实际测量数据时对数据本身有着较为严格的要求，其结果容易受某些局部极值点的影响。为克服上述困难，Huang 等[4]提出了更为实用的微分求积法(Directly Compute Quadrature Method, DQ 方法)，本节涡振系统瞬时特性识别采用该方法。

瞬时频率概念建立在窄带信号基础上，为了获得窄带振动信号，需首先对系统振动信号进行经验模态(Empirical Mode Decomposition, EMD)分解[4]，以将多频振动信号分解为若干单组分固有模式函数(Intrinsic Mode Function, IMF)，然后对各 IMF 采用 DQ 方法，可得到各频率成分随时间的变化情况。

考虑到涡致振动位移为窄带信号，便可将其认定为 IMF 函数，可直接采用 DQ 方法获得系统瞬时频率。当然，也可以对试验得到的结构振动位移进行 EMD 分解，得到其主导 IMF 函数，此时，相当于对涡振位移时程进行了时域滤波。单组分 IMF 可用如下形式表示：

$$IMF(t)=A(t)\cdot\cos\varphi(t) \tag{9-3}$$

式中，$A(t)$ 为 $IMF(t)$ 的振幅包络(envelope)，即瞬时振幅；$\cos\varphi(t)$ 为 $IMF(t)$ 的振动承载项(carrier)，其中 $\varphi(t)$ 为瞬时相位。

对瞬时相位 $\varphi(t)$ 关于时间 t 求导，即得到涡振位移的瞬时频率：

$$\omega(t)=\frac{\mathrm{d}\varphi(t)}{\mathrm{d}t} \tag{9-4}$$

上述计算过程需首先将式(9-3)的 $A(t)$ 项和 $\cos\varphi(t)$ 分离，具体分离步骤如下：

(1) 将 $IMF(t)$ 取绝对值，得到 $|IMF(t)|$；

(2) 提取 $|IMF(t)|$ 的所有局部最大值点，形成离散序列 $L_{\max}(k)$；

(3) 用三次样条曲线对上述局部最大值点进行插值，得到 $IMF(t)$ 的一次经验包络 $e_1(t)$；

(4) 利用 $e_1(t)$ 结果，对 $IMF(t)$ 进行第一次正则化处理：

$$N_1(t)=\frac{IMF(t)}{e_1(t)} \tag{9-5}$$

(5) 理想情况下，对 $IMF(t)$ 进行正则化处理后的 $N_1(t)$ 值应全部小于或者等于 1，然而由于样条曲线在某些情况下可能无法完全穿过所有离散点 $L_{\max}(k)$，因此需在 $N_1(t)$ 基础上进一步正则化：

$$\begin{cases} N_2(t)=\dfrac{N_1(t)}{e_2(t)} \\ N_3(t)=\dfrac{N_2(t)}{e_3(t)} \\ \cdots\cdots \\ N_n(t)=\dfrac{N_{n-1}(t)}{e_n(t)} \end{cases} \tag{9-6}$$

重复上述步骤后，即可得到 $A(t)$ 项和 $\cos\varphi(t)$ 项：

$$\begin{cases}\cos\varphi(t)=N_n(t)\\ A(t)=e_1(t)e_2(t)\cdots e_n(t)\end{cases} \tag{9-7}$$

为了实现上述计算步骤，需将窄带信号 $IMF(t)$ 设置为关于零轴对称（减去其均值即可），并且将振动信号的第一个点设置为某一周期的最大点（即满足 cos 函数样式）。获得振幅包络项 $A(t)$ 和振动承载项 $\cos\varphi(t)$ 后，可计算得到瞬时相位：

$$\varphi(t)=\arctan\frac{\sqrt{1-N_n^2(t)}}{N_n(t)} \tag{9-8}$$

对瞬时相位求导即得到系统瞬时频率 $\omega(t)$。

涡振系统为弱非线性系统，即每一个振动周期内的系统振幅及振动频率可看作常数，其值可通过该运动周期内的所有瞬时振幅 $A(t)$ 和瞬时频率 $\omega(t)$ 周期取平均得到。然后利用瞬时振幅 $\bar{A}_i$ 和瞬时频率 $\bar{\omega}_i$ 的一一对应关系（$\bar{A}_i$ 和 $\bar{\omega}_i$ 分别表示第 i 个运动周期的周期平均振幅及周期平均频率），可得到系统频率随系统振幅的变化关系。

考虑到涡振系统为弱非线性系统，每一个振动周期内的系统阻尼也可看作常数。此时，系统振动位移包络可统一写成如下形式：

$$A(t)=A_0\exp[-\xi\omega_{\mathrm{n}}t] \tag{9-9}$$

式中，A_0 为初始振幅值；ω_{n} 为系统特征频率，它和系统实际振动频率 ω_{D} 之间满足如下关系：

$$\omega_{\mathrm{D}}=\omega_{\mathrm{n}}\sqrt{1-\xi^2} \tag{9-10}$$

单自由度系统运动轨迹如图 9-1 所示，对于其第 n 个振动周期而言，根据式(9-9)，该周期的两个正波峰可以表示为

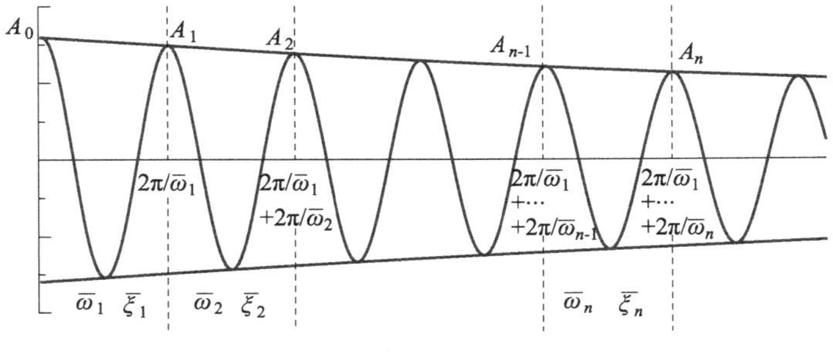

图 9-1　单自由度有阻尼系统振动示意

$$A_{n-1}=A_0\exp\left(-\bar{\xi}_n\cdot\bar{\omega}_{n,n}\cdot\sum_{i=1}^{n-1}\frac{2\pi}{\bar{\omega}_{\mathrm{D},i}}\right)$$
$$A_n=A_0\exp\left(-\bar{\xi}_n\cdot\bar{\omega}_{n,n}\cdot\sum_{i=1}^{n}\frac{2\pi}{\bar{\omega}_{\mathrm{D},i}}\right)\tag{9-11}$$

式中，$\bar{\xi}_n$ 为第 n 个振动周期的周期平均阻尼；$\bar{\omega}_{n,n}$ 为第 n 个振动周期的系统特征频率；$\bar{\omega}_{\mathrm{D},i}$ 为第 i 个周期的周期平均振动频率。

上述相邻两个正波峰的比值为

$$\frac{A_{n-1}}{A_n}=\exp\left(\bar{\xi}_n\cdot\bar{\omega}_{n,n}\cdot\frac{2\pi}{\bar{\omega}_{\mathrm{D},n}}\right)\tag{9-12}$$

对公式(9-12)两边取对数，结合公式(9-10)，可以得到：

$$\ln\left(\frac{A_{n-1}}{A_n}\right)=\frac{2\pi\bar{\xi}_n}{\sqrt{1-\bar{\xi}_n^2}}\tag{9-13}$$

进一步变换即可得到第 n 个振动周期内的系统平均阻尼：

$$\bar{\xi}_n=\frac{1}{\sqrt{4\pi^2+\ln(A_{n-1}/A_n)}}\ln\left(\frac{A_{n-1}}{A_n}\right)\tag{9-14}$$

根据周期平均振幅 $\bar{A}_n$ 与周期平均阻尼 $\bar{\xi}_n$ 的一一对应关系，可得到系统总体阻尼随系统振幅的变化规律。

9.1.2 气弹效应特性识别

在系统总体特性基础上，需进一步得到涡振过程中主梁受到的附加气弹效应。理想情况下，风洞试验的弹簧悬挂体系应具有线性刚度及线性阻尼特性，即涡振从起始至稳定振动状态的整个过程中，弹性悬挂体系本身的阻尼及刚度特性不发生改变。然而实际风洞试验过程中，弹簧悬挂体系并不是理想线性系统。此外，即使无风条件下，结构运动也会对结构周边流场产生扰动，该扰动会产生作用于主梁的附加气弹效应，上述影响都可能导致风洞试验过程中的弹簧悬挂体系表现出非线性特性。

为了从系统总体特性中分离得到主梁所受附加气弹效应特性，可拟合有风条件下的系统总体特性和无风条件下的悬挂体系特性，然后将它们相减得到主梁所受附加气弹效应：

$$\xi_{\mathrm{air}}(A)=\xi(A)-\xi_{\mathrm{n}}(A)\tag{9-15a}$$

$$K_{\mathrm{air}}(A)=K(A)-K_{\mathrm{n}}(A)=m\omega^2(A)-m\omega_{\mathrm{n}}^2(A)\tag{9-15b}$$

式中，$\omega(A)$ 和 $\xi(A)$ 分别为有风条件下系统总体振动频率和总体阻尼随结构振幅的变化规律；$\omega_{\mathrm{n}}(A)$ 和 $\xi_{\mathrm{n}}(A)$ 分别为无风条件下弹性悬挂体系系统频率和系统阻尼随结构振幅的变化规律。

上述方法成立的前提是涡振系统为自治系统(autonomous system)，即相同试验条件下每次试验得到的系统特性是一致的(具有可重复性)。如果将涡振系统看作统一动力系统，该动力系统为流场-结构自平衡体系，不存在外部能量输入，即涡振系统满足自治系统特征。该特性将在下面章节中进行详细验证。

9.2　非线性涡激力模型

9.2.1　气动非线性模型

对于单自由度弹性支撑结构，以竖向自由度为例，结构运动方程可表示为

$$m(\ddot{y}+2\xi_n\omega_n\dot{y}+\omega_n^2 y)=Q_{se}+Q_b \tag{9-16}$$

式中，m 为结构质量；ξ_n 为系统机械阻尼比；ω_n 为系统特征频率；Q_{se} 和 Q_b 分别为气动力中的结构运动状态相关项与结构运动状态无关项。涡振发生时旋涡脱落作用会被结构运动锁定，从而背离斯特劳哈尔规律变成结构运动状态相关项，可将涡致振动近似为纯自激现象，因此，只需考虑涡激力中的结构运动状态相关项。

气动力中的自激效应(运动状态相关项)主要体现为附加阻尼效应和附加刚度效应。根据既有研究结果[5,6]，气动阻尼效应具有非线性特性(振幅相关)，而气动刚度效应可看作线性(振幅无关)，因此自激效应可表示为

$$Q_{se}=\frac{1}{2}\rho U^2 D[f(\dot{y})+K_{aero}y] \tag{9-17}$$

式中，$f(\dot{y})$ 用来表示非线性气动阻尼效应；K_{aero} 用来表示线性气动刚度效应。

根据周期等效的概念，我们可以引入一个新的表达式：

$$Q_{se}=\frac{1}{2}\rho U^2 D\left[KH_1^*(\bar{A})\frac{\dot{y}}{U}+K^2H_4^*\frac{y}{D}\right] \tag{9-18}$$

式中，与结构运动速度相关的阻尼表达式 $f(\dot{y})$ 被替换成了与结构运动幅值相关的等效阻尼，其中气动阻尼参数 $H_1^*(\bar{A})$ 为系统振幅 $\bar{A}$ 的函数。该表达式与传统自激力表达式具有类似形式。H_4^* 为常数，用来表示与结构振幅无关的线性气动刚度效应。

引入折算时间 $s=Ut/D$，折算位移 $Y=y/D$，结构运动方程可转化为如下形式：

$$Y''+2\xi_n K_n Y'+K_n^2 Y=\frac{\rho D^2}{2m}\left[KH_1^*\left(\frac{\bar{A}}{D}\right)Y'+K^2H_4^*Y\right] \tag{9-19}$$

式中，$\bar{A}/D$ 为约化振幅；$K_n=\omega_n D/U$ 为无量纲的系统特征频率；$K=\omega D/U$ 为无量纲的系统实际振动频率，ω 为涡振系统实际振动圆频率。

将方程右端项移至方程左边，可得到如下形式的结构运动方程：

$$Y''+\left[2\xi_n K_n-\frac{\rho D^2}{2m}KH_1^*\left(\frac{\bar{A}}{D}\right)\right]Y'+\left(K_n^2-\frac{\rho D^2}{2m}K^2H_4^*\right)Y=0 \tag{9-20}$$

式(9-20)还可以进一步写成如下简化形式：

$$Y'' + 2\gamma K Y' + K^2 Y = 0 \tag{9-21}$$

其中

$$\gamma = \xi_n \frac{K_n}{K} - \frac{\rho D^2}{4m} H_1^* \left(\frac{\bar{A}}{D}\right) \tag{9-22a}$$

$$K^2 = \frac{K_n^2}{1 + \dfrac{\rho D^2}{2m} H_4^*} \tag{9-22b}$$

式中，γ 为涡振系统总体阻尼比；$H_1^*(\bar{A}/D)$ 和 H_4^* 分别为表征气动阻尼效应和气动刚度效应的气动参数。式(9-22)可看作气动非线性涡激力模型的一般形式，该模型通过引入一个与系统振幅相关的气动阻尼参数 $H_1^*(\bar{A}/D)$ 来考虑涡振过程中的非线性气动阻尼效应。

通过上一小节系统非线性特性识别方法获取附加气动阻尼随结构振幅的变化规律后，可采用某一数学模型模拟该规律，从而得到 $H_1^*(\bar{A}/D)$ 的表达式。上述模型形式简单，由于气动阻尼参数 $H_1^*(\bar{A}/D)$ 是结构振幅的函数，而试验获得的涡激力展向相干特性也与结构振幅有关，因此利用该模型亦可考虑涡激力展向相干性的影响。

9.2.2 多项式气动阻尼模型参数识别

风与结构相互作用产生的附加气动力为结构运动状态的非线性函数，其典型特点是自激力中的倍频现象。这种类型的非线性系统适用于采用形式简单的多项式模型进行模拟，传统涡激力模型也多为多项式形式。本节针对多项式形式的气动非线性涡激力模型及其参数识别方法进行研究。所谓多项式形式的气动非线性模型即采用多项式拟合识别得到的系统气弹效应随结构振幅的变化规律。

以 4 次多项式模型为例，首先基于系统特性识别方法获取系统总体阻尼随系统振幅的变化规律 $\gamma(\bar{A}/D)$，然后利用 4 次多项式对识别结果进行拟合，得到如下形式的表达式：

$$\gamma\left(\frac{\bar{A}}{D}\right) = a_5 \left(\frac{\bar{A}}{D}\right)^4 + a_4 \left(\frac{\bar{A}}{D}\right)^3 + a_3 \left(\frac{\bar{A}}{D}\right)^2 + a_2 \left(\frac{\bar{A}}{D}\right) + a_1 \tag{9-23}$$

上述表达式为系统总体阻尼随结构振幅的变化规律，为了获得模型中的非线性气动阻尼参数 $H_1^*(\bar{A}/D)$，结合公式(9-22a)，得到如下方程：

$$H_1^*\left(\frac{\bar{A}}{D}\right) = \frac{4m}{\rho D^2}\left(\frac{K_n}{K}\xi_n - \gamma\right) = b_5 \left(\frac{\bar{A}}{D}\right)^4 + b_4 \left(\frac{\bar{A}}{D}\right)^3 + b_3 \left(\frac{\bar{A}}{D}\right)^2 + b_2 \left(\frac{\bar{A}}{D}\right) + b_1 \tag{9-24}$$

其中

$$b_1 = -\frac{4m}{\rho D^2}\left(a_1 - \frac{K_n}{K}\xi_n\right) \tag{9-25a}$$

$$b_i = -\frac{4m}{\rho D^2} a_i \quad (i = 2 \sim 5) \tag{9-25b}$$

式中，ξ_n 为理想情况下节段模型悬挂系统机械阻尼比，其值为常数。

实际风洞试验过程中，悬挂体系本身非线性特性的影响不可忽略，此时需首先在无风条件下获得悬挂体系阻尼随结构振幅的变化规律：

$$\xi_n = a_{05}\left(\frac{\bar{A}}{D}\right)^4 + a_{04}\left(\frac{\bar{A}}{D}\right)^3 + a_{03}\left(\frac{\bar{A}}{D}\right)^2 + a_{02}\left(\frac{\bar{A}}{D}\right) + a_{01} \tag{9-26}$$

然后在系统总体阻尼特性中扣除上述悬挂体系本身非线性特性的影响，即得到非线性气动阻尼参数：

$$H_1^*\left(\frac{\bar{A}}{D}\right) = b_5\left(\frac{\bar{A}}{D}\right)^4 + b_4\left(\frac{\bar{A}}{D}\right)^3 + b_3\left(\frac{\bar{A}}{D}\right)^2 + b_2\left(\frac{\bar{A}}{D}\right) + b_1 \tag{9-27}$$

其中

$$b_i = \frac{4m}{\rho D^2}\left(\frac{K_n}{K}a_{0i} - a_i\right) \quad (i = 1 \sim 5) \tag{9-28}$$

式中，a_{0i} 为拟合悬挂体系阻尼时得到的多项式系数；a_i 为拟合涡振系统总体阻尼时得到的多项式系数。

对于气动刚度参数 H_4^*，可基于公式(9-22b)得到如下方程：

$$H_4^* = \frac{2m}{\rho D^2}\left(\frac{K_n^2}{K^2} - 1\right) = \frac{2m}{\rho D^2}\left(\frac{\omega_n^2}{\omega^2} - 1\right) \tag{9-29}$$

式(9-29)中的符号意义与前文定义相同。

值得注意的是，上述气动阻尼参数 $H_1^*(\bar{A}/D)$ 的表达式为结构约化振幅的函数，该表达式无法直接用来计算结构自限幅振动位移时程。如果要计算涡振过程中的自限幅振动位移时程，需利用谐波平衡法，在气动阻尼参数 $H_1^*(\bar{A}/D)$ 的基础上进一步变换得到与结构运动速度相关的非线性气动阻尼表达式 $f(Y', K)$。

对于多项式形式的非线性系统而言，与结构运动速度相关的非线性阻尼可用如下无量纲形式的多项式模型统一表述：

$$f(Y', K) = \sum_{i=1}^{m} \frac{A_i}{K^{i-1}}(Y')^i + \sum_{j=2}^{n} \frac{A_j}{K^{j-1}}|Y'|^{j-1}Y' \tag{9-30}$$

式中，K 为结构实际约化振动频率；i 和 j 分别为奇次非线性项和偶次非线性项；A_i 和 A_j 分别为奇次项和偶次项的系数。

上述多项式形式的模型被广泛应用于钝体断面气动力建模中。Parkinson[7] 最早利用最高次数为 5 次的奇次多项式模型模拟方柱断面气动力；后来 Parkinson 等[8,9] 将上述奇次多项式模型的最高阶数拓展至 7 次，用来模拟方柱涡振和驰振过程中的“迟滞现象”；Novak[10] 在奇次多项式模型的基础上通过引入绝对值符号来保留偶次非线性项的贡献，并最终形成了上述形式的多项式模型。

对于式(9-30)所示模型而言，我们需要在式(9-24)或式(9-27)所示 $H_1^*(\bar{A}/D)$ 表达式的基础上，利用谐波平衡法来得到模型参数 A_i 和 A_j。下面仍然以 4 次多项式模型为例，当 $H_1^*(\bar{A}/D)$ 采用 4 次多项式模型拟合时，式(9-30)中对应的最高次数应该为 5，此时模型具有如下形式：

$$f(Y', K)=\frac{A_5}{K^4}(Y')^5+\frac{A_4}{K^3}|Y'|^3Y'+\frac{A_3}{K^2}(Y')^3+\frac{A_2}{K}|Y'|Y'+A_1Y' \tag{9-31}$$

利用谐波平衡法[11]对上述非线性阻尼方程进行谐波平衡，并保留第一阶谐波项，可得到：

$$f(Y', K)=H_1^*\left(\frac{\bar{A}}{D}\right)Y'=a_0+a_1\cos(Ks)+b_1\sin(Ks) \tag{9-32}$$

其中

$$a_0=b_1=0 \tag{9-33a}$$

$$a_1=\frac{5A_5}{8}K\left(\frac{\bar{A}}{D}\right)^5+\frac{32A_4}{15\pi}K\left(\frac{\bar{A}}{D}\right)^4+\frac{3A_3}{4}K\left(\frac{\bar{A}}{D}\right)^3+\frac{8A_2}{3\pi}K\left(\frac{\bar{A}}{D}\right)^2+A_1K\left(\frac{\bar{A}}{D}\right) \tag{9-33b}$$

结合如下方程：

$$Y(s)=\frac{\bar{A}}{D}\sin(Ks) \tag{9-34a}$$

$$Y'(s)=K\frac{\bar{A}}{D}\cos(Ks) \tag{9-34b}$$

可得到

$$H_1^*\left(\frac{\bar{A}}{D}\right)K\frac{\bar{A}}{D}\cos(Ks)=a_1\cos(Ks) \tag{9-35}$$

根据系数 a_1 以及 $H_1^*(\bar{A}/D)$ 的表达式，可以得到 $f(Y', K)$ 中系数 $A_i(i=1\sim5)$ 与 $H_1^*(\bar{A}/D)$ 中系数 $b_i(i=1\sim5)$ 的一一对应关系，如下所示：

$$A_5=\frac{8}{5}b_5;\ A_4=\frac{15\pi}{32}b_4;\ A_3=\frac{4}{3}b_3;\ A_2=\frac{3\pi}{8}b_2;\ A_1=b_1 \tag{9-36}$$

利用上述转换得到的系数 $A_i(i=1\sim5)$，可得到多项式气动阻尼模型 $f(Y', K)$ 的表达式，带入式(9-19)可得到如下运动方程：

$$Y''+2\left\{\xi_n\frac{K_n}{K}-\frac{\rho D^2}{4m}\left[\frac{A_5}{K^4}(Y')^4+\frac{A_4}{K^3}|Y'|^3+\frac{A_3}{K^2}(Y')^2+\frac{A_2}{K}|Y'|+A_1\right]\right\}KY'+K^2Y=0 \tag{9-37}$$

其中

$$K = \frac{K_n}{\sqrt{1 + \frac{\rho D^2}{2m} H_4^*}} \tag{9-38}$$

求解上述运动方程即可获得涡振系统自限幅振动位移时程。

某些情况下，用于系统非线性阻尼特性拟合的多项式次数可能大于 4。为此，表 9-1 给出了 $H_1^*(\bar{A}/D)$ 与 $f(Y', K)$ 之间 5 次项至 10 次项系数的转换关系，以便于查阅和计算。更高次（大于 10 次）多项式系数间的转换关系可基于谐波平衡法按照前述步骤计算得到。

表 9-1　$H_1^*(\bar{A}/D)$ 与 $f(Y', K)$ 之间多项式系数转换关系

A_6	A_7	A_8	A_9	A_{10}
$\frac{35\pi}{64}b_6$	$\frac{64}{35}b_7$	$\frac{315\pi}{512}b_8$	$\frac{128}{63}b_9$	$\frac{693\pi}{1\,024}b_{10}$

9.3　非线性涡激力模型验证

9.3.1　试验概况

为了验证上述章节非线性气弹效应特性识别方法及非线性模型的准确性，采用物理风洞试验手段模拟了 4 种不同质量-阻尼系数工况。试验对象为某一组合梁开口截面，梁高 3.30 m、宽 28 m。节段模型缩尺比为 1∶60，节段模型参数见表 9-2。

表 9-2　节段模型参数

高度 D /mm	宽度 B /mm	长度 L /mm	质量 /(kg · m^{-1})	质量惯矩 /[(kg · m^2) · m^{-1}]	竖向频率 f_v /Hz	扭转频率 f_t /Hz
55	466.7	1 740	11.361	0.448	4.185	8.95

为了模拟不同质量-阻尼工况，采用的试验布置情况如图 9-2 所示，在传统节段模型弹性悬挂体系外侧对称附加了两个阻尼油箱，油箱固定在两侧支架外缘。弹簧吊臂和油箱之间通过钢棒连接，钢棒一端固定在吊臂上，另外一端焊接钢片，然后浸入油箱中。通过调整浸入油箱的钢片长度和宽度，可以模拟不同的阻尼工况。

试验过程中共模拟了 4 种机械阻尼比工况，模拟得到的 4 种机械阻尼比特性如图 9-3 所示。图中阻尼比特性通过系统非线性特性识别方法获得，其中实心圆形和空心圆形分别表示不同试验次数识别得到的结果，实线为 4 次多项式拟合结果。

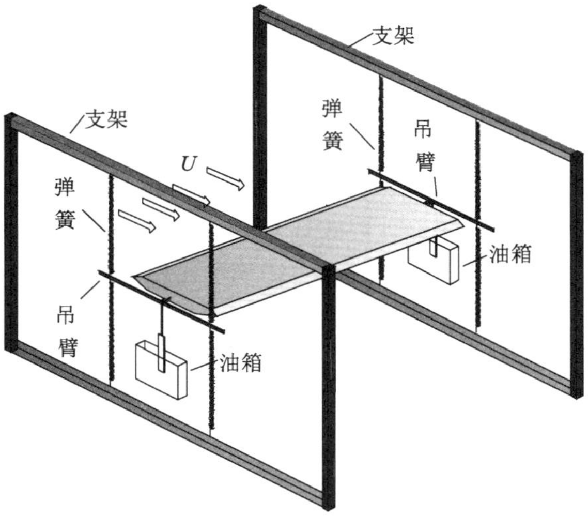

(a) 试验布置情况

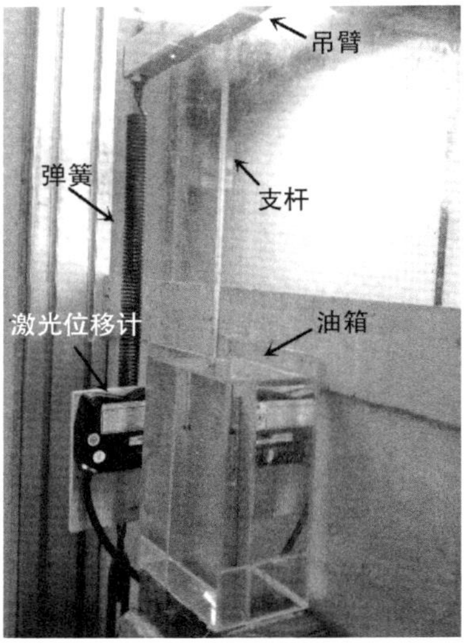

(b) 附加阻尼装置构造细部

图 9-2 试验工况布置

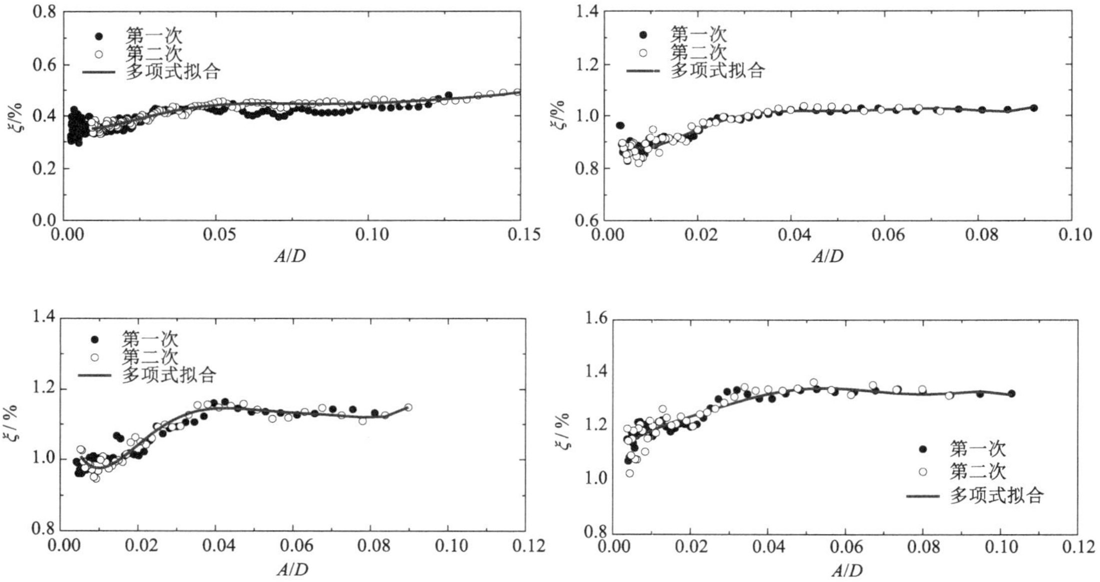

图 9-3 试验模拟的 4 种机械阻尼比

从图中可以看到,各工况下识别得到的系统机械阻尼比并不是常数,而是随结构振幅在一定范围内缓慢变化。产生上述非线性现象的原因包括悬挂弹簧非线性阻尼特性、附加阻尼线圈的非线性影响,以及主梁在风洞内部振动过程中由于周围空气扰动而产生的附加气动非线性效应。这部分零风速条件下的非线性效应应该在涡振气弹效应特性识别过程中被扣除。用于悬挂体系阻尼比拟合的 4 次多项式模型的各项系数如表 9-3 所示。

表 9-3　用于悬挂体系阻尼比拟合的 4 次多项式各项系数值

工况	a_4	a_3	a_2	a_1	a_0
1	2.262 8	1.230 5	−0.455 3	0.045 7	0.003 0
2	202.698 0	−32.375 3	1.051 3	0.040 5	0.008 4
3	189.011 7	−46.008 5	3.593 4	−0.085 1	0.011 0
4	191.763 5	−37.433 6	1.860 2	0.012 9	0.011 6

试验过程中通过增加风速和降低风速分别测量了不同风速条件下的结构涡振响应，在每一个风速条件下，通过衰减-共振和增长-共振方式获得了两条自限幅振动位移时程。4 种工况下结构稳定涡振振幅如图 9-4 所示。从图中可以看到，较低质量-阻尼系数条件下结构涡振响应幅值较大，随着质量-阻尼系数的增加，结构涡振响应幅值明显变小。此外，随着结构质量-阻尼系数的增加(工况 3 和工况 4)，结构涡振锁定风速区间也会变窄。这表明结构涡振特性受质量-阻尼系数影响明显，不同质量-阻尼系数条件下的结构涡振响应幅值及涡振锁定区风速范围均会不同。

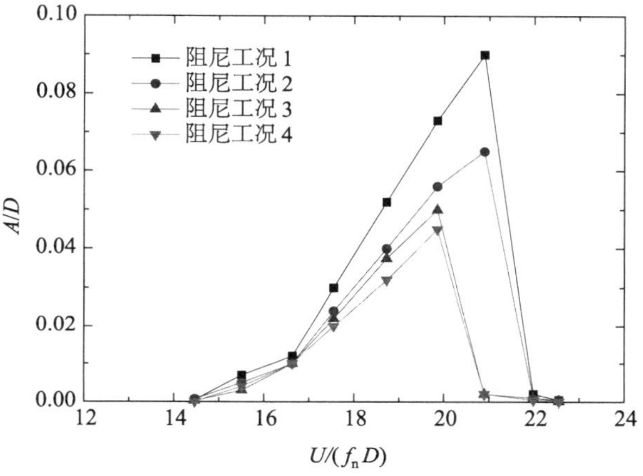

图 9-4　不同质量-阻尼系数条件下结构涡振响应

9.3.2　气动参数识别

本节利用非线性气动阻尼参数识别方法对该模型的气动阻尼和气动刚度参数进行识别。在锁定风速区间内，当采用衰减-共振位移时程识别系统特性时，无法获得振幅小于稳定涡振振幅情况下的系统特性，而采用增长-共振位移时程识别系统特性时，无法获得振幅大于稳定涡振振幅情况下的系统特性。因此，锁定区风速条件下系统特性识别需结合增长-共振和衰减-共振位移时程，以获得完整振幅范围内的系统特性。在工况 1($\gamma=0.3\%\sim0.5\%$)条件下获得系统自限幅振动位移时程，然后利用系统特性识别方法对系统总体阻尼比进行识别，结果如图 9-5 所示。图 9-5 中(c)～(g)位于锁定风速区间内，系统特性识别采用了增长-共振和衰减-共振位移时程。

图 9-5 中圆圈表示识别获得的系统周期平均阻尼比，对应的横坐标为系统周期平均振幅。图中不同线型表示不同阶次的多项式拟合结果，结果表明，多项式最高阶次取 4 时就能很好地拟合试验结果(图中虚线)，采用更高阶次多项式(6 次)后，拟合效果并没有明显改善。因此，本文采用 4 次多项式模型拟合识别得到的系统非线性阻尼值。

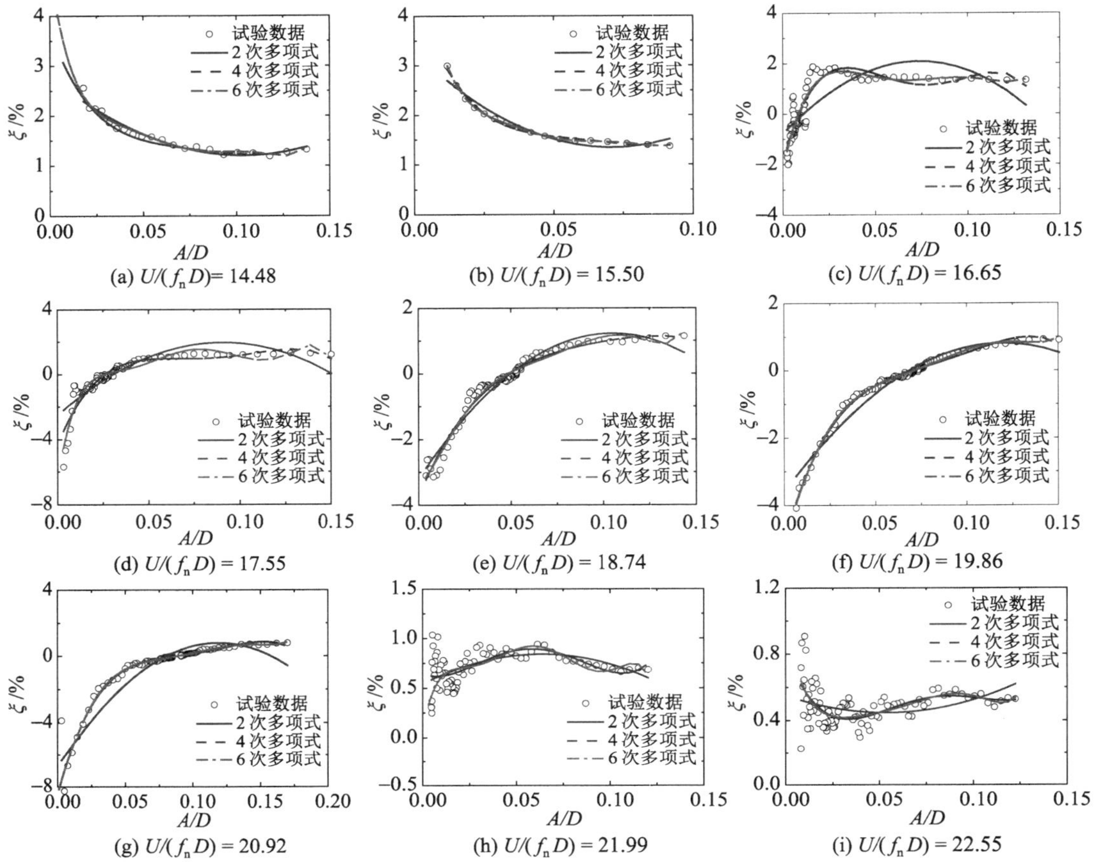

图 9-5　系统总体阻尼特性

基于系统总体阻尼特性和悬挂体系阻尼特性，可获得非线性气动阻尼参数 $H_1^*(\bar{A}/D)$，如图 9-6 所示。图中粗实线为试验风速条件下得到的结果，曲面为基于上述试验结果在约化风速方向上空间插值所得。

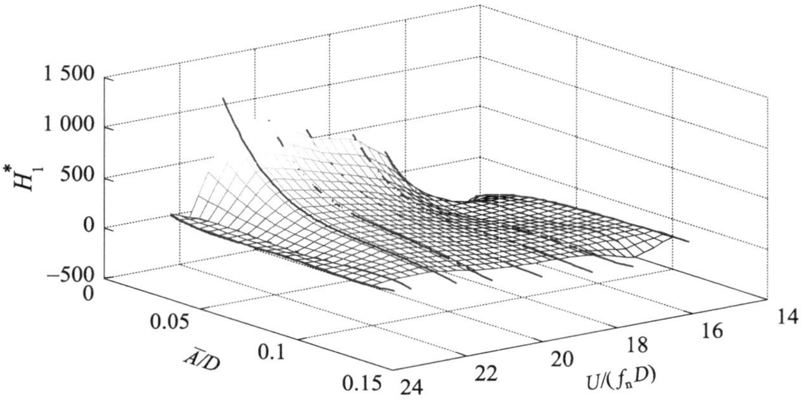

图 9-6　非线性气动阻尼参数

对于气动刚度参数，可基于试验得到的有风和无风条件下的系统振动频率，利用公式(9-29)计算得到。不同风速条件下识别得到的气动刚度参数如图 9-7 所示。从图中可以看到，跨越锁定区时，气动刚度由正值变为负值，表明在跨越锁定区的过程中，作用于结构的气动力与结构运动状态间的相位差发生了改变。

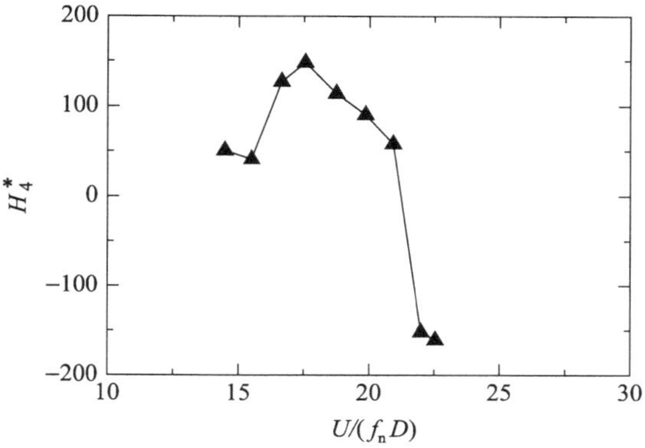

图 9-7　不同约化风速条件下的气动刚度参数

为了对比验证不同质量-阻尼系数条件下识别得到的气动参数，利用工况 2($\gamma=0.8\%\sim1.0\%$)条件下的结构自限幅振动位移时程，对该质量-阻尼系数条件下的气动参数进行了识别。将识别得到的气动阻尼参数与工况 1 条件下的气动阻尼参数进行比较，如图 9-8 所示。结果表明，两种质量-阻尼系数条件下识别得到的气动阻尼参数 $H_1^*(\bar{A}/D)$ 吻合较好，可认为识别的气动阻尼参数不受模型质量-阻尼系数影响。

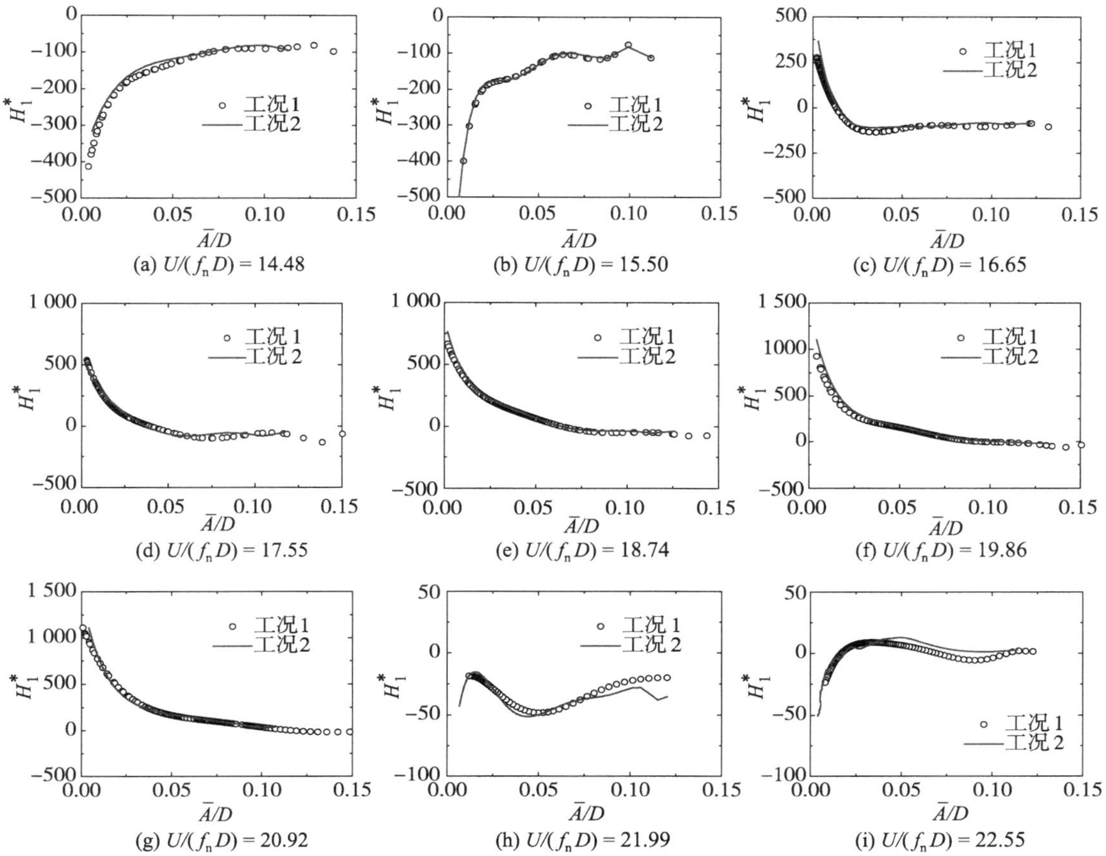

图 9-8　不同质量-阻尼系数条件下得到的气动阻尼参数

同样，将工况 2 条件下识别得到的气动刚度参数 H_4^* 与工况 1 条件下的结果进行比较，如图 9-9 所示。结果表明，两种质量-阻尼系统条件下识别得到的气动刚度参数 H_4^* 也是基本一致的，可以认为识别的气动刚度参数同样不受模型质量-阻尼系数影响。

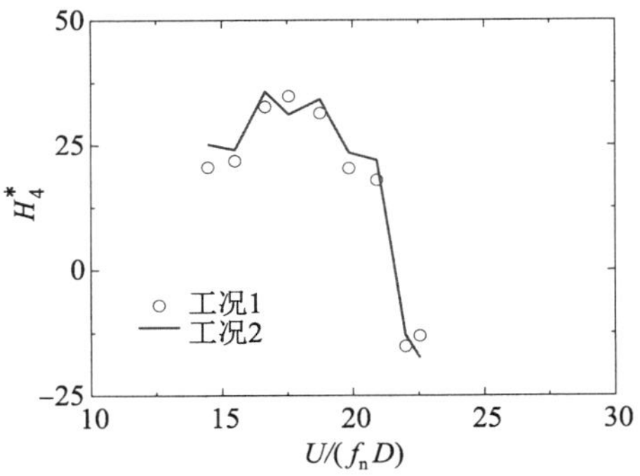

图 9-9　不同质量-阻尼系数条件下得到的气动刚度参数

图 9-8 和图 9-9 结果表明，识别得到的气动参数与识别时的结构质量-阻尼系数无关，从而保证了利用特定质量-阻尼系数条件下得到的气动参数计算其他质量-阻尼系数下结构涡振响应的可行性。图 9-8 中不同约化风速条件下 $H_1^*(\bar{A}/D)$ 的 4 次多项式的各项系数如表 9-4 所示。

表 9-4　$H_1^*(\bar{A}/D)$的 4 次多项式中各项系数值

$U/(f_nD)$	b_5	b_4	b_3	b_2	b_1
14.48	-4.57×10^6	1.54×10^6	-1.96×10^5	1.18×10^4	-3.86×10^2
15.50	-6.13×10^7	1.52×10^7	-1.33×10^6	4.94×10^4	-7.94×10^2
16.65	1.78×10^7	-5.79×10^6	6.52×10^5	-2.92×10^4	3.08×10^2
17.55	1.08×10^7	-4.00×10^6	5.33×10^5	-3.06×10^4	5.80×10^2
18.74	9.33×10^6	-3.19×10^6	4.09×10^5	-2.55×10^4	6.54×10^2
19.86	1.61×10^7	-5.53×10^6	6.83×10^5	-3.87×10^4	9.51×10^2
20.92	1.14×10^7	-4.55×10^6	6.50×10^5	-4.16×10^4	1.11×10^3
21.99	-5.44×10^6	1.28×10^6	-8.80×10^4	1.51×10^3	-2.87×10^1
22.55	-3.05×10^6	9.79×10^5	-1.07×10^5	4.40×10^3	-5.02×10^1

9.3.3　位移计算与验证

为验证上述多项式形式的气动非线性涡激力模型对结构自限幅振动位移的模拟效果，对各风速条件下的结构涡振位移进行了计算，并与试验结果进行了比较。

根据前述章节结构自限幅振动位移计算方法，需要首先将周期等效气动阻尼 $H_1^*(\bar{A}/D)$ 的多项式系数按前述方法换至系统运动方程所需参数 $A_i(i=1\sim5)$，转换得到的参数 $A_i(i=1\sim5)$ 如表 9-5 所示。

表 9-5　转换后得到的参数 A_i (i=1～5)

$U/(f_nD)$	A_5	A_4	A_3	A_2	A_1
14.48	-7.31×10^6	2.27×10^6	-2.61×10^5	1.39×10^4	-3.86×10^2
15.50	-9.81×10^7	2.24×10^7	-1.77×10^6	5.82×10^4	-7.94×10^2
16.65	2.85×10^7	-8.53×10^6	8.69×10^5	-3.44×10^4	3.08×10^2
17.55	1.73×10^7	-5.89×10^6	7.11×10^5	-3.60×10^4	5.80×10^2
18.74	1.49×10^7	-4.70×10^6	5.45×10^5	-3.00×10^4	6.54×10^2
19.86	2.58×10^7	-8.14×10^6	9.11×10^5	-4.56×10^4	9.51×10^2
20.92	1.82×10^7	-6.70×10^6	8.67×10^5	-4.90×10^4	1.11×10^3
21.99	-8.70×10^6	1.88×10^6	-1.17×10^5	1.78×10^3	-2.87×10^1
22.55	-4.88×10^6	1.44×10^6	-1.43×10^5	5.18×10^3	-5.02×10^1

根据表 9-5 中的参数 A_i ($i=1\sim5$)，结合涡振系统运动方程(9-37)和方程(9-38)，可以计算得到不同风速条件下的结构振动位移。计算结果和试验结果的比较如图 9-9～图 9-17 所示。其中灰色实线为计算结果，黑色虚线为试验测得的自限幅振动位移时程。从图中可以看到，两条曲线吻合良好，表明通过拟合试验获得的系统气弹效应，气动非线性涡激力模型能够较好地再现系统自限幅振动特性，从而验证了本章气弹效应特性识别方法的准确性。

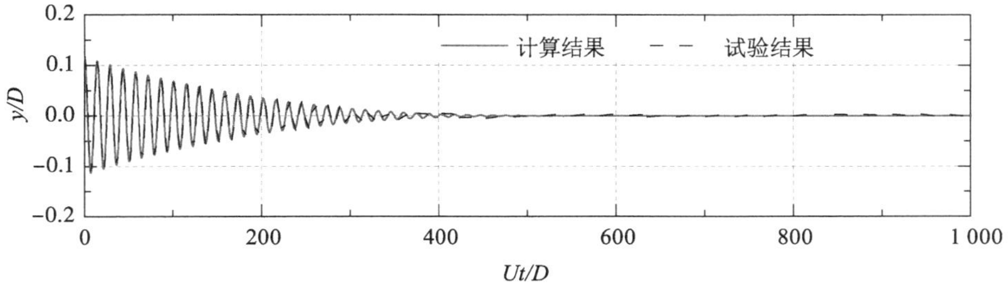

图 9-9　系统自限幅振动位移时程计算与试验结果比较[$U/(f_nD)=14.48$]

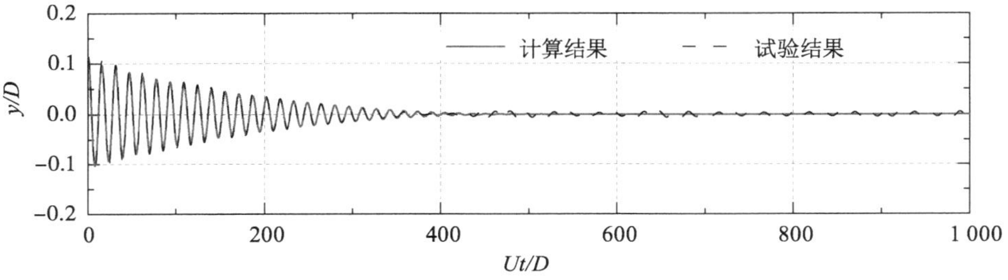

图 9-10　系统自限幅振动位移时程计算与试验结果比较[$U/(f_nD)=15.50$]

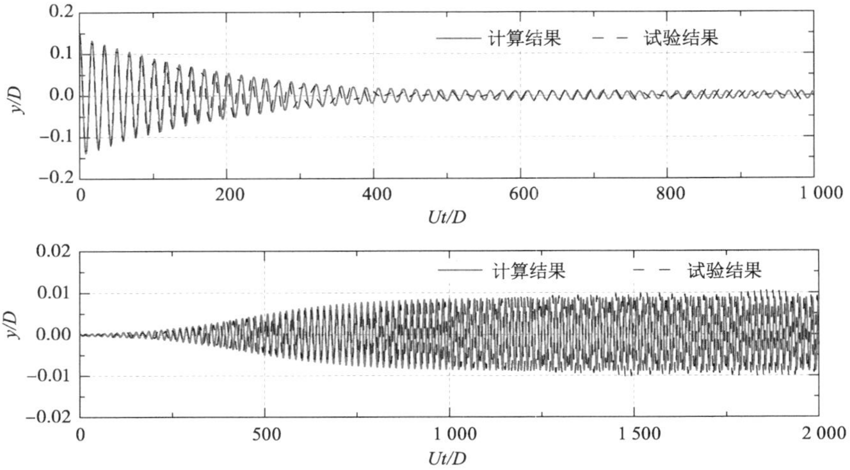

图 9-11　系统自限幅振动位移时程计算与试验结果比较[$U/(f_nD)=16.65$]

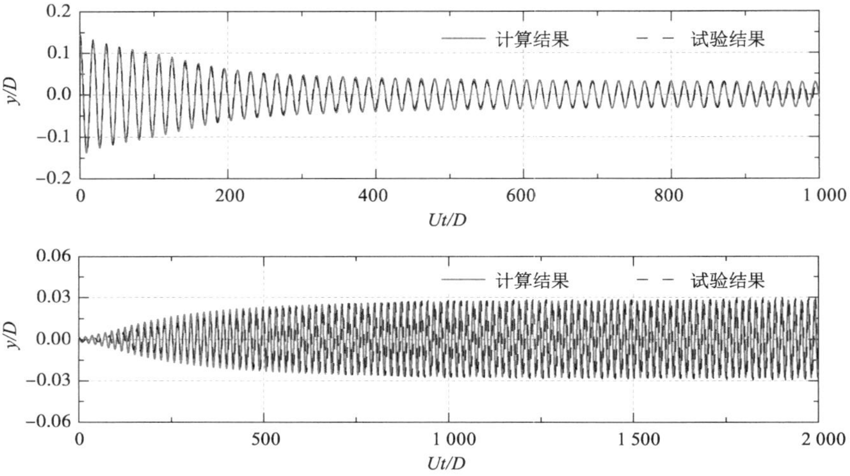

图 9-12　系统自限幅振动位移时程计算与试验结果比较[$U/(f_nD)=17.55$]

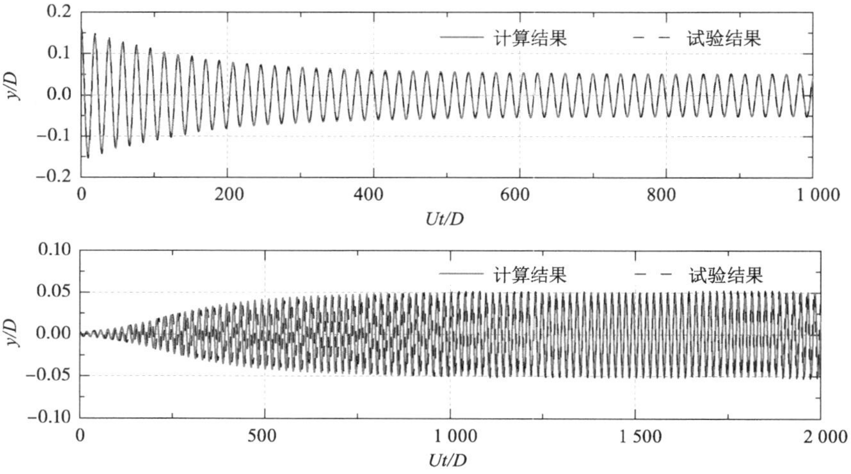

图 9-13　系统自限幅振动位移时程计算与试验结果比较[$U/(f_nD)=18.74$]

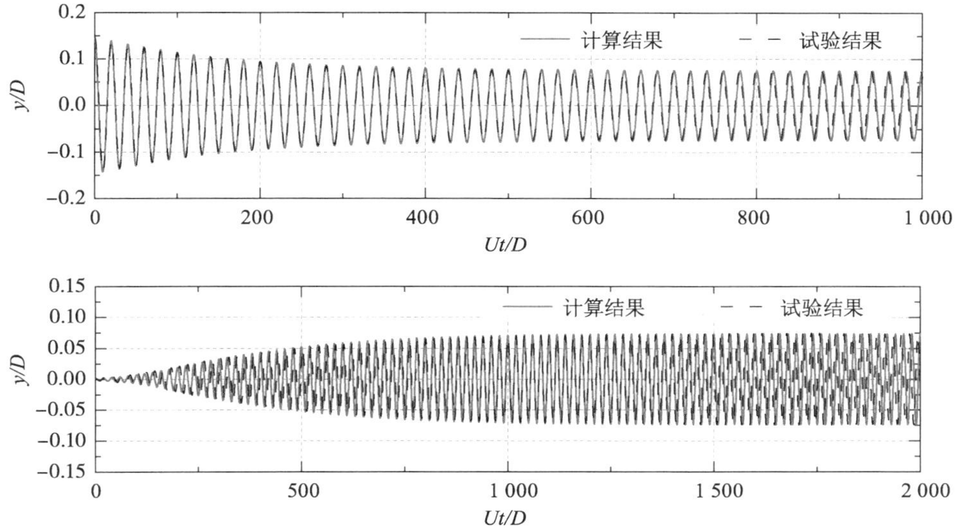

图 9-14　系统自限幅振动位移时程计算与试验结果比较[$U/(f_nD)=19.86$]

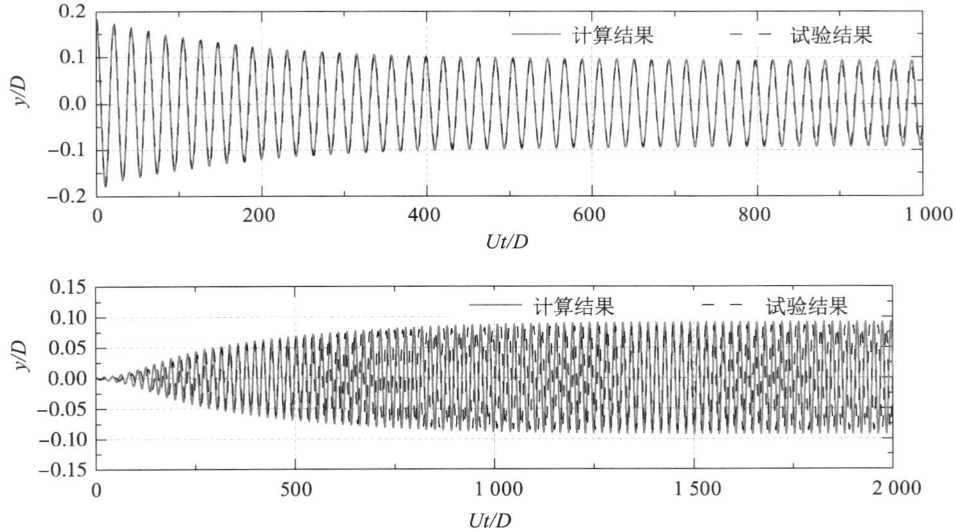

图 9-15　系统自限幅振动位移时程计算与试验结果比较[$U/(f_nD)=20.92$]

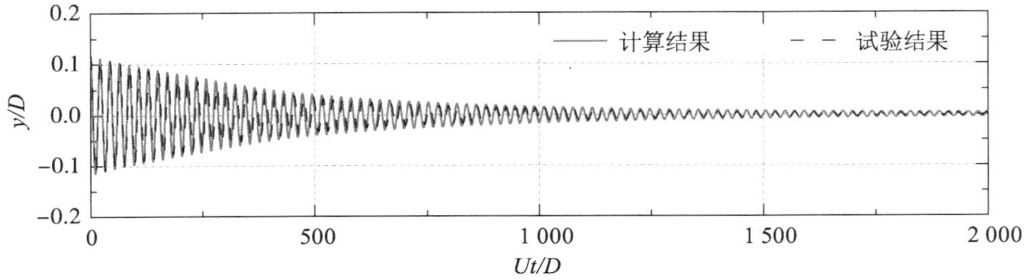

图 9-16　系统自限幅振动位移时程计算与试验结果比较[$U/(f_nD)=21.99$]

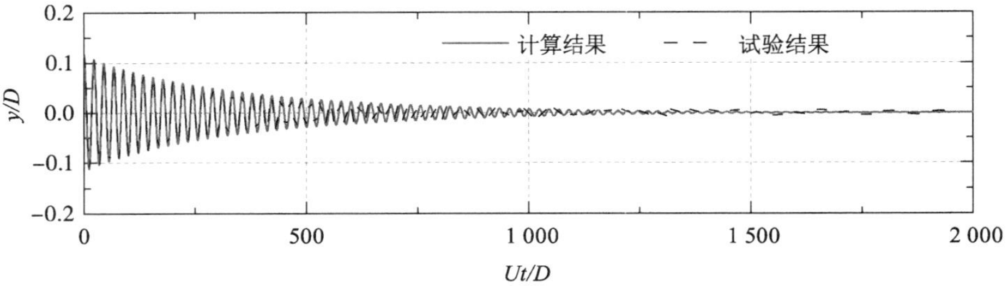

图 9-17　系统自限幅振动位移时程计算与试验结果比较[$U/(f_nD)=22.55$]

9.3.4　不同质量-阻尼工况结构涡振振幅

在结构涡振性能的初步判定中，我们一般只关心涡振发生的风速范围（锁定区的大小）以及稳定振动状态下的结构涡振振幅。对此，本小节提出利用气动非线性涡激力模型计算结构稳定涡振振幅的方法，然后利用气动非线性涡激力模型对不同 Scruton 数（质量-阻尼系数）条件下的结构涡振响应进行计算，并与相同条件下的试验结果进行比较。

经历稳定振动状态的涡振系统，每一个振动周期内的系统能量守恒，即每一个振动周期内，气动阻尼做功与系统机械阻尼做功相互抵消（系统总体阻尼在一个周期内做功为零）。在稳定振动状态下，将系统总体阻尼乘以系统运动速度可得到系统总体阻尼力的功率，在一个振动周期内积分并令其等于零，可得到如下关系：

$$\xi_n \frac{K_n}{K} - \frac{\rho D^2}{4m} H_1^* = 0 \tag{9-39}$$

式中，ξ_n 为系统机械阻尼比。

求解式(9-39)可以得到：

$$H_1^* = \frac{4m\xi_n}{\rho D^2} \frac{K_n}{K} \tag{9-40}$$

引入 Scruton 数的定义：$Sc = 2m\xi_n/\rho D^2$。式(9-40)可以转化为

$$H_1^* = 2Sc \frac{K_n}{K} \tag{9-41}$$

根据式(9-22)，可以得到另外一组关系：

$$\frac{K_n}{K} = \sqrt{1 + \frac{\rho D^2}{2m} H_4^*} \tag{9-42}$$

结合式(9-41)和式(9-42)，可以得到：

$$H_1^* = 2Sc\sqrt{\frac{\rho D^2}{2m}H_4^* + 1} \tag{9-43}$$

将 H_1^* 的表达式代入式(9-43)，即得到涡振系统稳定振幅的控制方程：

$$b_5\left(\frac{A_s}{D}\right)^4 + b_4\left(\frac{A_s}{D}\right)^3 + b_3\left(\frac{A_s}{D}\right)^2 + b_2\left(\frac{A_s}{D}\right) + \left(b_1 - 2S_C\sqrt{\frac{\rho D^2}{2m}H_4^* + 1}\right) = 0 \tag{9-44}$$

式中，A_s/D 为稳定约化振幅；参数 $b_i(i=1\sim5)$ 由式(9-25)或式(9-28)确定。上述结果表明，系统稳定涡振振幅与结构参数 Sc 有关，它体现了结构质量和系统机械阻尼比对系统涡振振幅的影响，将不同约化风速条件下的参数 $b_i(i=1\sim5)$ 代入式(9-44)，求解上述方程，即可计算得到该风速条件下系统稳定涡振振幅值。

上述方程为 4 次一元方程，可以采用求根公式，也可以采用数值方法计算，本节采用数值方法计算方程的解。4 次多项式方程求解过程中会得到 4 个解，其中满足要求的解为合理范围内的正实根(小于某一合理值，此处取 0.15)，当不存在满足要求的解时，可以认为该风速条件下不存在稳定涡振状态，令该风速条件下的解等于零。

根据上述过程计算得到的不同机械阻尼比条件下结构稳定涡振振幅如图 9-18 所示。图中带黑色实心矩形标记的曲线为试验结果，带灰色实心圆形标记的曲线为计算结果。

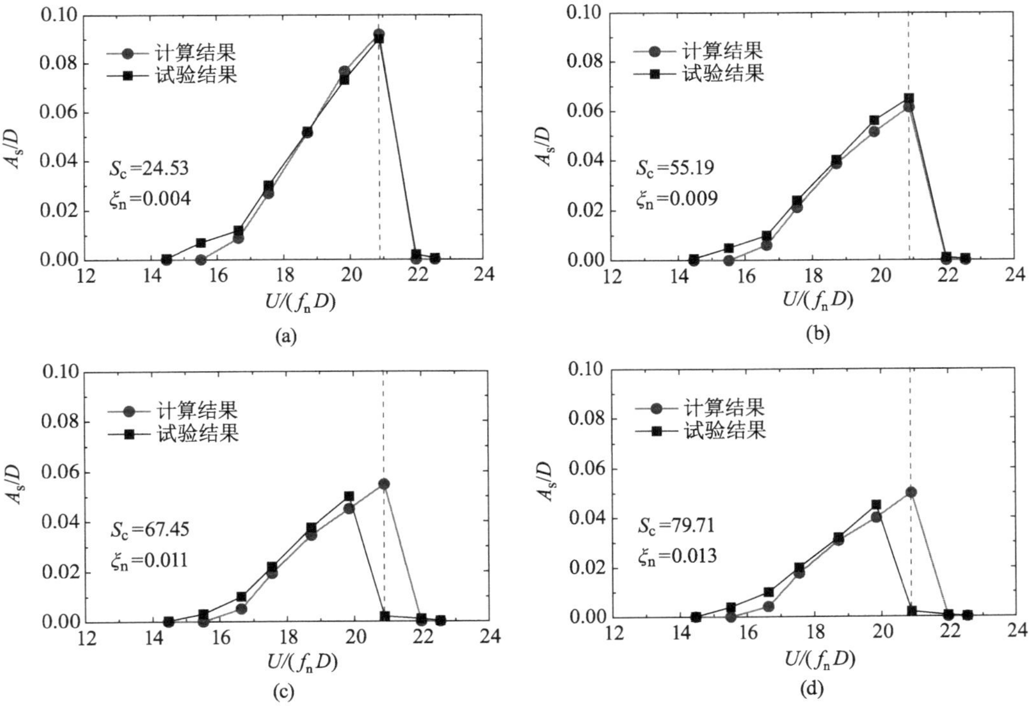

图 9-18　不同 Scruton 数条件下系统稳定涡振振幅计算与试验比较

图 9-18 中系统机械阻尼比 $\bar{\xi}_n$ 取常数，其值取图 9-3 中 4 种工况条件下识别结果的平均

值。可以看到，对于图 9-18(a)和(b)所示质量-阻尼系数工况而言，气动非线性涡激力模型计算得到的结构涡振响应曲线与试验结果能较好吻合；而对于图 9-18(c)和(d)所示质量-阻尼系数工况而言，气动非线性涡激力模型在大部分风速条件下的计算结果也都能与试验结果较好吻合。但是在 $U/(f_nD)=20.92$ 时，计算结果与试验结果出现了偏差，实际试验过程中在该风速条件下并未观测到涡振现象，而气动非线性涡激力模型则在该风速条件下计算得到了一个较大振幅的涡振响应。这是由于随着质量-阻尼系数的改变，结构涡振锁定区间发生了变化，原本处于涡振锁定区内的某些风速在高质量-阻尼系数工况下成为锁定区外风速。

上述结果表明，尽管气动非线性涡激力模型能够反映质量-阻尼系数对结构涡振幅值的影响，但是无法反映涡振锁定区间随结构质量-阻尼系数变化这一规律。从这个角度而言，气动非线性涡激力模型并不能完全摆脱参数识别时结构质量-阻尼系数的影响，它可以用来计算试验模拟质量-阻尼系数附近一定范围的结构涡振特性，但是当结构质量-阻尼系数的改变引起结构涡振锁定区风速发生变化时，气动非线性涡激力模型在这些风速下的计算结果与实际结果间存在较大差别。

9.3.5 不同质量-阻尼工况结构振动位移

本小节利用工况 1 条件下识别得到的气动参数对其他工况条件下的结构自限幅振动位移进行计算，并与试验结果进行比较。为了考虑悬挂体系非线性阻尼特性的影响，涡振系统控制方程(9-37)中机械阻尼比 ξ_n 采用表 9-3 中的 4 次多项式拟合结果。此时，系统运动方程变为如下形式：

$$Y''+2\Big[\Big(\frac{K_n}{K}A_{05}-\frac{\rho D^2}{4m}A_5\Big)\frac{Y'^5}{K^4}+\Big(\frac{K_n}{K}A_{04}-\frac{\rho D^2}{4m}A_4\Big)\frac{|Y'|^3Y'}{K^2}+\Big(\frac{K_n}{K}A_{03}-\frac{\rho D^2}{4m}A_3\Big)\frac{Y'^3}{K}+\Big(\frac{K_n}{K}A_{02}-\frac{\rho D^2}{4m}A_2\Big)|Y'|Y'+\Big(\frac{K_n}{K}A_{01}-\frac{\rho D^2}{4m}A_1\Big)KY'\Big]+K^2Y=0 \tag{9-45}$$

式中，$A_{0i}\ (i=1\sim5)$ 为表 9-3 中多项式系数按式(9-36)转换后得到的参数，其值如表 9-6 所示。

表 9-6 转换后得到的参数 $A_{0i}\ (i=1\sim5)$

工况	A_{05}	A_{04}	A_{03}	A_{02}	A_{01}
1	3.620 5	1.812 1	−0.607 1	0.053 8	0.003 0
2	324.316 8	−47.676 6	1.401 8	0.047 7	0.008 4
3	302.418 8	−67.753 1	4.791 2	−0.100 3	0.011 0
4	306.821 6	−55.125 5	2.480 2	0.015 2	0.011 6

根据式(9-45)计算得到的不同工况下系统自限幅振动位移时程如图 9-19～图 9-27所示。可以看到，计算得到的结构自限幅振动位移与试验结果能较好吻合，从而进一步验证了气动非线性涡激力模型用于计算不同质量-阻尼系数工况下结构涡振响应的可行性。

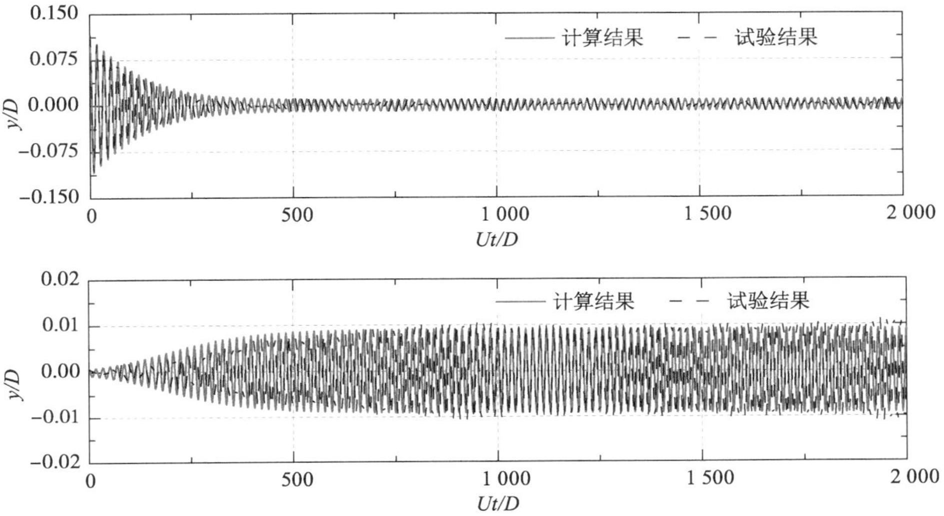

图 9-19　工况 2 条件下系统自限幅振动位移计算与试验结果比较[$U/(f_nD)=16.65$]

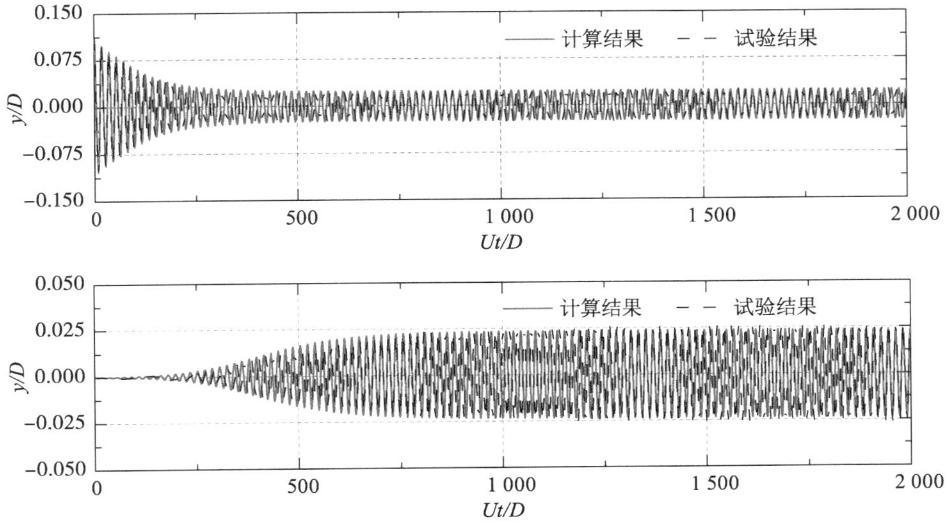

图 9-20　工况 2 条件下系统自限幅振动位移计算与试验结果比较[$U/(f_nD)=17.55$]

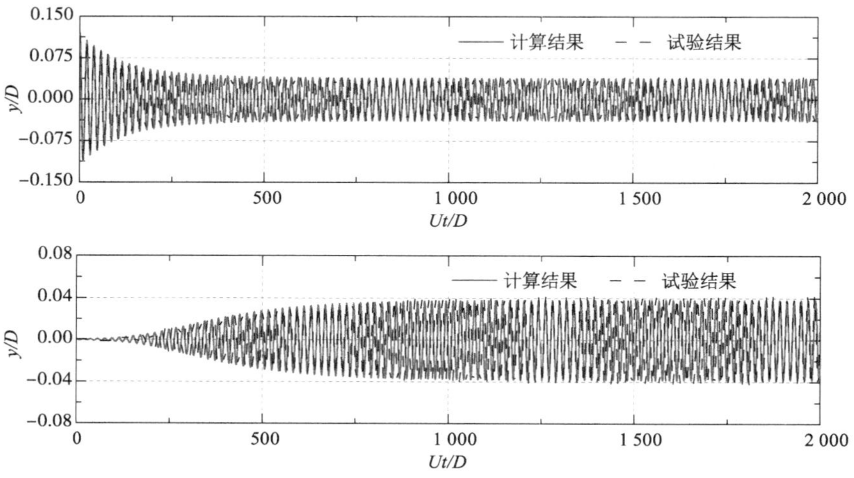

图 9-21　工况 2 条件下系统自限幅振动位移计算与试验结果比较[$U/(f_nD)=18.74$]

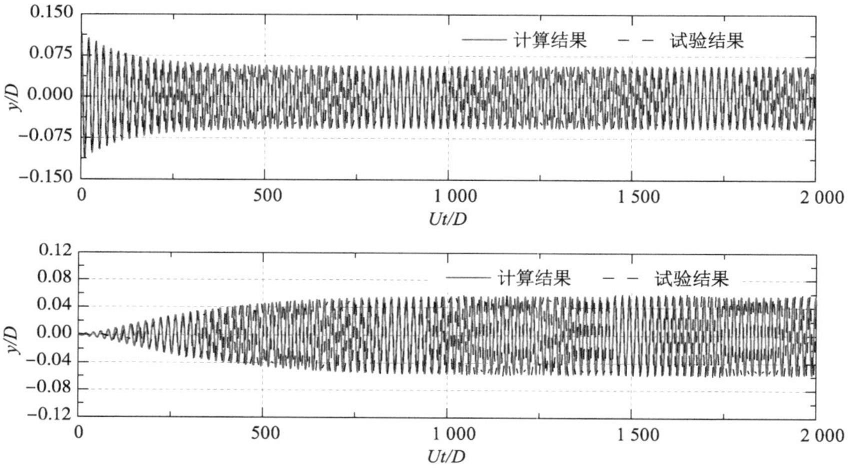

图 9-22　工况 2 条件下系统自限幅振动位移计算与试验结果比较[$U/(f_nD)=19.86$]

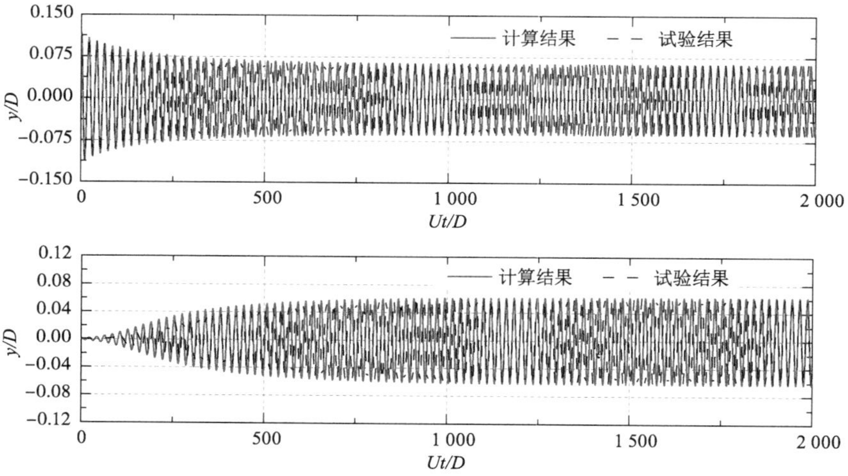

图 9-23　工况 2 条件下系统自限幅振动位移计算与试验结果比较[$U/(f_nD)=20.92$]

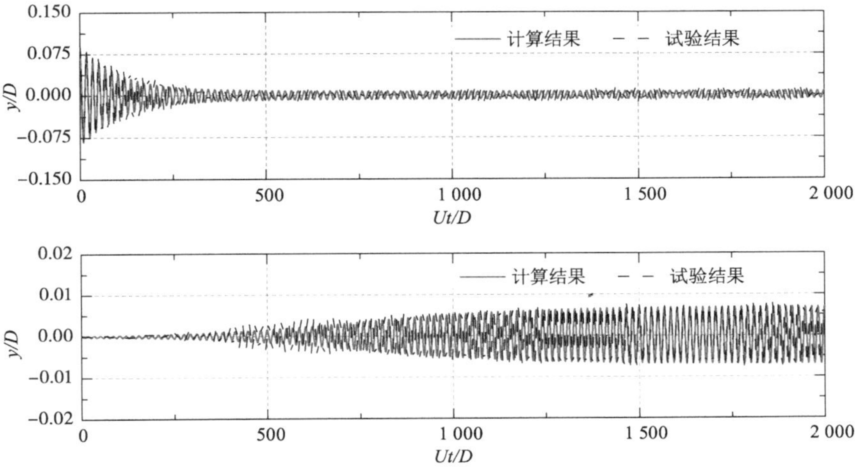

图 9-24　工况 3 条件下系统自限幅振动位移计算与试验结果比较[$U/(f_nD)=16.65$]

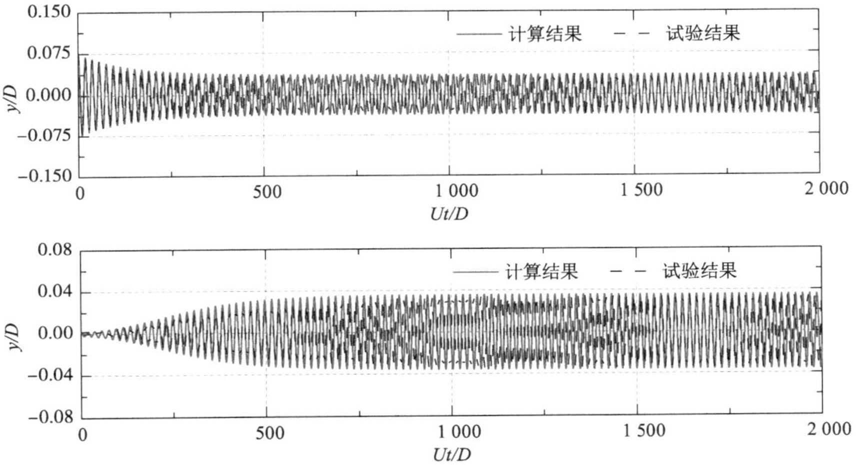

图 9-25　工况 3 条件下系统自限幅振动位移计算与试验结果比较[$U/(f_nD)=18.74$]

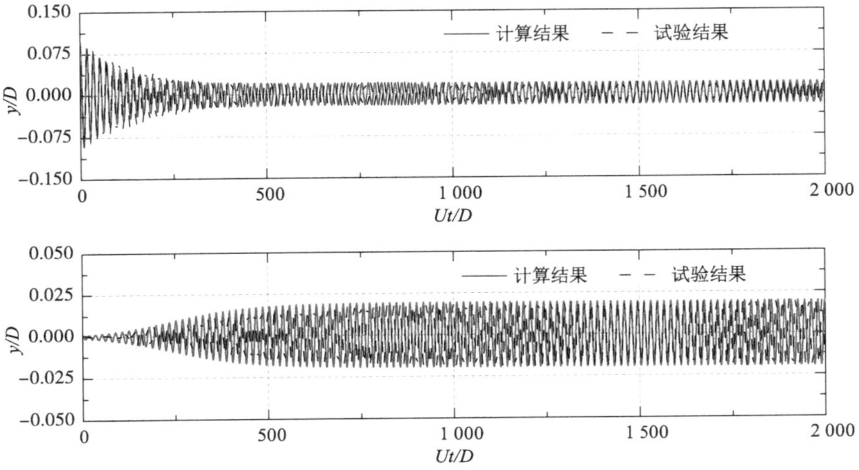

图 9-26　工况 4 条件下系统自限幅振动位移计算与试验结果比较[$U/(f_nD)=17.55$]

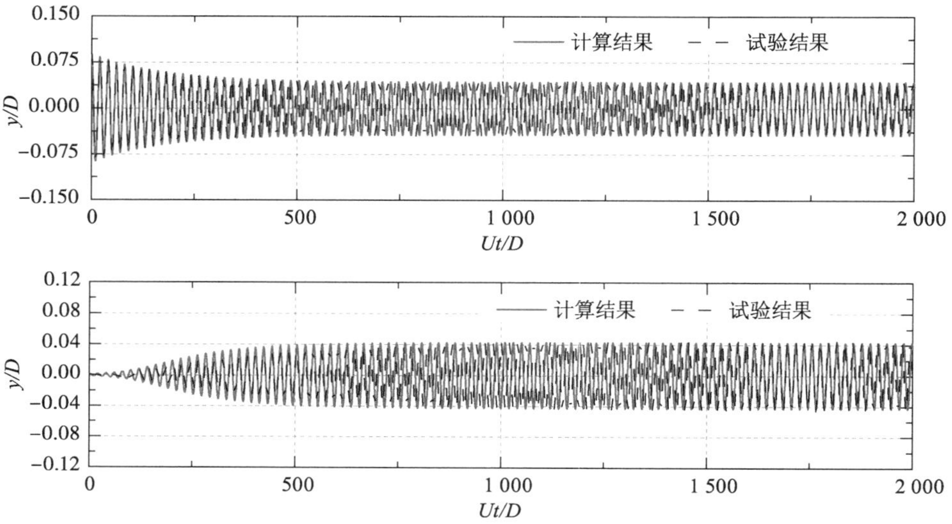

图 9-27　工况 4 条件下系统自限幅振动位移计算与试验结果比较[$U/(f_nD)=19.86$]

9.4　非线性涡激力模型应用

实际桥梁为三维结构，节段模型的二维特性与实桥三维特性有很大差别。在实桥中，当主梁发生某一阶涡致振动时，会带动桥梁其他构件(缆索、桥塔)等发生同一阶振动，使主梁振型呈现空间特性。而节段模型无法直接模拟桥塔、缆索等构件的振动，其主梁振型沿展向为均匀分布。因此，即使在试验过程中考虑了节段模型模拟实桥振动的等效质量修正，由于振型的影响，节段模型得到的结构涡振响应与实桥涡振响应仍然有较大差别。此外，脱落旋涡本身的三维特性、主梁空间振型引起的旋涡在桥梁表面沿展向的运动、主梁断面形状沿跨向变化等因素，都会导致作用于结构表面的涡激力沿展向的不完全相关，从而进一步导致试验结果与实桥响应不一致。

本小节基于气动非线性涡激力模型，充分考虑结构振型及涡激力展向相干性影响，建立了实际桥梁涡振响应计算方法，并用此方法对某一实际桥梁涡振性能进行分析。

9.4.1　实桥涡振计算方法

作用于结构表面的涡激力与结构运动状态有关，具有典型非线性特性。非线性系统的运动求解无法采用振型叠加法，只能在时域内采用有限元方法进行计算。然而桥梁发生涡致振动时往往表现为单一模态的振动，因此实际桥梁涡振求解时往往将其看作一个广义单自由度的非线性荷载响应问题，通过“逐模态”手段获得桥梁各个模态的涡振响应。

对于桥梁的第 n 阶模态而言，主梁展向某一位置 x 处的位移可以表示为

$$y(x,\ t)=\varphi(x)\eta(t)D \tag{9-46}$$

式中，$\varphi(x)$ 为结构振型函数；$\eta(t)$ 为无量纲广义坐标；D 为主梁断面高度。此时结构运动方程可以表示为

$$\begin{aligned}&m(x)[\ddot{\eta}(t)+2\xi_n\omega_n\dot{\eta}(t)+\omega_n^2\eta(t)]\varphi(x)\\&=\frac{1}{2}\rho U^2\left[KH_1^*(x)\varphi(x)\frac{\dot{\eta}(t)D}{U}+K^2H_4^*(x)\varphi(x)\eta(t)\right]\end{aligned} \tag{9-47}$$

引入折算时间 $s=Ut/D$，折算频率 $K_n=\omega_n D/U$，对式(9-47)两边同时乘以振型函数 $\varphi(x)$ 并沿跨向积分，可以得到

$$\begin{aligned}&M_n[\eta''(s)+2\xi_n K_n\eta'(s)+K_n^2\eta(s)]\\&=\frac{\rho D^2}{2}\left[K\int_0^L H_1^*(x)\varphi^2(x)\mathrm{d}x\cdot\eta'(s)+K^2\int_0^L H_4^*(x)\varphi^2(x)\mathrm{d}x\cdot\eta(s)\right]\end{aligned} \tag{9-48}$$

式中，$M_n=\int_0^L m(x)\varphi^2(x)\mathrm{d}x$ 表示广义质量；L 为桥梁全长。

式(9-48)中，$H_1^*(x)$ 大小与主梁振幅有关，桥梁发生涡振时主梁不同位置处的振幅并不相等，因此不同位置处的 $H_1^*(x)$ 大小也不相同。而 $H_4^*(x)$ 与主梁振幅无关，考虑到桥梁涡振系统为一个广义单自由度系统，可近似地认为主梁各位置处的气动刚度效应是一致的，即在实桥涡振计算过程中假定其沿展向完全相关。此时，式(9-48)中的 H_4^* 可看作与 x 无关，从而可将其移至积分符号外，获得如下运动方程：

$$\begin{aligned}&M_n[\eta''(s)+2\xi_n K_n\eta'(s)+K_n^2\eta(s)]\\&=\frac{\rho D^2}{2}\left[K\int_0^L H_1^*(x)\varphi^2(x)\mathrm{d}x\cdot\eta'(s)+K^2H_4^*\int_0^L\varphi^2(x)\mathrm{d}x\cdot\eta(s)\right]\end{aligned} \tag{9-49}$$

由于流场三维效应、来流紊流等因素的影响，实际作用于结构展向各位置处的涡激力并不是完全相关的。涡激力沿展向相干性的缺失会对实桥涡振计算结果产生一定影响，为了获得结构真实响应，需在计算过程中考虑涡激力展向相干特性的影响。

在考虑涡激力展向相干特性影响时，往往假定作用于主梁断面各片条的涡激力为一个窄带随机过程，并且作用在各片条的涡激力谱是一致的。这样，作用于主梁展向两片条处的涡激力相干性仅与两片条间距离及结构振幅相关，与频率无关。因此在考虑式(9-49)中气动阻尼效应的展向相干特性时，可以将其表述为如下形式：

$$\eta''(s)+2\xi_n K_n\eta'(s)+K_n^2\eta(s)=\frac{\rho D^2}{2M_n}\left[K\Phi_1\eta'(s)+K^2H_4^*\int_0^L\varphi^2(x)\mathrm{d}x\cdot\eta(s)\right] \tag{9-50}$$

式中，K 为结构实际振动约化频率，表达形式如下：

$$K=\frac{K_n}{\sqrt{1+\frac{\rho D^2}{2M_n}H_4^*\int_0^L\varphi^2(x)\mathrm{d}x}} \tag{9-51}$$

Φ_1 为考虑涡激力展向相干性影响的修正气动阻尼参数，表达形式如下：

$$\Phi_1 = \chi\left|\int_0^L\int_0^L H_1^*(x_1)H_1^*(x_2)\varphi^2(x_1)\varphi^2(x_2)R_{\mathrm{cor}}(c,|x_1-x_2|)\,\mathrm{d}x_1\mathrm{d}x_2\right|^{\frac{1}{2}} \quad (9\text{-}52)$$

式中，χ 为符号函数，其值取决于 $\int_0^L H_1^*(x)\varphi^2(x)\mathrm{d}x$ 的正负，当积分项大于或等于零时 χ 等于 1，反之等于 −1；$R_{\mathrm{cor}}(c,|x_1-x_2|)$ 表示涡激力展向相干函数，由于作用于主梁断面的涡激力为窄带信号，因此其值可以通过测压试验获得的两断面涡激力展向相关系数确定。

由于气动阻尼效应与主梁振幅有关，涡振发生时主梁某一位置 x 处的振幅可以用广义坐标 $\eta(s)$ 的幅值以及主梁振型函数表示为

$$A(x) = A_{\eta 0}\cdot|\varphi(x)| \quad (9\text{-}53)$$

式中，$A_{\eta 0}$ 为广义坐标 $\eta(s)$ 的幅值。结合节段模型获得的 H_1^* 表达式，式(9-52)可以转化为

$$\begin{aligned}\Phi_1 = \chi\Bigg|\int_0^L\int_0^L & H_1^*(A_{\eta 0}\cdot|\varphi(x_1)|)H_1^*(A_{\eta 0}\cdot|\varphi(x_2)|)\cdot \\ & \varphi^2(x_1)\varphi^2(x_2)R_{\mathrm{cor}}(c,|x_1-x_2|)\mathrm{d}x_1\mathrm{d}x_2\Bigg|^{\frac{1}{2}}\end{aligned} \quad (9\text{-}54)$$

式中，气动阻尼参数根据式(9-55)确定：

$$\begin{aligned}H_1^*(A_{\eta 0}\cdot|\varphi(x_1)|) = {} & b_5|\varphi(x_1)|^4\cdot A_{\eta 0}^4 + b_4|\varphi(x_1)|^3\cdot A_{\eta 0}^3 + \\ & b_3|\varphi(x_1)|^2\cdot A_{\eta 0}^2 + b_2|\varphi(x_1)|\cdot A_{\eta 0} + b_1\end{aligned} \quad (9\text{-}55)$$

涡激力展向相干函数一般沿用抖振力展向相干函数的形式，将其表示为展向间距的函数，并满足 e 指数形式。Ehsan[12]曾针对 H 形断面提出了如下形式的涡激力展向相干函数：

$$R_{\mathrm{cor}}(c,|x_1-x_2|) = \exp\left(\frac{-a}{b+A/D}\sqrt{|x_1-x_2|/D}\right) \quad (9\text{-}56)$$

式中，A/D 为约化振幅；D 为断面高度；参数 a 和 b 分别为 0.007 9 和 0.013 5。

后来，Ehsan 等[13]又借用 Wilkinson 的试验结果提出了更为通用的涡激力展向相干函数形式：

$$R_{\mathrm{cor}}(c,|x_1-x_2|) = \exp\left[-f_1\left(\frac{A}{D}\right)\left(\frac{|x_1-x_2|}{D}\right)^{f_2\left(\frac{A}{D}\right)}\right] \quad (9\text{-}57)$$

Ehsan 基于 Wilkinson 矩形断面试验结果拟合得到了上述公式中的参数：

$$f_1\left(\frac{A}{D}\right) = \frac{0.052}{0.298+(A/D)^{0.25}} \quad (9\text{-}58\text{a})$$

$$f_2\left(\frac{A}{D}\right) = \frac{0.064\,7}{0.041\,8+A/D} \quad (9\text{-}58\text{b})$$

在实桥涡振响应计算过程中，计算得到的广义坐标振幅与系统运动方程中的修正气动阻尼参数 Φ_1 有关，而修正气动阻尼参数 Φ_1 值又与结构振幅相关，因此，实桥涡振计算时，需要通过数值方法迭代获得结构各模态稳定涡振振幅值。实桥涡振响应计算框架如图 9-28 所示。

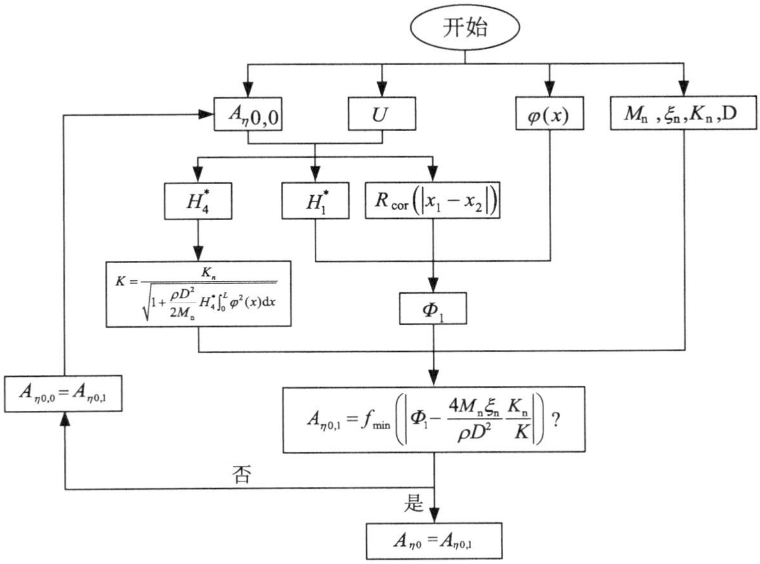

图 9-28　实桥涡振响应计算框架

（1）首先给定实桥涡振计算的初始信息，包括风速 U、指定模态的振型函数 $\varphi(x)$、指定模态的模态质量 M_n、模态阻尼比 ξ_n、约化特征频率 K_n、断面高度 D，以及广义坐标的初始幅值 $A_{\eta0,0}$（一般取节段模型振幅值）。

（2）根据风速 U 可以确定气动参数 H_4^* 以及气动参数 H_1^* 的表达式，根据广义坐标初始振幅 $A_{\eta0,0}$ 可以确定涡激力展向相干函数 $R_{cor}(|x_1-x_2|)$ 的表达式，此时 $R_{cor}(|x_1-x_2|)$ 只与展向间距相关。

（3）根据上述信息计算得到结构实际振动约化频率 K 以及修正气动阻尼参数 Φ_1，结合给定的桥梁结构参数，可以计算得到系统机械阻尼及附加气动阻尼。

（4）当系统机械阻尼与附加气动阻尼相等时，系统进入稳定状态，使上述条件满足的广义坐标振幅值即计算所需的实桥涡振振幅值。

上述求解过程的本质为单变量的优化问题，优化的目标函数为

$$f_{\min}=\left|\Phi_1-\frac{4M_n\xi_n}{\rho D^2}\frac{K_n}{K}\right| \tag{9-59}$$

在涡振锁定区内风速条件下，通过优化方法找到的使 $f_{\min}$ 在容许误差下等于零的解即实桥广义坐标振幅。在锁定区外风速条件下，由于任何振幅下的 $f_{\min}$ 值都远大于零(系统总体阻尼比大于零)，因此可以设定当遍历所有情况下的 $f_{\min}$ 值均大于某一设定参数时，即认为该风速条件下不会发生涡振，即实桥涡振振幅取零。这里的设定参数可取为

$|M_n\xi_n/(\rho D^2)|$。上述优化问题可通过 Matlab 优化工具箱实现，最优结果是使得式(9-59)的值最小(等于零)，满足上述目标的解即实桥涡振广义坐标振幅。

9.4.2 实桥涡振计算算例

本节采用上一节识别得到的断面气动参数，对该组合梁双塔双索面斜拉桥的竖弯涡振进行计算。该桥主跨为 420 m，全长 790 m，主梁梁高 3.30 m，梁宽 28 m。该桥场址处的颤振检验风速为 $[V_{cr}]=52$ m/s。根据风洞试验得到涡振锁定区约化风速，偏保守地计算了前 10 阶竖弯模态涡振响应，这些模态的动力特性，以及根据主梁竖弯振型计算得到的等效质量如表 9-7 所示。

表 9-7　前 10 阶竖弯模态及主梁等效质量

模态	主梁振型	等效质量/(kg·m^{-1})	模态	主梁振型	等效质量/(kg·m^{-1})
1	 $f_n=0.308$	40 899	6	 $f_n=0.903$	40 682
2	 $f_n=0.404$	44 319	7	 $f_n=0.979$	39 964
3	 $f_n=0.604$	42 763	8	 $f_n=1.095$	71 002
4	 $f_n=0.761$	42 430	9	 $f_n=1.108$	46 074
5	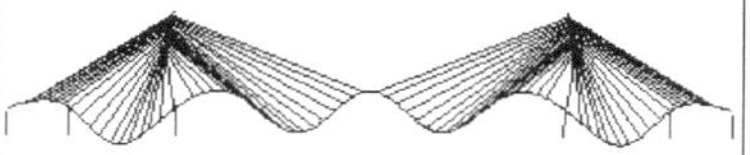 $f_n=0.862$	44 007	10	 $f_n=1.235$	43 456

利用上一节建立的实桥涡振计算方法，对该双塔双索面组合梁斜拉桥竖弯涡振响应进行了计算。图 9-29 给出了该桥在不考虑涡激力展向相干性影响时，前 10 阶竖弯模态涡振振幅最大值。计算过程中结构振型函数采用表 9-7 所示主梁振型，结构模态阻尼比统一采用 $\xi_{ni}=0.005$。可以看出，在颤振检验风速以内，结构共有 7 阶竖弯模态可能发生涡致振动。其中前 3 阶竖弯模态的涡振锁定区间完全处于颤振检验风速以内，表明前 3 阶竖弯模态的涡致振动可能经历整个锁定区间。而 4～7 阶竖弯模态的锁定区间只有部分处在颤振检验

风速以内，并且从第 4 阶竖弯模态开始，结构各阶涡振发生的风速锁定区间出现了重合。在涡振风速重合区域内，结构究竟发生哪阶模态的涡致振动以及各阶涡振的发生条件，无法利用本章模型得到，只能将结构可能发生的各模态涡振性能全部计算出来，以考虑最不利的情况。

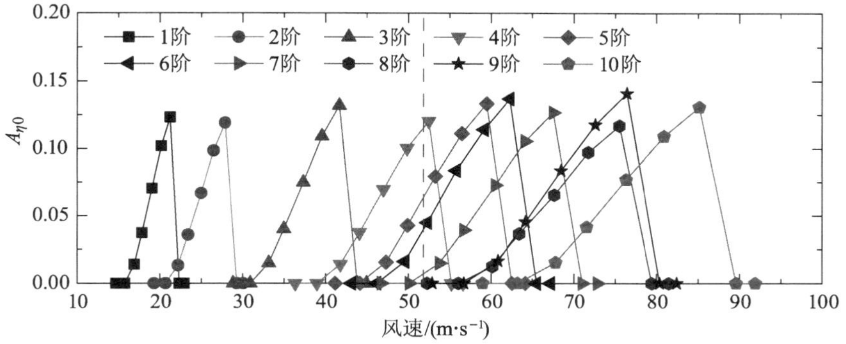

图 9-29　涡激力展向全相关时各模态实桥涡振响应

比较结构各阶竖弯模态的涡振响应曲线可以发现，各模态的涡振振幅最大值各不相同。颤振检验风速以内，结构可能出现的最大涡振振幅对应结构第三阶竖弯模态，此时结构涡振风速区间为 30～42 m/s，最大振幅为 $0.132\times3.3=0.436$ m。

图 9-30 给出了考虑涡激力展向相干性影响时结构前 10 阶竖弯模态涡振振幅最大值。由于缺少该开口断面涡激力展向相干性试验数据，断面涡激力展向相干特性采用式(9-57)和式(9-58)所示涡激力展向相干模型。图 9-31 给出了刚体模型$[\varphi(x)=1]$前 10 阶竖弯模态涡振振幅值，计算过程中不考虑涡激力展向相干性的影响，此时计算结果对应二维条件下的节段模型结果。

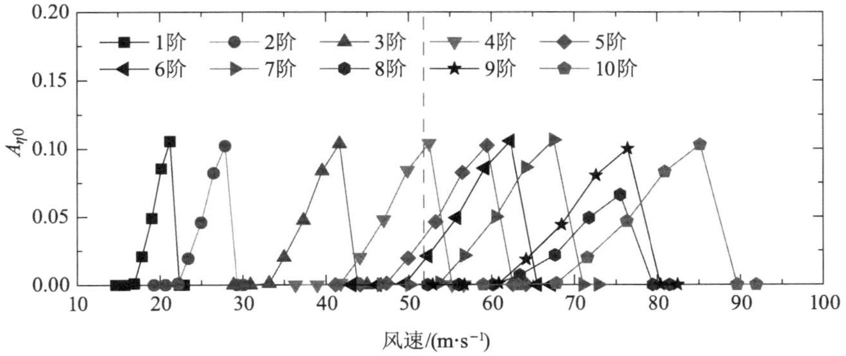

图 9-30　涡激力展向不完全相关时各模态实桥涡振响应

图 9-30 和图 9-31 所示两种条件下结构涡振响应幅值均小于展向全相关条件下结构涡振响应幅值，各模态涡振振幅分支的形状也与展向全相关条件下相应模态的振幅分支形状有差别。

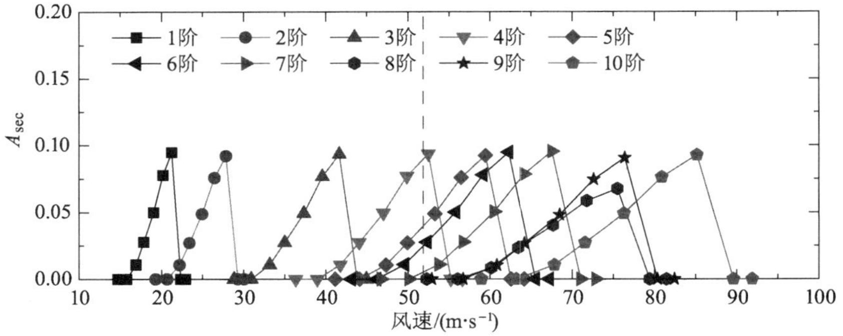

图 9-31　刚体模型各模态涡振响应

图 9-32 给出了展向全相关和展向不完全相关条件下竖弯模态涡振振幅最大值与相应模态节段模型结果比较。可以看到，展向全相关条件下各模态实桥涡振振幅最大值均大于相应模态节段模型结果，不同模态条件下实桥涡振振幅最大值与节段模型的比值也各不相同。实际结构涡振响应受结构振型函数的影响显著，除第 8 阶模态外，其他模态实桥涡振振幅最大值为节段模型振幅的 1.3～1.5 倍。至于第 8 阶模态，根据表 9-7，该模态等效质量较大，表明该模态振型函数的空间效应更为明显，实桥涡振性能受结构振型函数的影响更为显著，导致全相关条件下实桥涡振振幅最大值与节段模型结果的比值也更大。

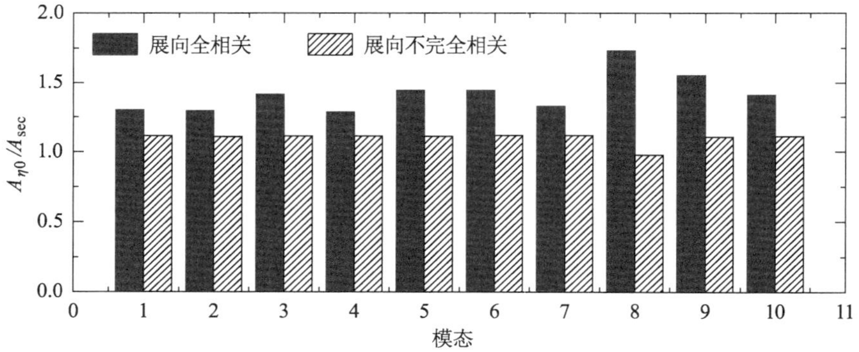

图 9-32　展向全相关和不完全相关条件下实桥涡振振幅最大值与节段模型结果比较

展向不完全相关条件下计算得到的实桥涡振振幅明显小于展向全相关结果，除第 8 阶模态外，各阶涡振振幅最大值与节段模型结果的比值介于 1.1～1.2。而对于第 8 阶模态，计算得到的实桥涡振振幅与节段模型的比值约为 0.97，表明考虑涡激力展向相干性影响的实桥计算结果可能小于节段模型结果，考虑涡激力展向相干性影响必须建立在精确的断面涡激力展向相干函数基础之上，否则可能会导致偏危险的研究结论。

9.5　本章小结

本章针对传统主梁涡激力模型只关注结构自限幅振动这一单一非线性动力行为，对附加气弹效应开展了研究，提出了系统瞬时特性识别方法，识别了典型桥梁断面涡振过程中的附加气弹效应。在此基础上，建立了直接模拟涡振过程中主梁所受气弹效应的单自由度非线性涡激力模型，并提出基于该模型的节段至实桥涡振振幅转换方法。利用一座实际桥梁风洞试验数据和有限元结果对本章气动非线性涡激力模型的实用性进行了详细验证，得到如下主要结论：

(1) 桥梁断面涡振系统振动特性研究表明，桥梁断面涡振发生时旋涡脱落作用会被结构运动锁定，从而背离斯特劳哈尔规律变为结构运动状态相关项，可将涡致振动近似为纯自激现象。涡振系统表现为典型自限幅振动特性，在对桥梁断面涡振系统进行理论分析及数学建模时可将其作为自限幅动力系统进行研究。

(2) 基于实测气弹效应模拟的单自由度非线性涡激力模型不仅能再现参数识别质量-阻尼系数工况下结构稳定涡振振幅及自限幅振动位移，还能模拟其他质量-阻尼系数工况下结构稳定涡振振幅及自限幅振动位移。因此，该模型具有较好的实用性，能用来预测不同质量-阻尼系数条件下的结构涡振响应，突破传统主梁涡激力模型受结构质量-阻尼系数影响这一限制。

(3) 利用该模型建立了节段至实桥涡振振幅转换关系，并以一个实际桥梁为例对考虑振型及涡激力展向相干性影响的实桥涡振响应进行了计算。结果表明，实桥涡振响应受结构振型与断面涡激力展向相干性的影响显著，某些条件下，计算得到的实桥涡振振幅最大值可能小于节段模型结果。实桥涡振计算过程中如果考虑涡激力展向相干性影响，须建立在精确的涡激力展向相干函数基础之上，否则可能导致偏危险的结果。

参考文献

[1] FELDMAN M. Hilbert transform in vibration analysis [J]. Mechanical Systems and Signal Processing, 2011, 25 (3): 735-802.

[2] FELDMAN M. Non-linear system vibration analysis using Hilbert transform—I: Free vibration analysis method 'Freevib' [J]. Mechanical Systems and Signal Processing, 1994, 8 (2): 119-127.

[3] FELDMAN M. Non-linear system vibration analysis using Hilbert transform — Ⅱ. Forced vibration analysis method 'Forcevib' [J]. Mechanical Systems and Signal Processing, 1994, 8 (3): 309-318.

[4] HUANG N E, SHEN Z, LONG S R, et al. The empirical mode decomposition and the Hilbert spectrum for nonlinear and non-stationary time series analysis[C]//Proceedings of the Royal Society A: Mathematical, Physical and Engineering Sciences, 1998.

[5] XU K, GE Y, ZHAO L, et al. Experimental and numerical study on the dynamic stability of vortex-induced vibration of bridge decks [J]. International Journal of Structural Stability and Dynamics, 2018, 18(3): 1850033.

[6] XU K, GE Y, ZHAO L, et al. Calculating vortex-induced vibration of bridge decks at different mass-damping conditions[J]. Journal of Bridge Engineering, 2018, 23 (3): 04017149.

[7] PARKINSON G V, BROOKS N P H. On the aeroelastic instability of bluff cylinders [J]. Journal of Applied Mechanics, 1961, 28 (2): 252-258.

[8] PARKINSON G. Phenomena and modelling of flow-induced vibrations of bluff bodies [J]. Progress in Aerospace Sciences, 1989, 26 (2): 169-224.

[9] PARKINSON G, Smith J. The square prism as an aeroelastic non-linear oscillator [J]. The Quarterly Journal of Mechanics and Applied Mathematics, 1964, 17 (2): 225-239.

[10] NOVAK M. Galloping oscillations of prismatic structures [J]. Journal of Engineering Mechanics, 1972, 98(1): 27-46.

[11] GENESIO R, TESI A. Harmonic balance methods for the analysis of chaotic dynamics in nonlinear systems [J]. Automatica, 1992, 28 (3): 531-548.

[12] EHSAN F. The vortex-induced response of long, suspended-span bridges [D]. Baltimore, MD, USA: Johns Hopkins University, 1988.

[13] EHSAN F, SCANLAN R H, BOSCH H R. Modeling spanwise correlation effects in the vortex-induced response of flexible bridges[J]. Journal of Wind Engineering and Industrial Aerodynamics, 1990, 36: 1105-1114.

第 10 章

大跨度桥梁主梁风致稳定性被动气动控制措施气动选型

为了保障桥梁结构的抗风安全性，提高主梁的颤振性能和涡振性能是桥梁风致振动控制的核心要点。针对大跨度桥梁主梁风致振动问题，本章在系统调研既有的颤振、涡振被动气动控制措施基础上，详细介绍了两类控制措施的研究现状，整理归纳了不同类型主梁的气动控制措施设置规律和原则。鉴于主梁气动特性主导了大跨度桥梁的颤振、涡振性能，附加气动措施的控制效果须紧密结合主梁气动外形特征。对于有类似气动特性的主梁，被动气动控制措施气动外形优化方案在颤振、涡振控制方面存在较明显的趋同性。基于大跨度桥梁中最常见的 4 种主梁类型（双边主梁、整体式箱梁、分体式箱梁及桁架梁），总结了被动气动控制措施在改善主梁颤振、涡振性能时的优化思路，提出了基于气动附属物（稳定板、格栅、风障、翼板、分流板、裙板、导流板及隔流板等）形状和位置的优化原则，推荐了考虑主梁固有外形（主梁开槽、槽内倒角、设计风嘴、调整栏杆和检修轨道形式）的附加构件尺寸的设置策略。本项工作可为大跨度桥梁主梁选型设计阶段提供气动选型方面的参考和借鉴。

10.1 概述

气动失稳问题是大跨度桥梁设计和建设的难点和要点。伴随着世界经济的快速发展，设计理念、计算能力、新材料和施工技术的不断进步，推动桥梁工程建设步入了持续挑战江、河、峡谷和海洋超长跨度的新时期。大跨度桥梁细长的结构外形、轻柔的结构特性使得大跨度桥梁对风的作用尤为敏感，给桥梁结构的抗风设计提出了一系列新问题[1]。

风对桥梁结构的作用可以分为静力作用和动力作用。当桥梁跨度较小时，结构刚度较大，在风中基本保持静止，风对结构的作用可采用静阵风荷载计算；当桥梁跨度逐渐增加时，结构刚度也随之减小，容易在风中振动，风对桥梁的作用体现为动力作用[2,3]。对于动力作用，当桥梁振幅较大时，振动的结构会反过来影响风场，形成风与结构的相互作用，也即自激振动。颤振和涡振是桥梁工程中广泛研究的两种自激振动，对桥梁的结构和功能有不同程度的危害，如何抑制颤振和涡振等气动失稳效应始终是桥梁抗风设计的热点和难点问题。

10.2 颤振、涡振的危害

颤振是人们最早认识到的气动弹性现象之一，最早见于机翼，自 1940 年旧塔科马大桥风毁事件而被桥梁工程师所关注（图 10-1）。颤振的本质是动力学失稳现象，当风速超过颤振临界风速后，桥梁结构与周围绕流所形成的振动系统的阻尼在相互反馈过程中由正值趋向于负值，桥梁从风中吸收的能量超越了自身的耗能。负阻尼使桥梁的振动进一步放大乃至结构垮塌。由于颤振极其危险，桥梁从施工建造到正常运营的过程中都必须严格杜绝颤振发生。

图 10-1　旧塔科马大桥因颤振毁坏

旧塔科马大桥风毁事故之后，抵御颤振设计成为桥梁设计的必要环节，成功防止了桥梁再次因颤振而破坏。结构刚度越小，越容易发生颤振。在梁式桥、拱式桥、斜拉桥和悬索桥四大桥梁结构形式中，悬索桥拥有最强的跨越能力，也最容易出现颤振问题。表 10-1[1] 给出了当前世界跨度前 10 位的悬索桥，其中有 4 座在设计阶段发现了加劲梁颤振安全储备不足的问题，均采用气动控制措施成功提高了颤振临界风速，满足了抗风设计要求。除悬索桥外，斜拉桥受空间索面的约束，颤振临界风速通常较高，颤振问题较悬索桥小，但也并非可以忽略。当主梁气动外形较差时，也存在颤振的危险(如主跨 605 m 的青州大桥[4])。而拱式桥和梁式桥由于经济跨度较小，一般较难出现颤振问题。

表 10-1　全球主跨前十悬索桥的风致振动问题及控制措施

跨度排名	建成时间	桥名	主跨	主梁	抗风问题	控制措施	国家
1	1998 年	Akashi Kaikyo 桥	1 991 m	钢桁梁	颤振	开槽、稳定板	日本
2	2009 年	舟山西堠门大桥	1 650 m	钢箱梁	颤振、涡振	开槽、风障等	中国
3	1998 年	大海带东桥	1 624 m	钢箱梁	涡振	导流板	丹麦
4	2012 年	Yi Sun-sin 桥	1 545 m	钢箱梁	—	—	韩国
5	2005 年	润扬长江公路大桥	1 490 m	钢箱梁	颤振	稳定板	中国
6	2012 年	南京长江公路四桥	1 418 m	钢箱梁	—	—	中国
7	1981 年	Humber 桥	1 410 m	钢箱梁	—	水平翼板	英国

（续表）

跨度排名	建成时间	桥名	主跨	主梁	抗风问题	控制措施	国家
8	1999 年	江阴长江公路大桥	1 385 m	钢箱梁	—	—	中国
9	1997 年	香港青马大桥	1 377 m	钢箱梁	颤振	开槽	中国
10	2007 年	Hardanger 桥	1 310 m	钢箱梁	—	—	挪威

涡振是一种兼具自激和强迫特性的自限幅振动现象，由绕经结构表面的周期性脱落旋涡引起。当旋涡脱落的频率与桥梁某阶模态频率吻合时，会导致桥梁出现较大幅度的振动。大幅振动又会影响旋涡的脱落，出现诸如锁定、稳定分支等气动非线性现象。第 2 章整理了世界范围内发生了涡振的一些工程案例，可以看出主梁涡振的发生与否和发生后的振幅大小与桥梁类型和跨径并无直接联系。这与颤振问题主要集中在大跨度缆索承重桥梁中有明显的区别。尽管涡振具有自限幅特性，不会像颤振一样直接引起结构因动力失稳破坏，但其发生风速较低，常常处于设计风速范围内；且大幅涡振会威胁行车安全并减少结构疲劳寿命，影响结构正常服役性能。因此，涡振控制为桥梁风工程的重点研究内容之一。

10.3　颤振、涡振控制现状

随着桥梁结构向长大化方向发展，桥梁刚度和结构阻尼均呈现迅速下降的趋势，使得颤振、涡振问题越发严峻，促使桥梁工程界不断寻求高效的控制方法。由于颤振、涡振的本质是结构的动力学现象，可从动力学角度将当前颤振、涡振控制方法分为三大类：①结构增强类，通过调整桥梁结构体系改变结构自身刚度和质量，影响结构的频响特性，降低气流和振动结构相互耦合的能力；②机械耗能类，通过增加机械吸能装置，提高结构耗散能量的能力；③气动调节类，通过改变外部激励，降低风向桥梁输入能量的能力，从根源上消除桥梁风振的诱因。表 10-2 给出了这三类控制措施的优势与局限性，以及它们的实现形式。

表 10-2　三类气动控制措施的优势、局限性以及实现形式

类别	优势	局限性	实现手段
结构增强	多模态情况有效，无条件稳定，鲁棒性优良	经济成本高，受力复杂	增加箱梁壁厚和梁高，采用多主缆，辅助索体系，调整偏心质量等
机械耗能	控制效果好，经济性较好	运行空间受限，主动控制类能耗大	TMD、TLD、MTMD、AMD 等
气动调节	多模态情况有效，经济性好，能耗小，鲁棒性好	被动类优化工作量大，主动类较为前沿且机理复杂	气动外形优化，主动气动控制等

颤振和涡振都是气动耦合现象的具体表现形式，而气动措施通过改变“桥梁-流场的耦合共振体系”从根本上消除桥梁风振的诱因，其抑振思路较机械措施和结构措施更为积极主

动,控制效果也更为明显,控制成本和代价更小[5]。目前绝大多数桥梁的颤振、涡振问题均优先采用气动措施进行颤振、涡振控制[6]。

设计得当的气动措施抑振性能优秀,可以很好地解决超大跨度桥梁抗风安全储备不足的问题。由于颤振、涡振对气动措施的形状、位置和实现细节较为敏感,不当的措施不仅不能起到抑制作用,甚至有使气动稳定性劣化的危险。研究人员往往要通过较大的代价进行气动措施优化,寻找某一特定桥梁颤振、涡振问题的解决方案。大量的研究成果形成了几种典型的气动措施,基于它们的研究较为广泛,并形成了一系列研究成果。图 10-2 给出了当前工程应用和试验研究中常见的几种气动控制措施。其中,以气动附属物形式改善主梁绕流的包括稳定板、格栅、风障、抑流板(翼板)、分流板、裙板、导流板及隔流板等;通过优化主梁外形调整其整体气动性能,包括主梁开槽、槽内倒角、设计风嘴、调整栏杆和检修轨道形式等。

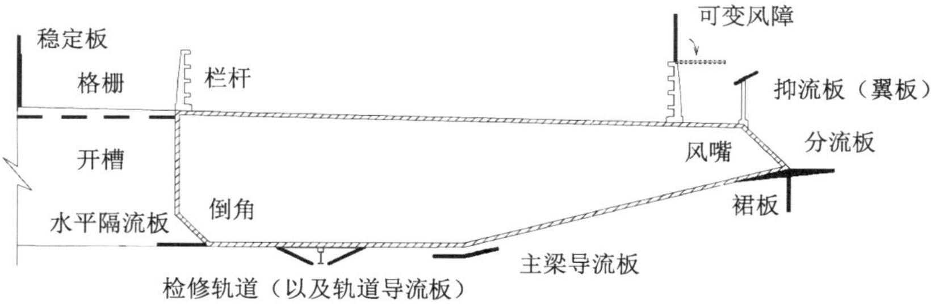

图 10-2　主梁断面常用气动控制措施

10.4　基于主梁类型的气动控制措施

实际工程项目中,气动措施在一部分桥梁类型中显示出较强的共性,在另一部分桥梁类型中又显示出完全不同的控制特点,令研究人员较难把握它们的优化方向,给试验研究带来不便。例如,稳定板作为一种常见的颤振控制措施,许多学者都对其进行了研究。润扬长江公路大桥颤振性能优化研究[7]发现,上稳定板的颤振控制效果优于下稳定板;而颗珠山桥的抗风研究[8]却给出了相反的结论,发现下稳定板在颤振控制中起到了决定性作用。类似地,检修轨道是钢桥的必备附属设施,用于钢主梁的日常检查和养护,它对涡振的影响也被广泛关注。南京长江四桥[9]涡振性能优化研究发现,检修轨道的位置、形状以及轨道导流板的设置与否都对该桥的涡振特性有显著影响;但针对舟山西堠门大桥出现的涡振现象所进行的研究却没有发现调整检修轨道位置的必要性。

上述研究成果看似相互矛盾,但并不意味着气动控制措施的优化过程无章可循。一方面,必须承认气动效应的非线性极大地增加了优化选型的难度,颤振、涡振(尤为明显)对气动外形的改变非常敏感,这既是高效气动控制的物理基础,也是优化选型的最大障碍。另一方面,也应当注意到决定桥梁颤振、涡振性能的最主要因素是桥梁本身。桥梁的结构类型(梁桥、拱桥、缆索承重桥等)、跨度分布(多跨连续、多塔多跨等)等对主梁气动稳定性的影响可以近似地以模态频率和等效质量[10]体现，间接地影响主梁气动响应；而主梁的气动外形则直接决定了作用其上的风荷载，是气动优化的基础。鉴于此，可以认为上述气动优化效果的差异源于主梁气动特性的基础箱梁外形的差异。颤振方面，润扬长江公路大桥的主梁断面为流线型箱梁断面，本身具有较好的气动外形基础，上稳定板的存在进一步改变了由栏杆引起的主梁上表面的粗糙程度，因而上稳定板气动控制有效；颗珠山桥主梁断面为双边梁断面，桥面下部空间钝化了主梁外形，而下稳定板抑制了下部空间的空气流动，因此下稳定板发挥作用[11]。对于涡振方面，南京长江四桥是整体式箱梁，检修轨道通常位于斜腹板下的角点附近，而这部分区域正好是旋涡脱落最严重的区域，调整该处检修轨道的形式会大幅影响主梁的涡振特性；而西堠门大桥出于颤振的考虑[2]，采用主梁开槽的方式提升其颤振稳定性，在主梁中部引入了新的旋涡脱落点，调整外侧检修轨道对该部分旋涡脱落难以产生影响，因此开槽式主梁很难利用调整检修轨道的方式优化主梁涡振性能。

基于上述原因，分析气动措施的控制效果应当密切联系主梁气动外形。对于有共同特性的主梁，其气动措施在颤振、涡振控制方面存在许多共性，有必要从主梁外形的类别划分入手，对颤振、涡振的气动措施进行分类并总结控制效果，从中整理出对特定气动措施敏感的主梁类型，为工程项目提供借鉴。图 10-3～图 10-6 给出了大跨度桥梁中最常见的 4 种主梁类型，分别是双边主梁、整体式箱梁、分体式箱梁及桁架梁。

10.4.1 常见主梁类型

双边主梁是中等跨度桥梁中最常见的主梁类型之一，通常采用钢梁和混凝土桥面板结合的方式，具有自重轻、施工吊装方便、受力性能优越等诸多优点，被广泛地应用于斜拉桥设计中。从气动外形角度出发，可以将双边主梁分为三种常见形式(图 10-3)，分别是双边工字梁、双边箱梁(钝体)及双边箱梁(流线型)。这类主梁最大的共性是具有桥面板和边主梁所围成的下部空间。空气在流经梁底时，会在该空间内形成复杂的绕流，很大程度上决定了主梁的气动性能。针对这类桥梁的颤振、涡振气动措施有很大一部分着力于处理下部空间，尽量改变或抑制下部空间的空气流动，减少主梁从中吸收的能量。

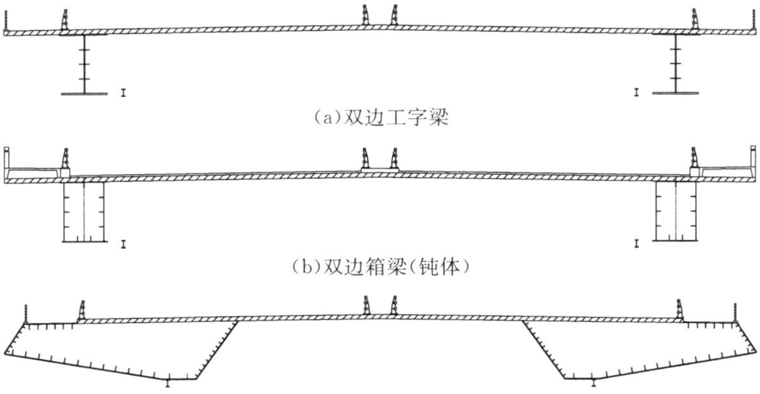

(a)双边工字梁

(b)双边箱梁(钝体)

(c)双边箱梁(流线型)

图 10-3 典型双边主梁断面

箱梁作为另一种常见主梁类型，拥有强大的扭转刚度，可以有效地抵抗正、负弯矩，可与顶推法、悬臂施工法等现代化施工方法相结合，广泛地应用于中大跨度桥梁。箱梁最开始以整体式箱梁的形式出现，从气动外形的角度可以分为带风嘴的流线型箱梁以及带挑臂的钝体箱梁(图 10-4)。研究者们初期发现这类整体式箱梁的气动特性很难突破 2 000 m 的跨径极限，出于颤振控制的考虑，以中央开槽的方式推出了第二代箱梁[7]，即分体式箱梁(图 10-5)。由于开槽后梁体的主要气动特性有了显著的变化，因此在后续气动控制分类中将这二者视为不同的主梁形式。从涡振控制的角度考虑，开槽容易引起竖弯涡振现象，因此分体式箱梁是涡振控制对象之一，作为一类典型主梁断面被单独列出；从颤振控制的角度考虑，开槽是抑制整体式箱梁颤振最有效的方法，属于气动控制措施的一种，被归入整体式箱梁的颤振控制措施中。

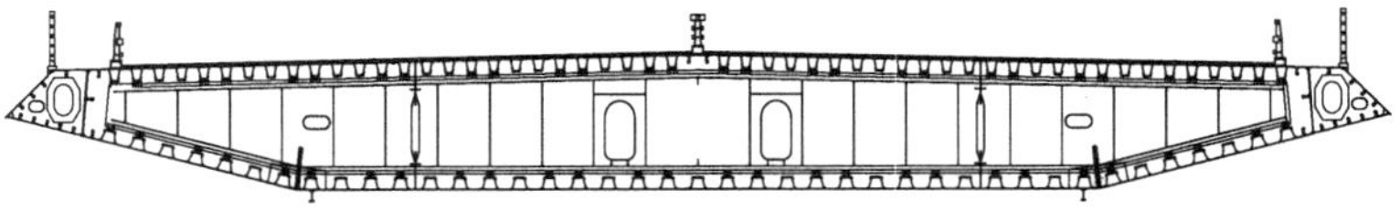

(a) 带风嘴的整体式箱梁(流线型)

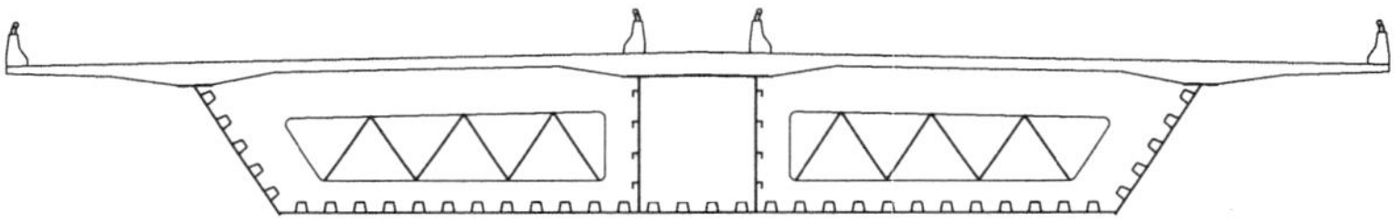

(b) 带挑臂的整体式箱梁(钝体)

图 10-4　典型整体式箱梁断面

(a) 带风嘴的分体式箱梁(流线型)

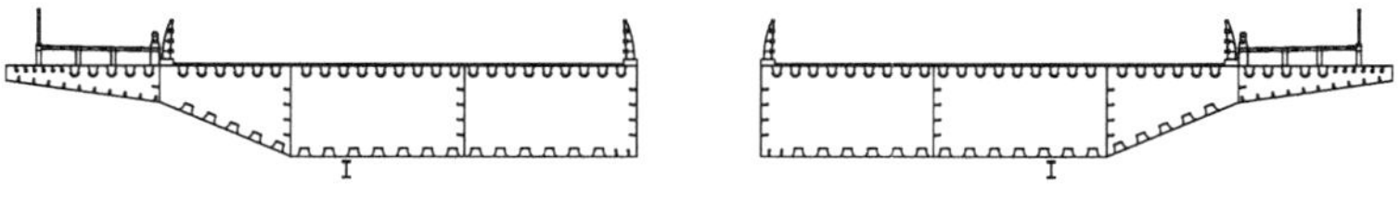

(b) 带挑臂的分体式箱梁(钝体)

图 10-5　典型分体式箱梁断面

桁架梁的基本构成要素是单根杆件，常用于山区、峡谷等地形复杂、施工困难的地段。此外，桁架梁天然的双层结构也令其成为公铁两用桥梁的首选。类比拱桥的分类，可以根据行车道的位置，将桁架梁分为上承式和下承式(图 10-6)。相较于双边梁和箱梁，桁架梁的双层结构拥有更多的气动优化方向，可以结合上、下两层进行优化。

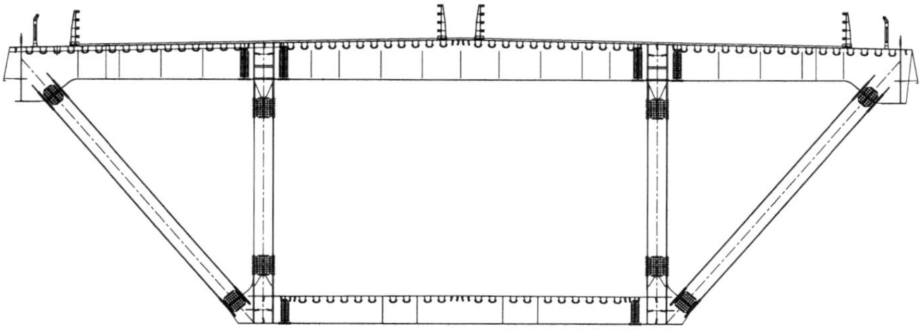

（a）上承式桁架梁

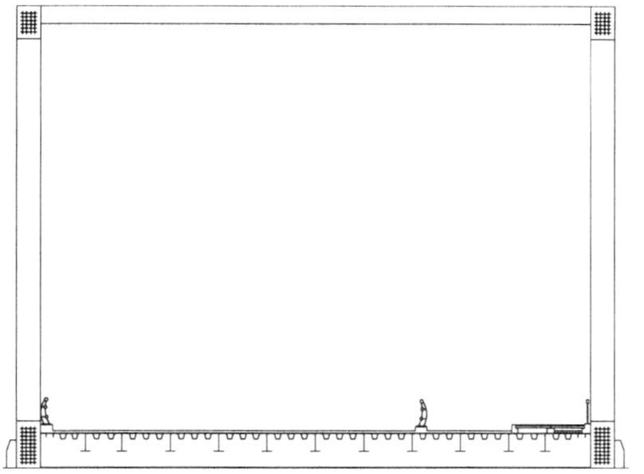

（b）下承式桁架梁

图 10-6　典型桁架梁断面

由于主梁类型决定了桥梁颤振、涡振的基础性能，而气动优化是在给定主梁类型基础上所做的局部绕流调整和改善工作。对当前基于气动措施的颤振、涡振优化进行了大量调研，并根据以上 4 种常见主梁类型进行了分类整理，形成了典型主梁断面的气动优化汇总表。可以根据该表查询给定主梁类型的常见气动优化措施，对其性能、优化方向和注意事项作简单的了解，并可以查看该优化措施的代表性文献，获得更多的细节。

10.4.2　颤振控制

作为一种气动失稳现象，颤振振幅会随时间发散，直至桥梁破坏垮塌。《公路桥梁抗风设计规范》(JTG/T 3360-01—2018)[11]（以后简称“规范”）要求在－3°～＋3°风攻角内对桥梁颤振稳定性进行检验，并对两种不同的颤振发散现象进行了规定。对于有明显发散点的，将发散点风速确定为颤振发生风速；对于无明显发散点的，以主梁扭转位移根方差值 0.5°作为颤振发生风速。该风速应满足规范的规定：

$$V_{cr} \geqslant [V_{cr}] \tag{10-1}$$

式中，V_{cr} 为桥梁实际颤振发生风速；$[V_{cr}]$ 为颤振检验风速，根据规范计算：

$$[V_{cr}] = 1.2\mu_f V_d \tag{10-2}$$

式中，μ_f 为风速脉动修正系数；V_d 为主梁高度处的设计基准风速。

结合规范说明，颤振气动控制的目的是增强主梁颤振稳定性，提高桥梁颤振发生风速至颤振检验风速之上。表 10-3～表 10-5 分别给出了学者们在颤振气动控制方面对双边主梁、整体式箱梁以及桁架梁的部分重要研究成果。其中，三类主梁的常见形式可分别参考图 10-3、图 10-4 和图 10-6；表格中措施部分给出了所引用的研究成果，以供深入了解；形状优化和位置优化的文字说明可结合示意图理解；补充说明部分给出了一些注意事项和建议。必须说明的是，主梁颤振气动优化对外形较为敏感，该表仅可作为桥梁设计初期颤振气动优化的方向性借鉴，针对施工图阶段的桥梁主梁气动外形具体优化方案必须通过风洞试验进一步核实和验证。

表 10-3　颤振控制——双边主梁断面

措施	示意图	形状优化	位置优化	补充说明
风嘴[9,12,13]	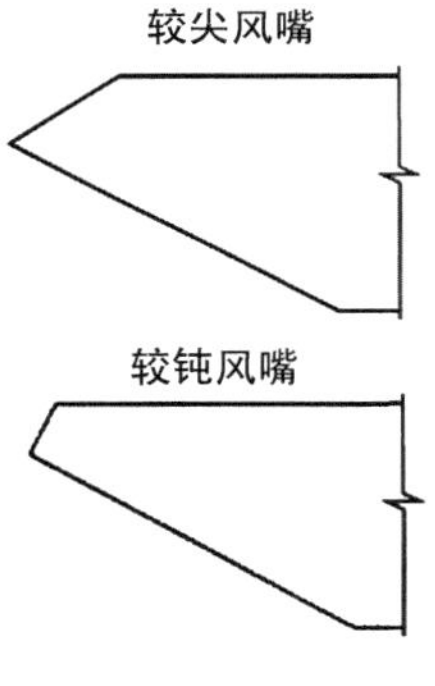	风嘴形状与控制效果间关系较为复杂，宜仔细优化	—	较尖的风嘴存在恶化颤振性能的可能性
裙板[13,14,15]	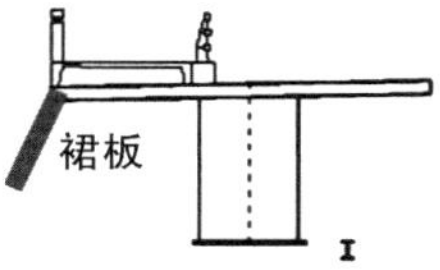	将裙板由竖直改为具备一定倾角对颤振控制有利	—	裙板对涡振控制可能不利
稳定板[9,13]	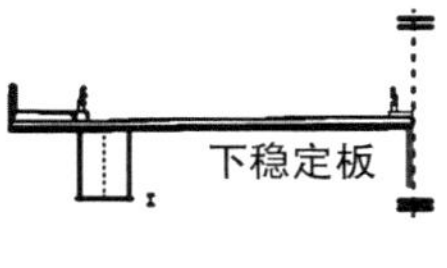	下稳定板高度宜达到边主梁底部	下部中央稳定板较上稳定板重要	

表 10-4　颤振控制——整体式箱梁断面

措施	示意图	形状优化	位置优化	补充说明
开槽[13,16-20]	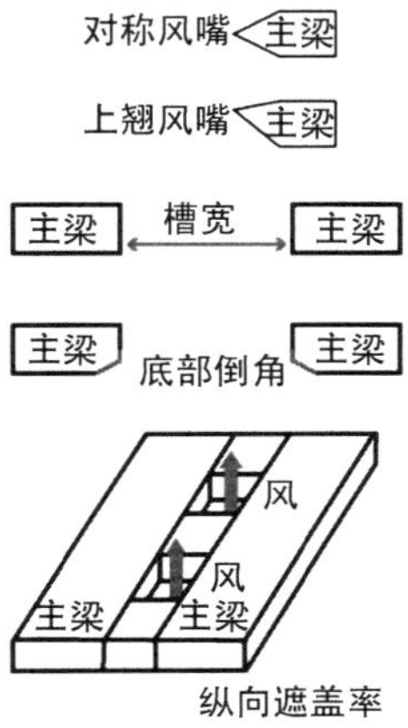	(1) 上翘风嘴：颤振控制效果随槽宽的增加呈现先增强后减弱的趋势 (2) 对称风嘴：颤振控制效果随槽宽增加而增加 (3) 相同槽宽下纵向遮盖率存在最优值，宜进行单独研究 (4) 主梁开槽处的底部倒角对颤振临界风速有小幅影响，可能成为颤振临界风速的优化手段之一	通过中央开槽将整体式箱梁变更为分体式箱梁能极大地提高颤振稳定性	(1) 开槽是流线型断面最有效的颤振控制措施 (2) 带挑臂或较钝的主梁断面在开槽后可能会出现颤振临界风速下降的情况 (3) 开槽极易恶化箱梁的涡振性能，需要进行综合考虑
风嘴[10,14,17,21]	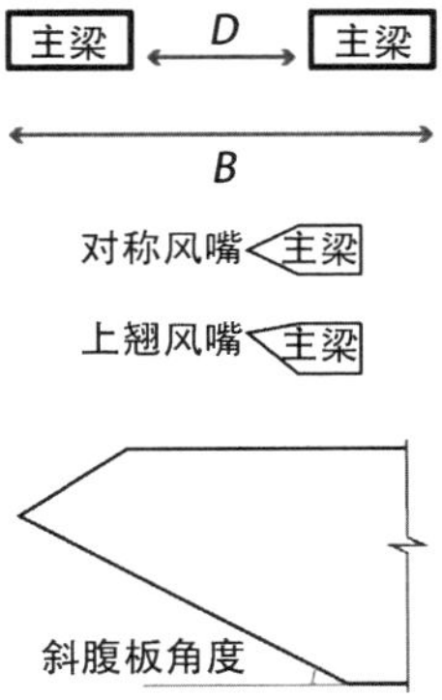	(1) 当开槽宽度较大时 ($D:B \geqslant 40\%$)，风嘴宜上翘 (2) 当开槽宽度较小时 ($D:B < 40\%$)，风嘴宜对称 (3) 当斜腹板角较大时 ($\geqslant 21°$)，风嘴宜宽而尖 (4) 当斜腹板角较小时 ($< 15°$)，风嘴宜短而钝	—	采用上翘型风嘴时，风嘴宽度过大 (>3 m) 可能会降低颤振稳定性
检修轨道[9,10,13,20]	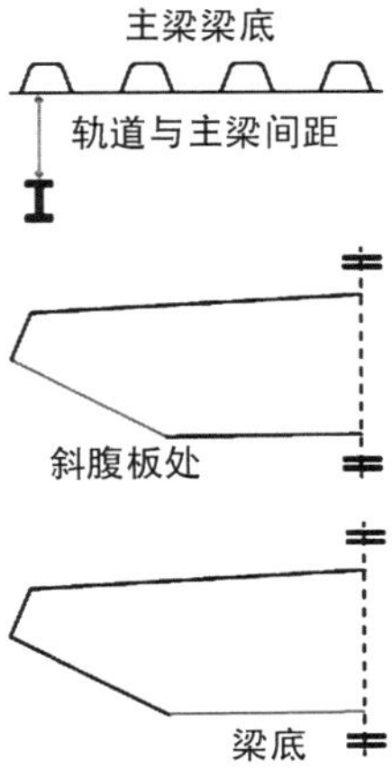	—	(1) 对于带挑臂的较钝主梁断面，轨道安装于斜腹板处通常有较高的颤振稳定性 (2) 当检修轨道位于斜腹板处时，轨道宜靠近斜腹板下缘 (3) 当检修轨道位于梁底时，调整轨道位置对颤振控制影响很小 (4) 改变检修轨道与主梁的间距对颤振控制无趋势性影响	调整检修轨道位置对颤振控制有一定效果，但通常较为有限
分流板[22]	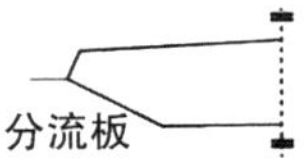	—	—	显著增加正攻角颤振稳定性，但可能改变颤振最不利攻角

（续表）

措施	示意图	形状优化	位置优化	补充说明
稳定板[12,22]	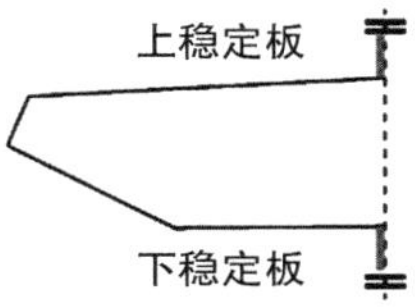	颤振控制效果通常随稳定板高度呈现先增加后减小的趋势，宜进行稳定板高度优化	(1) 上稳定板的控制效果通常优于下稳定板 (2) 上下稳定板的组合可能会带来更好的控制效果	(1) 当稳定板和开槽相结合时，能进一步提升颤振临界风速 (2) 上下稳定板的组合有恶化颤振性能的可能性
风障[24-28]	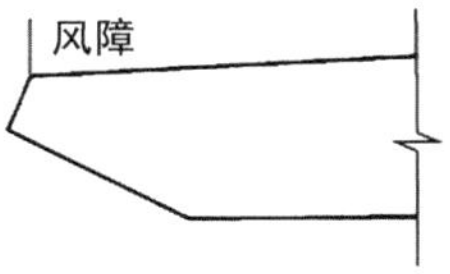	—	—	具有一定透风率的风障可能会增加桥梁颤振稳定性

表 10-5　颤振控制——桁架梁断面

措施	示意图	形状优化	位置优化	补充说明
开槽[29-31]	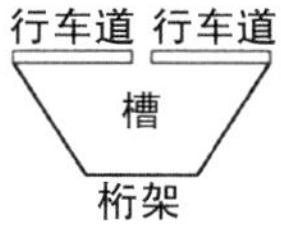	—	—	开槽对颤振的影响趋势性未知，需要进行仔细优化
抑流板[32-34]	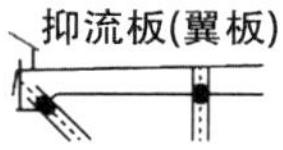	—	可设置于栏杆处，通过将栏杆上部挡风板外翻实现	(1) 较大地提高颤振稳定性 (2) 对风攻角较大的情况（山区地形），翼板角度有必要进行优化
分流板[35]	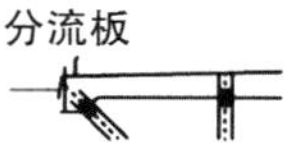	颤振控制效果随板宽先增大后减小	—	可与上稳定板组合，进一步提高颤振控制效果
稳定板[30-33,35,36]	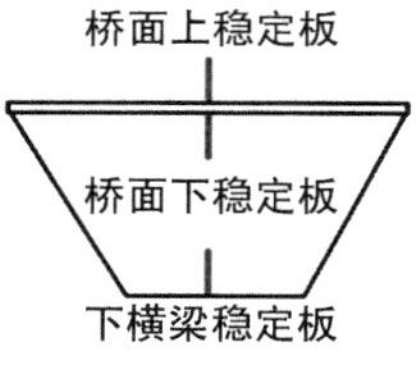	不同位置处稳定板的高度与颤振临界风速之间的关系不同，需要仔细优化	(1) 桥面上稳定板通常可改善正攻角控制的颤振 (2) 桥面上下稳定板组合控制效果较好 (3) 下横梁稳定板颤振控制能力有限	(1) 稳定板能大幅增加颤振临界风速 (2) 单纯桥面下稳定板可能会降低颤振稳定性 (3) 与桥面中央开槽结合能进一步提高颤振控制效果 (4) 开槽后可考虑将桥面上、下稳定板连接成为整体

10.4.3 涡振控制

涡振属于限幅振动，不会出现类似颤振的振幅发散现象，但过大的振幅会影响桥梁行车安全、构件疲劳寿命以及民众观感。因此规范并未限制涡振发生与否，而是对涡振的振幅大小进行了限定。根据规范的要求，主梁竖弯涡振振幅应当满足：

$$h_c < [h_a] = 0.04/f_b \tag{10-3}$$

式中，h_c 为竖弯涡振振幅；$[h_a]$ 为允许值；f_b 为该涡振区间对应的振动频率。

对于扭转涡振，应当满足：

$$\theta_c < [\theta_a] = 4.56/(Bf_t) \tag{10-4}$$

式中，θ_c 为扭转涡振振幅；$[\theta_a]$ 为允许值；f_t 为该涡振区间对应振动频率；B 为主梁宽度。

结合规范说明，涡振气动控制的目的是增强主梁涡振稳定性，消除涡振或降低涡振振幅至规范要求之下。注意到分体式箱梁是涡振控制对象之一，需要作为一类典型主梁断面被单独列出。表 10-6～表 10-9 分别给出了学者们在涡振气动控制方面对双边主梁断面、整体式箱梁断面、分体式箱梁断面以及桁架梁断面的部分重要研究成果。其中，4 类断面的常见形式可分别参考图 10-3～图 10-6；表格中措施部分给出了所引用的研究成果，以供读者深入了解；形状优化和位置优化的文字说明可结合示意图理解；补充说明部分给出了一些注意事项和建议。必须说明的是，主梁涡振气动优化对外形非常敏感，该表仅可作为涡振气动优化的借鉴，具体的优化方案必须通过风洞试验或数值分析确定。

表 10-6　涡振控制——双边主梁断面

措施	示意图	形状优化	位置优化	补充说明
栏杆[37-39]	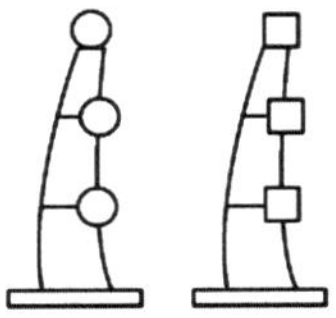	圆截面栏杆通常优于方截面栏杆，可减弱甚至消除涡振	—	栏杆优化范围包括检修轨道栏杆、防撞栏杆等
风嘴[14,38,40-42]	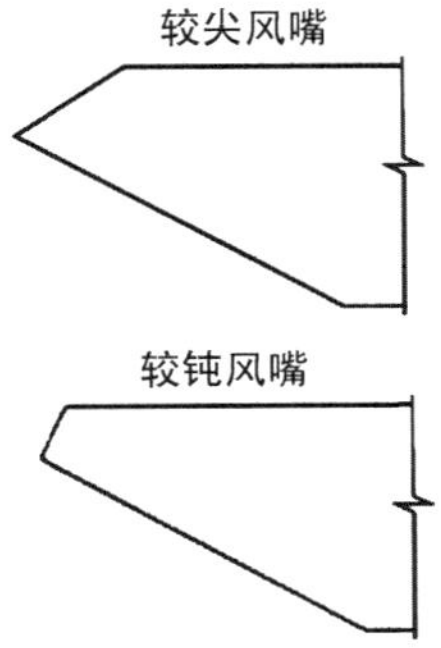	较尖的风嘴可以增加主梁的气动流线性，通常可降低竖弯涡振振幅	—	(1) 较尖的风嘴可能令涡振的最不利风攻角由正转负 (2) 较尖的风嘴有诱发扭转涡振的可能 (3) 调整风嘴形状对宽高比很大的主梁断面的控制效果较差
水平隔流板[38,41,43,44]	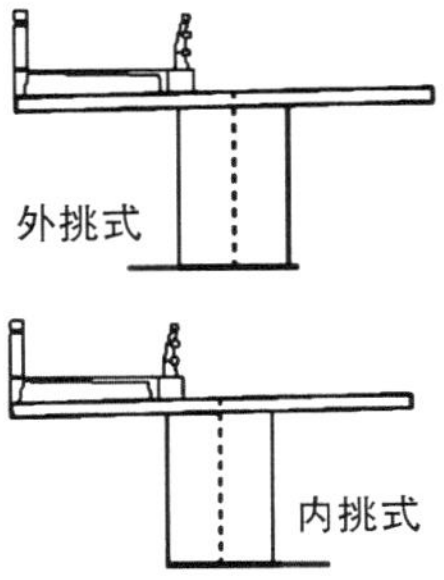	增加悬挑宽度通常能提高涡振控制效果	(1) 外挑式水平隔流板对竖弯涡振有明显的抑制效果，对扭转涡振效果未知 (2) 内挑式水平隔流板能同时抑制竖弯涡振和扭转涡振	(1) 可能令涡振的最不利风攻角由负转正 (2) 可以通过在隔流板上开孔降低成本，但最优开孔率需要优化

（续表）

措施	示意图	形状优化	位置优化	补充说明
检修轨道[45,46]	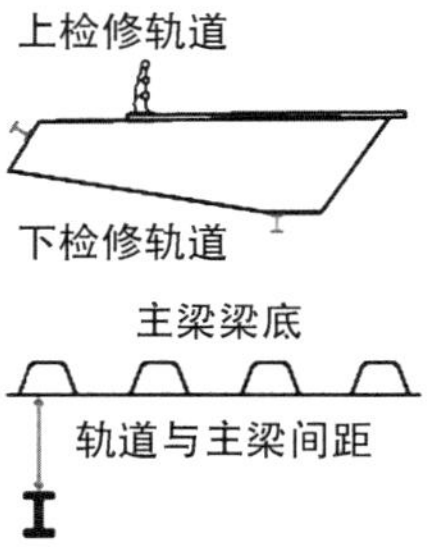	—	(1) 增加检修车轨道与主梁的间距通常能减小涡振振幅 (2) 对于流线型边主梁，在风嘴上缘和底板中部同时设置检修道能减小涡振振幅	(1) 优化检修车轨道位置对涡振控制非常重要 (2) 对负攻角涡振的控制效果更为显著
抑流板[16,41]	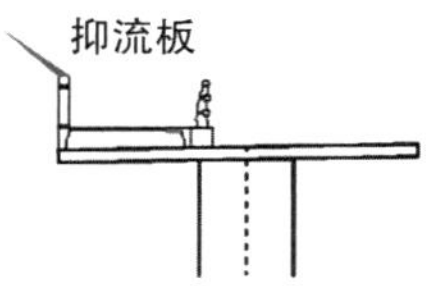	较宽的抑流板控制效果通常较好，且增幅明显	—	(1) 对于极钝断面仍然有良好的抑振效果 (2) 对扭转涡振抑制效果明显 (3) 可能激发零度攻角下的竖弯涡振
稳定板[41,45,47-50]	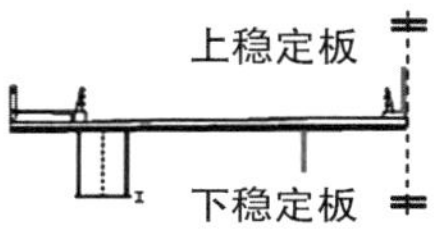	下稳定板高度宜等于或超过横梁高度	(1) 下稳定板对控制竖弯涡振较为有效 (2) 采用上、下稳定板组合的形式能同时抑制竖弯和扭转涡振	(1) 下稳定板宜采用两片或两片以上，在下部空间均匀排列 (2) 上稳定板可通过改变栏杆透风率实现 (3) 与抑流板组合，控制效果相辅相成

表 10-7　涡振控制——整体式箱梁断面

措施	示意图	形状优化	位置优化	补充说明
栏杆[10,51-57]	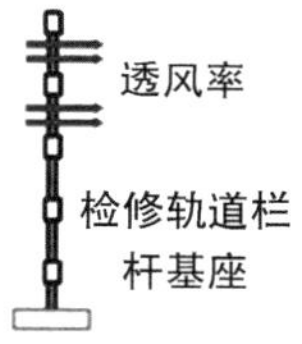	(1) 栏杆外形影响涡振的振幅，对是否产生涡振影响不大。圆截面栏杆通常有较好的抗涡振能力 (2) 增加栏杆透风率能降低涡振振幅	(1) 对风嘴根部检修道栏杆的优化效果可能优于对防撞栏杆的优化效果 (2) 检修道栏杆的基座可能成为决定性因素	(1) 栏杆通常是流线型箱梁涡振的原因，需要仔细优化 (2) 栏杆主要影响整体式箱梁的竖弯涡振 (3) 栏杆优化范围包括检修轨道栏杆、防撞栏杆等
风嘴[10,14,22,58-60]	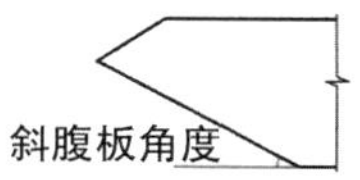	(1) 当斜腹板角度较大时（≥16°），风嘴宜宽而尖 (2) 当斜腹板角度较小时（<16°），风嘴宜短而钝	—	(1) 斜腹板角度减小，还有利于提高颤振临界风速 (2) 避免在风嘴上方增设人行道板等钝化风嘴的构件

（续表）

措施	示意图	形状优化	位置优化	补充说明
检修轨道[10.53.59.61-63]	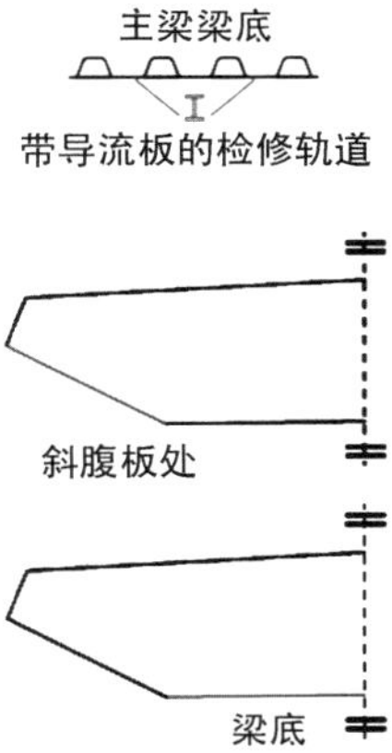	(1) 当检修轨道位于梁底时，在轨道两侧安装导流板通常能抑制涡振振幅。当主梁为流线型箱梁时效果更为显著 (2) 检修轨道导流板的抑振效果与导流板宽度有关 (3) 若采用单侧导流板，应保留靠近主梁中心的内侧导流板	(1) 检修轨道位于斜腹板处时主梁的涡振稳定性通常优于位于梁底时的 (2) 当检修轨道位于斜腹板处时，改变轨道位置对涡振控制影响有限 (3) 当检修轨道位于梁底时，将轨道向内移动通常能降低涡振振幅 (4) 当检修轨道已经装有导流板时，移动轨道位置对涡振控制影响有限	(1) 当检修轨道安装于梁底时，检修轨道内移可能对扭转涡振不利 (2) 对于较钝主梁断面，为检修轨道添加导流板抑振效果不明显 (3) 对于带挑臂的钝体箱梁，安装主梁导流板后，再调节检修轨道位置对涡振影响不大
主梁导流板[10.64.65]	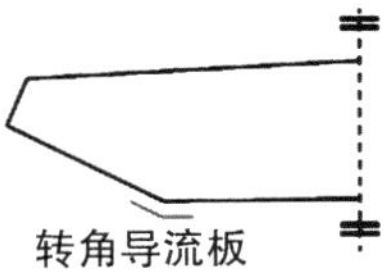	—	在斜腹板下缘转角处安装导流板对消除竖弯涡振有利	(1) 导流板的涡振控制效果受雷诺数影响较大，基于小尺度模型得到的优化方案不一定适用于实际结构，必须在大比例模型中进行检验 (2) 对于带挑臂的钝体主梁，导流板控制效果有限
分流板[53.61.63]	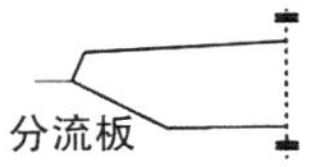	增加分流板宽度通常能增加抑振效果	—	(1) 对于流线型箱梁，分流板主要应对竖弯涡振 (2) 增设分流板对扭转涡振控制效果有限，甚至可能不利
抑流板[54.61.64]	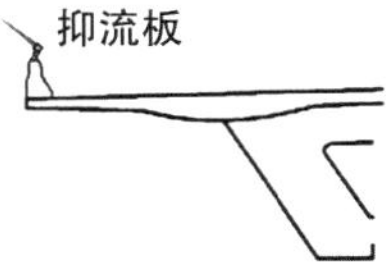	—	可设置于栏杆处，通过将栏杆上部挡风板外翻实现	(1) 在降低涡振振幅的同时对颤振稳定性有利 (2) 可能激发零度攻角下的竖弯涡振

表 10-8　涡振控制——分体式箱梁断面

措施	示意图	形状优化	位置优化	补充说明
风嘴[66-69]	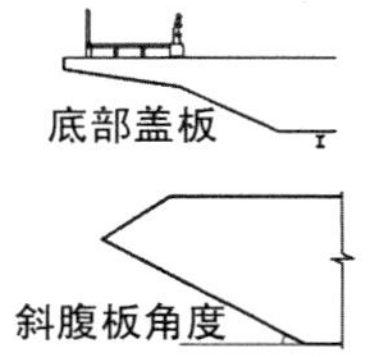	在悬臂端人行道板下部增设盖板，形成流线型风嘴，对竖弯涡振有抑制效果	—	减小斜腹板角度能显著抑制高风速段涡振振幅，但是对抑制低风速段涡振可能不利
水平隔流板[68,69]	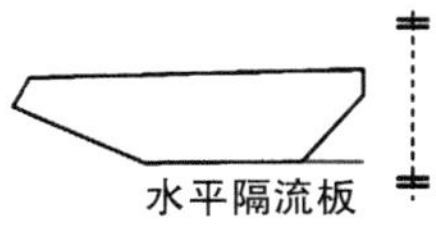	水平隔流板宽度对涡振的抑制效果呈现先增加后减小的趋势	水平隔流板宜置于开槽内侧	对扭转涡振的抑制效果大于对竖弯涡振的抑制效果
导流板[68,70-78]	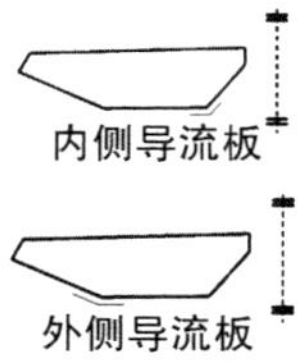	可以仅保留导流板向上折起的部分，以缩减成本	(1) 外侧导流板的作用可能优于内侧导流板 (2) 若主梁开槽部分未进行倒角，则内侧导流板对竖弯涡振抑制效果较好 (3) 若主梁开槽部分已有倒角，则内侧导流板对扭转涡振抑制效果较好	(1) 导流板的涡振控制效果受雷诺数影响较大。导流板的倾角、高度、长度等都需要在大比例模型中进行细致研究 (2) 内侧未倒角的主梁宜采用外侧导流板
抑流板[79]	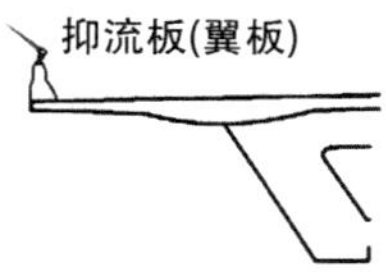	—	可设置于栏杆处，通过将栏杆上部挡风板外翻实现	(1) 对扭转涡振的抑制效果大于对竖弯涡振的抑制效果 (2) 在降低涡振振幅的同时对颤振稳定性有利
格栅[72,75,80-82]	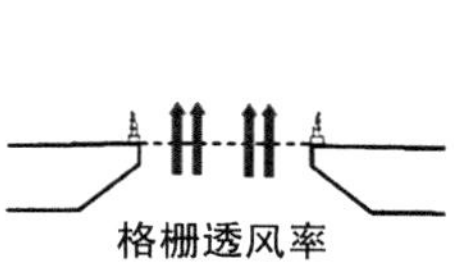	减小格栅透风率有利于涡振控制	—	(1) 安装格栅或者减小格栅透风率与颤振控制背道而驰，需要进行综合考虑 (2) 对负攻角竖弯涡振的抑制效果优于正攻角
风障[69,72,83]		风障高度宜进行优化	—	(1) 改善行车环境，但显著增加风阻系数 (2) 对正攻角控制的涡振效果较好

表 10-9　涡振控制——桁架梁断面

措施	示意图	形状优化	位置优化	补充说明
风障[84]	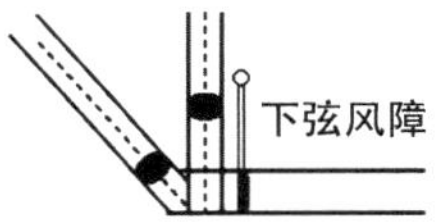	—	在下弦处设置风障通常能在一定程度上抑制涡振	(1) 显著增加颤振临界风速，需要进行综合考虑 (2) 增加风障透风率能改善颤振稳定性下降的情况
稳定板[85]	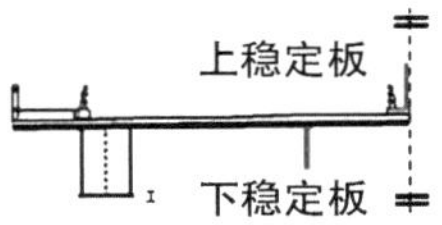	稳定板的涡振控制能力与稳定板高度正相关	宜采用下稳定板控制竖向涡振	当行车道采用双边梁形式时，安装稳定板能降低涡振振幅

10.5　本章小结

颤振和涡振是中大跨度桥梁中最常见的气动稳定性问题，通常表现为主梁在非线性气动力下的大幅振动，对结构安全和运行舒适度构成潜在的威胁。《公路桥梁抗风设计规范》(JTG/T 3360-01—2018)对这两种振动有明确的规定，对于颤振，必须限制其发生风速超越设计风速，杜绝颤振发生的可能；对于涡振，允许其在规定的振动幅度内发生。本章立足规范，对当前颤振、涡振的常见气动控制措施进行了调研和归纳。通过将各种气动控制措施与常见主梁类型相结合，便于工程技术设计与研究人员基于特定的工程案例，查询获得所用主梁的对应气动控制措施。分别从主梁气动外形优化和附属构件位置优化两个角度，给出了气动控制措施的共性和优化方向，形成设计初期的指导性意见，指明深化设计阶段研究工作方向。此外，归纳整理的优化气动措施案例引文检索和补充说明可以帮助研究者方便地查阅相关信息，获得详细的研究成果。最后，需要特别指出的是，气动优化对外形非常敏感，具体的施工图阶段气动选型优化方案必须通过风洞试验对比验证。

参考文献

[1] 李珂.超大跨度悬索桥颤振气动翼板主动控制方法[D].上海：同济大学，2017.

[2] 葛耀君.大跨度悬索桥抗风[M].北京：人民交通出版社，2011.

[3] 葛耀君.大跨度拱式桥抗风[M].北京：人民交通出版社，2014.

[4] 郭增伟.大跨度悬索桥涡振和颤振主动控制原理与方法[D].上海：同济大学，2013.

[5] 赵林，葛耀君，郭增伟，等.大跨度缆索承重桥梁风振控制回顾与思考——主梁被动控制效果与主动控制策略[J].土木工程学报，2015，48(12)：91-100.

[6] 项海帆，葛耀君.悬索桥跨径的空气动力极限[J].土木工程学报，2005，38(1)：60-70.

[7] 项海帆，陈艾荣.润扬长江大桥节段模型风洞试验研究[R].上海：同济大学，2000.

[8] 葛耀君，杨詠昕，曹丰产，等.东海大桥抗风性能及风振控制研究[C]//中国土木工程学会桥梁及结构工程分会.第十七届全国桥梁学术会议论文集.北京：人民交通出版社，2006：1151-1157.

[9] 王骑，廖海黎，李明水，等.流线型箱梁气动外形对桥梁颤振和涡振的影响[J].公路交通科技，2012，29(8)：44-70.

[10] 交通运输部.公路桥梁抗风设计规范：JTG/T 3360-01—2018[S].北京：人民交通出版社，2018.

[11] LI K, QIAN G, GE Y, et al. Control effect and mechanism investigation on the horizontal flow-isolating plate for PI shaped bridge decks' VIV stability[J]. Wind and Structures, 2019, 28(2): 99-110.

[12] 杨詠昕，周锐，葛耀君.大跨度桥梁实用颤振控制方法[J].同济大学学报(自然科学版)，2014，42(7)：989-997.

[13] 孟晓亮，郭震山，丁泉顺，等.风嘴角度对钢箱梁斜拉桥涡振、颤振性能的影响[C]//崔京浩.第 19 届全国结构工程学术会议论文集. 北京：《工程力学》杂志社，2010：463-466.

[14] 董锐，杨詠昕，葛耀君.斜拉桥 Π 型开口断面主梁气动选型风洞试验[J].哈尔滨工业大学学报，2012，44(10)：109-114.

[15] 宋锦忠，林志兴，徐建英.桥梁抗风气动措施的研究及应用[J].同济大学学报(自然科学版)，2002，30(5)：618-621.

[16] 杨詠昕，周锐，李渊，等.不同风嘴形式的大跨度分体箱梁桥梁颤振性能[J].振动工程学报，2015，28(5)：673-682.

[17] FUMOTO K, HATA K. MATSUDA K, et al. Aerodynamic improvement of slotted one-box girder section for super long suspension bridge[C]//IAWE. Proceeding of the 6th Asia-pacific Conference on Wind Engineering. Atsugi: IAWE, 2005: 1-15.

[18] 邵亚会，侯俊勇，赵心悦，等.大跨度中央开槽钢箱梁悬索桥颤振关键参数研究[J].实验流体力学，2016，30(1)：68-73.

[19] 杨詠昕，葛耀君，曹丰产.大跨度悬索桥中央开槽箱梁断面的颤振性能[J].中国公路学报，2007，20(3)：35-40.

[20] 杨詠昕，葛耀君，项海帆.大跨度桥梁中央开槽颤振控制效果和机理研究[J].土木工程学报，2006，39(7)：74-80.

[21] 王德智.闭口钢箱梁几何外形的空气动力性能优化[D].上海：同济大学，2013.

[22] 张宏杰，朱乐东.箱形主梁悬臂水平分离板的颤振控制效果与机理[J].同济大学学报(自然科学版)，2011，39(11)：1569-1574.

[23] 刘志文，谢普仁，陈政清，等.大跨度流线型箱梁悬索桥颤振稳定性气动优化[J].湖南大学学报(自然科学版)，2019，46(3)：6-14.

[24] 郭震山，朱乐东，周志勇.桥梁风障优化选型及其对桥梁气动性能的影响[C]//中国土木工程学会.第十四届全国结构风工程学术会议论文集.北京：中国土木工程学会，2009：545-552.

[25] 张文明，杨詠昕，葛耀君，等.风障对大跨度悬索桥抗风性能的影响[J].武汉理工大学学报，2008，30(11)：113-116.

[26] OSTENFELD K H. Denmark's Great Belt Link[J]. Journal of Coastal Research, 1993, 9(3): 766-784.

[27] YAKHOT V, ORSZAG S A, THANGAM S, et al. Development of turbulence models for shear flows

by a double expansion technique[J]. Physics of Fluids A, 1992, 4(7): 1510-1520.

[28] JONES N P. The effect of section model details on aeroelastic parameters[J]. Journal of Wind Engineering and Industrial Aerodynamics, 1995, 54-55(94): 45-53.

[29] KITAGAWA M. Technology of the Akashi Kaikyo Bridge [J]. Structural Control and Health Monitoring, 2004, 11(2): 75-90.

[30] 龙跃海，牛华伟，刘榕，等.矮寨特大桥钢桁梁悬索桥颤振稳定性能研究[J].中外公路，2011，31(6)：46-51.

[31] 徐昕宇，李永乐，廖海黎，等.双层桥面桁架梁三塔悬索桥颤振性能优化风洞试验[J].工程力学，2017(5)：142-147.

[32] 刘庆宽，盛永青，马文勇，等.小宽高比钢桁架悬索桥颤振稳定气动措施的试验研究[J].实验流体力学，2012，26(3)：26-31.

[33] 杨新敏.山区大跨钢桁梁悬索桥颤振性能及控制措施研究[J].四川建筑，2012，32(1)：160-163.

[34] 谭潇，朱乐东，郭震山，等.中央稳定板对改善大跨度开槽桁架梁悬索桥颤振性能的效果研究[C]//中国土木工程学会.第十三届全国结构风工程学术会议论文集.北京：中国土木工程学会，2007：528-533.

[35] KAI W, LIAO H L, LI M S. Study on flutter performance of long span steel truss suspension bridge based on wind tunnel test[J]. Journal of Vibration and Shock, 2015.

[36] TANG H, LI Y, WANG Y, et al. Aerodynamic optimization for flutter performance of steel truss stiffening girder at large angles of attack [J]. Journal of Wind Engineering and Industrial Aerodynamics, 2017, 168: 260-270.

[37] 钱国伟，曹丰产，葛耀君.Π 型叠合梁斜拉桥涡振性能及气动控制措施研究[J].振动与冲击，2015，34(2)：176-181.

[38] NAGAO F, UTSUNOMIYA H, YOSHIOKA E, et al. Effects of handrails on separated shear flow and vortex-induced oscillation [J]. Journal of Wind Engineering and Industrial Aerodynamics, 1997, 69(97): 819-827.

[39] MURAKAMI T, TAKEDA K, TAKAO M, et al. Investigation on aerodynamic and structural countermeasures for cable-stayed bridge with 2-edge I-shaped girder[J]. Journal of Wind Engineering and Industrial Aerodynamics, 2002, 90(12): 2143-2151.

[40] 颜宇光，杨詠昕，周锐.开口断面主梁斜拉桥的涡激共振控制试验研究[J].中国科技论文，2015(7)：760-764.

[41] KUBO Y, SADASHIMA K, YAMAGUCHI E, et al. Improvement of aeroelastic instability of shallow π section [J]. Journal of Wind Engineering and Industrial Aerodynamics, 2001, 89(14-15): 1445-1457.

[42] 张天翼，孙延国，李明水，等.宽幅双箱叠合梁涡振性能及抑振措施试验研究[J].中国公路学报，2019，32(10)：107-114.

[43] 朱乐东，张海，张宏杰.多孔扰流板对半封闭窄箱梁涡振的减振效果[J].实验流体力学，2012，26(3)：50-55.

[44] 李欢，何旭辉，王汉封，等.π 型断面超高斜拉桥涡振减振措施风洞试验研究[J].振动与冲击，2018，37(7)：70-76.

[45] 王骑，陶奇，廖海黎，等.鄂东大桥主梁大尺度节段模型涡激振动特性试验研究[C]//中国土木工程学会.第十三届全国结构风工程学术会议论文集.北京：中国土木工程学会，2007：546-549.

[46] 孟晓亮，朱乐东，丁泉顺.检修车轨道位置对半封闭分离双箱桥梁断面涡振性能的影响[C]//中国土木工程学会.第十四届全国结构风工程学术会议论文集.北京：中国土木工程学会，2009：678-683.

[47] MACDONALD J H G, IRWIN P A, FLETCHER M S. Vortex-induced vibrations of the Second Severn Crossing cable-stayed bridge — Full-scale and wind tunnel measurements [J]. Structures and Buildings, 2002, 152(2): 123-134.

[48] 张志田，卿前志，肖玮，等.开口截面斜拉桥涡激共振风洞试验及减振措施研究[J].湖南大学学报(自科版)，2011，38(7)：1-5.

[49] IRWIN P A. Bluff body aerodynamics in wind engineering [J]. Journal of Wind Engineering and Industrial Aerodynamics, 2008, 96(6): 701-712.

[50] 华文龙.边主梁断面叠合梁斜拉桥涡振特性及抑振措施研究[D].长沙：湖南大学，2013.

[51] 曹丰产，葛耀君，吴腾.钢箱梁斜拉桥涡激共振及气动控制措施研究[C]//中国土木工程学会.第十三届全国结构风工程学术会议论文集.北京：中国土木工程学会，2007：668-673.

[52] 李永乐，侯光阳，向活跃，等.大跨度悬索桥钢箱主梁涡振性能优化风洞试验研究[J].空气动力学学报，2011，29(6)：702-708.

[53] 管青海，李加武，胡兆同，等.栏杆对典型桥梁断面涡激振动的影响研究[J].振动与冲击，2014，33(3)：150-156.

[54] 李春光，张记，樊永波，等.宽幅流线型钢箱梁涡振性能气动优化措施研究[J].桥梁建设，2017，47(1)：35-40.

[55] LARSEN A, WALL A. Shaping of bridge box girders to avoid vortex shedding response[J]. Journal of Wind Engineering and Industrial Aerodynamics, 2012, 104-106: 159-165.

[56] BRUNO L, KHRIS S. The validity of 2D numerical simulations of vortical structures around a bridge deck[J]. Mathematical and Computer Modelling, 2003, 37(7-8): 795-828.

[57] 李春光，张佳，韩艳，等.栏杆基石对闭口箱梁桥梁涡振性能影响的机理[J].中国公路学报，2019，32(10)：150-157.

[58] 孙延国，廖海黎，李明水.基于节段模型试验的悬索桥涡振抑振措施[J].西南交通大学学报，2012，47(2)：218-223.

[59] LARSEN A. Aerodynamic stability and vortex shedding excitation of suspension bridges[C]//AWAS. Proceedings of the 4th International Conference on Advances in Wind and Structrues. Jeju, 2008: 1-6.

[60] 陈斌，孔令智.扁平钢箱梁涡振抑制措施研究[C]//中国土木工程学会.第十四届全国结构风工程学术会议论文集.北京：中国土木工程学会，2009：521-526.

[61] 鲜荣，廖海黎，李明水.大比例主梁节段模型涡激振动风洞试验分析[J].实验流体力学，2009，23(4)：15-20.

[62] 张建，郑史雄，唐煜，等.基于节段模型试验的悬索桥涡振性能优化研究[J].实验流体力学，2015，29(2)：48-54.

[63] 张文明，葛耀君，杨詠昕，等.带挑臂箱梁涡振气动控制试验[J].哈尔滨工业大学学报，2010(12)：1948-1952.

[64] LARSEN A, ESDAHL S, ANDERSEN J E, et al. Storebælt suspension bridge—vortex shedding

excitation and mitigation by guide vanes [J]. Journal of Wind Engineering and Industrial Aerodynamics, 2000, 88(2): 283-296.

[65] LARSEN A, POULIN S. Vortex-shedding excitation of box-girder bridges and mitigation [J]. Structural Engineering International, 2005, 15(4): 258-263.

[66] 欧阳克俭,陈政清,韩艳,等.桥面中央开口悬索桥涡激共振与制涡试验研究[J].振动与冲击,2009,28(7): 199-202.

[67] 何晗欣,李加武,周建龙.中央开槽箱形断面斜拉桥的涡激振动试验与分析[J].桥梁建设,2012,42(2): 34-40.

[68] 周建龙.桥梁结构涡激振动及其控制[D].西安: 长安大学,2010.

[69] YANG Y, ZHOU R, GE Y J, et al. Aerodynamic instability performance of twin box girders for long-span bridges[J]. Journal of Wind Engineering and Industrial Aerodynamics, 2015, 145: 196-208.

[70] 徐泉,王武刚,廖海黎,等.基于大尺度节段模型的悬索桥涡激振动控制气动措施研究[J].四川建筑,2007,27(3): 110-112.

[71] 杨詠昕,周锐,葛耀君.大跨度分体箱梁桥梁涡振性能及其控制[J].土木工程学报,2014,12: 107-114.

[72] 廖海黎,王骑,李明水.嘉绍大桥分体式钢箱梁涡激振动特性风洞试验研究[C]//中国土木工程学会.第十四届全国结构风工程学术会议论文集.北京: 中国土木工程学会,2009: 580-584.

[73] LARSEN A. Aerodynamic aspects of the final design of the 1624 m suspension bridge across the Great Belt[J]. Journal of Wind Engineering and Industrial Aerodynamics, 1993, 48(2-3): 261-285.

[74] 汪正华,杨詠昕,葛耀君.分体式钢箱梁涡激振动控制试验[J].沈阳建筑大学学报(自然科学版),2010,26(3): 433-438.

[75] 张伟,魏志刚,杨詠昕,等.基于高低雷诺数试验的分离双箱涡振性能对比[J].同济大学学报(自然科学版),2008,36(1): 6-11.

[76] LAROSE G L, D'AUTEUIL A. On the Reynolds number sensitivity of the aerodynamics of bluff bodies with sharp edges [J]. Journal of Wind Engineering and Industrial Aerodynamics, 2006, 94(5): 365-376.

[77] 李玲瑶,葛耀君.大跨度桥梁中央开槽断面的涡振控制试验[J].华中科技大学学报(自然科学版),2008,12: 112-115.

[78] LARSEN A, SAVAGE M, LAFRENIÈRE A, et al. Investigation of vortex response of a twin box bridge section at high and low Reynolds numbers [J]. Journal of Wind Engineering and Industrial Aerodynamics, 2008, 96(6): 934-944.

[79] 刘高,刘天成.分体式钝体双箱钢箱梁斜拉桥节段模型风洞试验研究[J].土木工程学报,2010,43(Z): 49-54.

[80] 罗东伟.开槽箱梁涡激振动及其控制措施研究[D].上海: 同济大学,2013.

[81] 马存明,王俊鑫,罗楠,等.宽幅分体箱梁涡振性能及其抑振措施[J].西南交通大学学报,2019,54(4): 724-730.

[82] 潘韬,肖海珠,赵林,等.大跨度桥梁超宽分体三箱梁抗风性能及控制措施研究[J].桥梁建设,2020,50(267): 32-38.

[83] 王骑,林道锦,廖海黎,等.分体式钢箱梁涡激振动特性及制振措施风洞试验研究[J].公路,2013,7: 294-299.

[84] 李永乐，苏洋，武兵，等.风屏障对大跨度桁架桥风致振动及车辆风载荷的综合影响研究[J].振动与冲击，2016，35(12)：141-146.

[85] 冯丛，华旭刚，胡腾飞，等.箱桁梁断面斜拉桥涡振性能及抑振措施的研究[J].铁道建筑，2016，2：9-13.